普通高等职业教育"十二五"规划教材

职业意识与职业认知

主　编　吴光林
副主编　崔宏利　曾凡远

科学出版社
北　京

内 容 简 介

本书以培养高职大学生职业意识、提高职业认知能力为出发点，引入大量案例，采用理论与案例相结合的方法，注重高职大学生在职业素质养成过程中相关理论知识与能力的学习和培养，具有较强的针对性、指导性和实用性。全书共6章，包括职业理念与职业意识、职业道德素质、职业能力素质、职业心理素质、职业形象设计和职业生涯规划。

本书既可作为在校大学生职业素质教育的教材，又可作为高校学生管理工作者开展素质教育的指导用书。

图书在版编目(CIP)数据

职业意识与职业认知/吴光林主编．—北京：科学出版社，2012

普通高等职业教育"十二五"规划教材

ISBN 978-7-03-036363-3

Ⅰ．①职… Ⅱ．①吴… Ⅲ．①大学生-职业选择-高等学校-教材

Ⅳ．①G647.38

中国版本图书馆CIP数据核字(2012)第312420号

责任编辑：相 凌 张春贺 / 责任校对：张怡君

责任印制：赵 博 / 封面设计：华路天然工作室

科 学 出 版 社 出版

北京东黄城根北街16号

邮政编码：100717

http://www.sciencep.com

北京市文林印务有限公司 印刷

科学出版社发行 各地新华书店经销

*

2012年12月第 一 版 开本：787×1092 1/16

2016年 7 月第五次印刷 印张：11

字数：276 000

定价：25.00元

(如有印装质量问题，我社负责调换)

前　言

全面建成小康社会是中国共产党第十八次全国代表大会明确提出的奋斗目标，是全国各族人民的根本利益所在。能否实现这一战略目标，在很大程度上取决于国民素质的提高和高素质人才的培养。没有高素质的具有社会责任感、创新能力和实践经验的人才，就不能实现全面建成小康社会的战略目标，就不能实现中华民族伟大复兴的“中国梦”，因此，培养同实现“中国梦”相适应的高素质、高技能人才，就成为高等职业教育的重要任务。

本书作为江苏省高等教育教改立项研究成果之一，力求将职业教育与素质教育有机结合，坚持把提高大学生职业素养贯穿始终，遵循高职学生成长、成人和成才的规律，坚持科学性、可读性、实践性、实用性原则，以资料链接、理论认知、案例直击三个板块构成学习框架，进而帮助学生树立正确的职业理念，养成良好的职业素质、职业能力、职业心理及职业道德修养，提高职业认知能力，成为高素质的职业人。

本书由吴光林担任主编，对全书进行修改总纂；崔宏利、曾凡远担任副主编，负责全书统稿。第一章由杨世铎执笔，第二章由崔宏利执笔，第三章由耿德平执笔，第四、五章由朱铁壁执笔，第六章由赵岚执笔，附录由徐卓执笔，各章节“资料链接”和“案例直击”相关材料由崔宏利收集整理。

在本书的编写与出版过程中，得到了其他院校相关部门领导的关心和支持，尤其得到了科学出版社的大力支持，我们在此表示感谢。

在本书编写过程中，我们引用和参考了国内外的一些文献资料，在此向文献作者深表敬意。

由于编者水平有限，书中的不足之处，敬请专家、读者批评指正。

编　者

2012年12月

目　　录

第一章 职业理念与职业意识

职业尽管不同，但天才的品德并无分别。

——巴尔扎克

现代人最大的缺点，是对自己的职业缺乏爱心。

——罗丹

人生应该如蜡烛一样，从顶燃到底，一直都是光明的。

——萧楚女

生活真像这杯浓酒，不经三番五次的提炼呵，就不会这样可口。

——郭小川

职业是人类社会最普遍也是最重要的活动，每个社会成员都是其中的一分子，依靠着自己和他人的职业活动而生存。现代社会是由各种各样的职业活动构成的，即使是没有职业或处在职业生涯年龄之外的群体，也离不开社会职业活动提供的产品和服务。劳动分工促使职业的产生，劳动分工的细化又促使职业不断分化和综合。对社会成员而言，从事劳动，承担某个职业岗位的职责是生存和发展的必需；对社会总体而言，在特定的职业岗位上配置合适的劳动者，是社会发展的必然要求。

高等职业技术院校肩负着培养高等技术应用型和高技能型人才的使命。作为明天的"职业人"，高职生需要对职业的概念、职业的分类，以及职业的形成与发展有一个全面、系统的认识，树立正确的职业观念，对自己的职业生涯进行科学的规划，着力提高自身的职业素质，为择业、就业、立业做好充分准备。

第一节 职业含义与特征

【资料链接】

人力资源总监的职业发展

高速发展的中国经济环境有着广阔的人才空间，但是，任何职位从起步到成功都不是一蹴而就的，要经历一系列磨炼才能达成。在实际工作中，不同的职位有其鲜明的职业特征，从发展的角度来讲也都有不同的路线。但归根结底，不论职业的选择如何，职业发展目标的设定都非常重要，有明确的目标，才有清晰的方向，才能在既定的职业通路上稳健地发展下去。

那么，让我们来看看一个人力资源总监是如何成长的。就中国本土的企业来说，人力资源总监主要有四种来源。第一种是科班出身的人力资源专业人员，这部分占据人力资源总监的大多数。此类人力资源总监自身的理论知识基础比较扎实，对人力资源管理整个系统了解得较为全面和系统，通过在企业的实际工作，从人力资源序列的最底层开始做起，逐层提升，最终成为总监。这个过程能够对人力资源领域融会贯通，为他们未来的发展打下了良好的基础。人力资源总监的第二种来源是绩优者转行，本来从事其他的专业，在工作过程中体现的素质比较符合人力资源管理者的要求，从而成为人力资源的主管或者经理，然后再通过在职的学习和培训补充人力资源知识技能，发展成为总监。这种类型的人力资源总监对人力资源工具方法的理解和应用往往并不出色，但是通常对业务比较了解，对业务部门的工作也能提供有效的支持。第三种类型是从其他序列的高管直接转向人力资源总监的，这种情况较少，但是由于高管人员本身层面较高，综合能力比较强，一般在人力资源总监的岗位上工作效果比较好。第四种类型是由专业的人力资源顾问转型而来，这种类型的总监既具备坚实的专业知识技能，同时对企业有全面的认识和理解，美中不足的是企业实际工作经验往往不足，容易出现水土不服。

成为一名合格的人力资源总监不容易，然而成为人力资源总监以后的发展更不容易。一名新晋升的人力资源总监通常需要3～5年的时间来实现自己的思路，随后就会遭遇职业天花板的问题。尽管人力资源工作的职业路径在通用类的职业序列里相对较宽，在高附加值的行业中甚至可以达到80～100万种，有更高的年薪，通常来讲三四十万的年薪是比较正常的水平，相对于成熟的人力资源总监所属的年龄层和群体，处于比上不足比下有余的状态。要想实现职业抱负，必须进行职业生涯上有效的转型。

人力资源总监在进行职位选择的时候，需要注意调整自己的心态。无论未来选择哪种发展方向，前提是要安心做好自己的专业。人力资源总监具有比较优势的角色定位，是人力资源专家，专家二字重在专，深入任何领域之后都会越发精深，只有在一个专业领域做到极致，才能触类旁通，迅速有效地转型到其他领域。人力资源总监在考虑转型问题上要以不断提升自身的专业水平为前提。

从人力资源总监的职业发展角度来讲，另外一个非常关键的要素就是学习，要持续学习、深度学习和及时学习。不仅是教室里、书本上的知识，还包括前面提到的各种业务和实践中的知识和经验。同时，需要保持知识的不断更新，要善于了解最前沿的知识动态，关于这点，专业的论坛、群、博客和微博都是很好的途径。人力资源总监要有学习意识，不要因为繁忙的日常工作忽视必要的学习。

——摘自：刘慧. 2012. HRD后时代的职业生涯的突破与转型. http://www.ceconline.com/hr/ma/ 8800063528/01/ [2012-03-01]

【理论认知】

一、职业的含义

谈起职业，人们便会自然而然地想到现实生活中各种各样的劳动岗位，以及与这些劳动岗位相关的工种，如工人、军人、教师、医生、企业管理人员、运动员等。这些分工由于内容、性质、任务、对象和方式的不同，我们称之为不同的职业。

（一）“职业”一词的由来

“职业”一词很早就出现在汉语当中。《国语·鲁语下》中就有“昔武王克商，通道于九夷百蛮，使各以其方贿来贡，使无忘职业”的记载。《荀子·富国》篇中亦有“事业所恶业，功利所好也，职业无分，如是，则人有树事之患”的说法。可以看出，古汉语中所说的“职业”一词有这样两层含义：一是指人们分内应做之事，二是指谋生计。

（二）职业的内涵

对于职业的内涵，不同的学科，不同的学者，因其所研究的侧重点不同，给职业所下的定义也各不相同。

从社会学角度界定职业定义的主要有，日本社会学家尾高帮雄、美国学者泰勒、中国学者陈婴婴等。尾高帮雄指出："职业是社会与个人，或者整体与个人的结节点；通过这一点的动态相关，形成了人类社会共同生活的基本结构；整体靠个体通过职业活动来实现，个体则通过职业活动对整体的存在和发展作出贡献。"泰勒则认为职业可以解释为一套成为模式的与特殊工作经验有关的人群关系。这种成为模式的工作关系的集合，促进了职业结构的发展和职业意识形态的显现。陈婴婴认为职业是"个人进入社会的物质生产或非物质生产过程后获得的一种社会地位，个人通过这一社会位置加入社会资源的生产和分配体系，并建立相应的社会关系。"

从社会学家对职业的界定，可以看出职业的含义包括以下内容。

（1）职业是社会分工体系中的一种社会位置。

（2）职业是已经成为模式并与专门工作相关的人群关系和社会关系，或者是与已成为模式的工作关系的结合。它是从事某种相同工作内容的职业群体。

（3）职业是同权利和利益紧密相连的。

在经济学中，职业概念与社会学存在着明显的不同。法国的一个权威词典将职业界定为：为了生活而从事的经常性活动。美国学者阿瑟·萨尔兹撰写的《社会科学百科全书》则将职业定义为：人们为了获取经常性的收入而从事连续性的特殊活动。我国的许多学者认为，职业是指人们从事的相对稳定的、有收入的、专门类别的工作。经济学意义上的职业，同劳动的精细社会分工是紧密相连的。

从经济学的职业概念中，可以看出职业主要包括四个方面的内容。

（1）分工角色。职业是社会分工体系中劳动者所获得的一种劳动角色。

（2）社会性。职业是一种社会性的活动。职业是劳动者所进行的社会生产劳动或社会工作，这些工作均为他人所必须并为国家所认可。

（3）连续性和稳定性。劳动者连续、不间断的从事某种社会工作，或者相对稳定的从事某项工作，此项工作才能称为该劳动者的职业。

（4）经济性。劳动者从事某项职业，必定要从中取得经济收入。没有经济报酬的工作，即使其劳动行为较为稳固，也是非职业性工作。例如，家庭主妇便不能称为一种职业。

日本职业问题专家保谷六郎认为，职业是有劳动能力的人为了生活所得，发挥个人能力向社会作贡献而连续从事的活动。职业具有五个特性：①经济性，从中取得收入；②技术性，可以发挥才能和专长；③社会性，承担社会生产任务，履行公民义务；④伦理性，符合社会需要，为社会提供有用的服务；⑤连续性，所从事的劳动相对稳定。

我国有些学者从"职业"一词的词义上对职业进行了分析，认为"职"指职位、职责，包含着权利和义务的意思；"业"指行业、事业，包含着独立工作、从事事业的意思。这种观点认为职业，即"责任和业务"。职业的外延包括三方面的内容：工作、收入、工作时间限度。

综合以上观点，我们认为，职业是指人们为了谋生和发展而从事的相对稳定、有经济收入、具有特定类别的社会劳动。这种劳动决定于社会分工，并要求劳动者具备一定的劳动素质和专业技能。这种社会劳动是人们生活方式、经济状况、教育程度、行为模式和道德情操的综合反映和权利、义务、职责的具体体现。

这个定义有三层含义。

(1) 并不是任何工作都能成为职业。某项工作只有变得足够重要、足够丰富以至能吸引劳动者长期、稳定的投入其中才能成为职业，并且，劳动者从事这项工作时能够取得一定的经济收入，满足劳动者的物质和精神需求。因此，职业要满足个体的需求，是个体持续发展的条件，是一项持续性的活动。

(2) 职业使劳动者获得劳动角色。这个角色是劳动者获得的一种社会角色，劳动者必须按照社会结构中这一角色的规范去行事。

(3) 职业给劳动者一个体现个人价值的机会。职业能使劳动者进入一个成功的组织并在其中实现个人价值。职业应具有社会价值，从事的是社会生产或服务，要为社会创造物质与精神财富。职业发展的过程也是劳动者自身价值不断实现的过程，它体现了一种精神追求，要求个人对它忠诚。

二、职业的特征

一般说来，职业具有以下特征。

(1) 目的性。职业的目的性与其他人类社会活动最大的不同在于它具有明显的功利性。也就是说，所有的职业活动都是以谋取生活资料为目的的，职业活动中劳动者所付出的劳动必须得到相应的报酬。在商品交换的社会中，通常以货币或实物等形式体现。

(2) 专业性。职业是人们从事的特定类别的社会劳动，也可称为专门的业务。一个人从事某一种职业，就必须具备专门的知识、能力和特定的职业道德素质。例如，建筑工程施工员就必须具备建筑结构、建筑材料、相关法律法规等方面的知识和从事施工组织设计、工程安全技术管理等工作的能力，以及严格认真的工作态度。随着社会的发展，科技的进步，劳动的专业化程度越来越高，职业的专业性也就越来越强。通常，一个人在职业生涯中只能从事一种或极为有限的几种职业。当今时代，人们改换工作单位和工作岗位已是司空见惯，但改换职业的情况却不常发生。

(3) 技术性。不同职业都有自己独特的知识经验、技能技巧。在现代社会里，要从事某些职业，必须经过较长时间的知识、技能的培训，如设计师、运动员、技术工人等，都需要具备所从事职业必备的知识、技能、技巧。职业的技术性是一切职业共有的特性。不同之处在于不同职业的知识、经验、技能技巧有难易之分。有的需要经过长期的、专门的学习和训练，有的则在实践中就可以获得。

(4) 社会性。职业的社会性主要体现在任何一种职业分工都是以满足全社会的物质和精神需要为前提。每一个从事职业活动的社会成员(简称从业者)都因此与其他社会成员结成一种相互关联、相互服务的关系，即每个从业者都以自己的职业活动为社会其他成员提供产品或服务，而其生存也有赖于社会其他从业者的职业活动。

(5) 稳定性。所有的职业活动的形成和发展都由一定历史时期社会生产力的发展水平、社会经济结构和科学技术的发展水平所决定，因此具有较长的生命周期。

(6) 规范性。任何一个职业活动都要以该行业长期形成的行为和道德规范为准则，行业规范也要符合国家法律法规和社会伦理道德。此外，职业活动还要遵循行业内部不断追求高效率和开展有序竞争的原则。

(7) 群体性。社会职业活动一旦形成，往往要超出家庭、民族和地区，甚至国度的界限，从业人数的规模在社会劳动人口中都占有相当比重。像医生、电工、飞行员等这些广为人知的职业，不论从业者来自哪个家庭、哪个民族、哪个地区、哪个国家，职业活动的内容和形式从根本上说是相同的。

(8) 时代性。职业随着时代的变化而变化。不同的历史时期，生产力的性质和水平不同，决定了相应的社会行业和人们的职业也不同。由于社会生产力的不断发展，它所决定的社会职业也不停地发展变化，新的职业不断产生，原有的职业也获得新的时代内容，某些产业连同它的企业将彻底改换，如出版印刷业，而某些产业，特别是软件工业将获得爆发性增长。今后，随着大规模的产业结构重组，数以千万计的职业将消失或彻底变化，同时，新的经济给未来带来许多新职业，而且变化的速度将会越来越快。

【案例直击】

职场“大黑锅”要不要背

小兰毕业后在一家私营企业做总经理助理，昨天总经理要她翻译一份重要的文件，强调说很紧急，要求她今天就要完成，谁知道今天早上她正在翻译的时候，董事长夫人来到了公司，看见办公室的招财树掉了几片叶子，当即责怪小兰:“为什么不给树浇水，你太不负责任了!”小兰觉得特别委屈，因为总经理曾经特别交代，招财树由公司的销售经理负责，其他人不许碰。如果你是小兰，你会怎么处理这种情况呢?

【案例点评】

1. 好的心态是处理事情的基础

当小兰遇到问题时，首先要做的就是一定要保持住一个好的心态。为什么要强调心态视角？因为当你有了好的心态才能够用开阔的视角寻找事物的正面因素。特别面对突发的事情时，能够多个角度地去看待，并且是接下来一系列可能想到和做到的行为的基础。

当有了好的心态时，其实摆在小兰面前的就只有一个:怎么既能够完成总经理布置的翻译工作，又不得罪董事长夫人，还要把给树浇水的事情解决好。这是由成熟度中另一个更重要的纬度——方法与策略所决定的。

2. 方法与策略是解决事情的关键

我们先看一看方法与策略高中低三个方面所表现出来的行为。

1）明确地告诉董事长夫人总经理的特别交代

这属于太不成熟的回答了。可能小兰自己都不知道如果这样回答，她已经陷入了“麻烦”的旋涡了。不但解决不了事情，而且还让董事长夫人下不了台，太不给董事长夫人“面子”，可能会遭到更加严厉的指责。

2）马上起身给树浇水，并且向董事长夫人赔礼道歉

大多数人可能都会选择这个，看上去比上面的好一点，似乎不错，但实际上忽略了两个严重的错误。

① 总经理特别交代，树由专人负责，可见总经理对这棵树很在意，别人是否懂得照顾这棵树？是不是真的该浇水了？②自己本身的工作，而且是很急的工作都没有做好，这是失职。因此她的思维策略还不是高水准的。

3）告诉董事长夫人自己现在有非常紧急的工作要完成，稍后再给树浇水

第3种是比较稳妥的做法，当然要注意你谈话的方法方式。抽个时间给总经理说一声这个事，让他安排一下。正是因为她在这一系列的行为中，规避了最大的三个矛盾，所以说是好的方法与策略。

①董事长夫人的“面子”。其实董事长夫人作为一个“领导”，看到了公司的问题是免不了要提出来的，她只是针对没人去管理“招财树”这一件事，而不是针对个人，所以只要你把事做好了就没问题了。②自身的本职工作。很重要的一点就是你的职责是把本身的翻译工作做好，现在可以很安心地坐下来做你的翻译了。③帮你的总经理背了一次“黑锅”。这可是你的机会哟，说不定下次晋升，你的总经理就会说：“我们部门的那个小兰表现很不错的……”

第二节　职业分类

【资料链接】

中国古代的职业种类及职业等级

我国是最早开展职业分类的国家，《春秋·谷梁传》写道：“古者立国家百官具，农工皆有职以事上。古者有四民，有士民，有商民，有农民，有工民。”《周礼·东官考工记》开宗明义说：“国有六职，百工与居一焉。或坐而论道，或坐而行之……”两书通篇论述了王公、士大夫、百工、商旅、农夫等不同职业的分工和职责，并有着非常精细的分类和详尽的描述。先秦时期齐国的管仲不仅提出按职业划分为士、农、工、商四大社会集团，还提出要按职业集中聚居在固定地区的主张，这就是著名的“四民分业定居论”。管仲还对士、农、工、商分别明确了各自的职守和行为规范。这种典型的分类方式，对中国社会发展产生了深远的影响，并被其后两千年的封建社会所继承。

中国古代的职业种类及职业等级划分一般包括以下几种。

上九流：一流佛祖（释迦牟尼），二流仙（元始天尊、太上老君、八仙等），三流皇帝（真龙天子、封建帝王），四流官（大小官吏），五流烧锅（酒厂，封建时代曾是最大“厂家”），六流当（当铺），七商（商贾），八客（庄园主），九庄田（农夫）。

中九流：一流举子（举人），二流医（医生、郎中、大夫、药房先生），三流风水（风水先生、阴阳先生），四流批（批八字、算命先生），五流丹青（书画），六流相（相士、看相的），七僧（和尚），八道（道士），九琴棋（古琴和围棋，文人标志）。

下九流：一流巫（画符念咒招神驱鬼的南方巫师），二流娼（明娼、暗娼、歌妓），三流大神（以跳唱形式治病的神仙附体的神巫），四流梆（更夫），五剃头（挑担走四方的“理发师”），六吹手（吹鼓手、喇叭匠），七戏子（各类演员），八叫街（乞丐），九卖糖（吹糖人）。

——摘自：搜搜问问. 2010. 中国古代的职业种类及职业等级划分. http://wenwen.soso.com/ z/q208731551. htm? sp=1163[2010-07-29]

【理论认知】

一、职业分类的概念

职业是随着人类社会进步和劳动分工产生和发展起来的。它是社会生产力发展和科技进步的结果，随着职业的发展变化，要求社会形成与之相适应的管理体系，从而在客观上促进了

职业分类的产生和发展。

所谓职业分类，就是指运用一定的科学方法，按照某种特定的标准，依据一定的分类原则，通过对从业人员所从事的各类社会职业进行分析和研究，进行全面而系统的划分与归类。职业分类的实质是精细的社会劳动分工。正确进行职业分类，就要正确体现社会分工，不但要遵循经济运行客观规律，还应当有利于劳动者能力和劳动积极性的充分发挥。

在中国古代，职业有很强的世袭性，一代一代传承下去，甚至以自己的职业作为自己的姓氏，如屠、师、桑、陶、卜、贾等，反映了人们有很强的职业归属感。

秦代以后的各朝代，随着职业的不断增加和社会的发展，职业分类管理得到不断完善。但是，在中国近代社会的一个很长的历史阶段，由于各种历史和社会原因，中国的职业分类发展缓慢，没有最终形成一个比较完备的职业分类理论和工作体系。

工业革命后，英国、美国等西方经济发达国家十分重视职业分类工作。作为人口统计的一项基础性工作，英国在1841年将职业分列了431种。美国早在1820年的人口普查工作中，就已列出职业统计项目，至1980年的《美国百科全书》认定美国有25000种职业。法国自1982年就采用了新的职业分类方法(PCS)，将职业分为8个大类，24个小类，42个详细类别。加拿大1982年出版的《加拿大职业分类词典》，将职业分为23个主类，81个子类，489个细类，共67000多种职业。

国际劳工组织早在1949年就开始研究制定供各国参考和比照的职业分类标准，于1958年出版了《国际标准职业分类》(ISCO)，并分别于1968年、1988年和2008年对其进行了修订，目前最新的版本为《国际标准职业分类(2008)》(ISCO—08)。世界上已有140多个国家根据这个标准制定了适合本国国情的职业分类辞典或标准，广泛运用于统计、就业、培训和经济管理等领域。

改革开放以来，随着社会主义市场经济体制的逐步建立和科学技术的迅猛发展，我国的社会经济领域发生了重大变革，这对人力资源管理提出了新的要求。作为提高劳动力素质的重要基础工作之一的职业分类，愈加受到党和国家的重视。党的十四届三中全会明确指出："要制定各种职业的资格标准和录用标准，实行学历文凭和职业资格两种证书制度。"1995年起实施的《中华人民共和国劳动法》从法律意义上进一步明确规定："国家确定职业分类，对规定的职业制定职业技能标准，实行职业资格证书制度。"1996年实施的《中华人民共和国职业教育法》也进一步强调："实施职业教育应当根据实际需要，同国家制定的职业分类和职业技能标准相适应，实行学历证书、培训证书和职业资格证书制度。"

1986年，国家统计局和原国家标准局联合颁布了中国第一个《职业分类与代码》(GB/T 6565—1986)国家标准。随后，原国家劳动部与有关部门组织了工人技术等级标准的三次修订工作，并翻译出版了《国际标准职业分类(1988)》(ISC0—88)、《加拿大职业分类辞典》等重要分类文献。1992年，原国家劳动部会同国务院各行业部委组织编制了《中华人民共和国工种分类目录》。1999年5月，《中华人民共和国职业分类大典》正式颁布。

二、职业分类的方法

按照不同的分类方式，可以对职业进行不同的划分。

(一) 按职业性质分类

按照职业性质及活动方式的同一性和相似性，逐级分层划分类别的职业分类方法，通常采用三级或四级分类方法。各类别的分类原则和方法如下。

（1）大类：以政治、管理、科学和产业等方面的结构为主进行分类和排列，在划分中强调按照社会劳动的工作特征、能力水平和责任范围的同一性确定的类别。

（2）中类：劳动者从事的社会劳动按性质和任务进行分类和排列，在划分中着重依据行业结构的特点，即行业领域的同一性。也就是说，一个中类就是一个行业。这个层次的划分更多地考虑了涉及的知识和技能领域、使用工具和设备、加工和使用的技术以及提供的产品和服务等。

（3）小类：是将一个行业领域内的工作划分成若干范围，通常按照所从事工作的环境、条件、技术性质的同一性划分归类。在小类中，知识和技能的同一性更加突出和鲜明地表现出来。

（4）细类：是职业分类的最小单位，也是职业的具体单元。细类是在以工作分析和职业功能分析为主的基础上，把相似工艺的生产技术、产品用途与服务、主要原材料的使用、操作方法和操作环境的若干工作归为一个职业，根据劳动力社会化管理的需要，对每个职业在工种分类目录的基础上进行归类。

（二）按职业活动方式分类

职业活动方式是职业存在的客观状态或表现形式。依据职业活动方式划分职业类别，一方面要把握职业的活动目标，因为不同的目标决定着不同的活动方式，不同的目标需要不同的活动方式去实现，了解了职业目标就能更深刻地体会职业的活动方式；另一方面还要注重职业活动的主观和客观条件，不同的主观和客观条件常常表现为职业活动方式的技术含量或知识密集程度的不同。通常，社会职业可以根据活动方式的不同区分为脑力型职业、体力型职业和脑体结合型职业。比如，美国的职业分类方法之一就是把工作人员划分为两大类：一类为白领工作人员，另一类为蓝领工作人员，如图 1-1 所示。

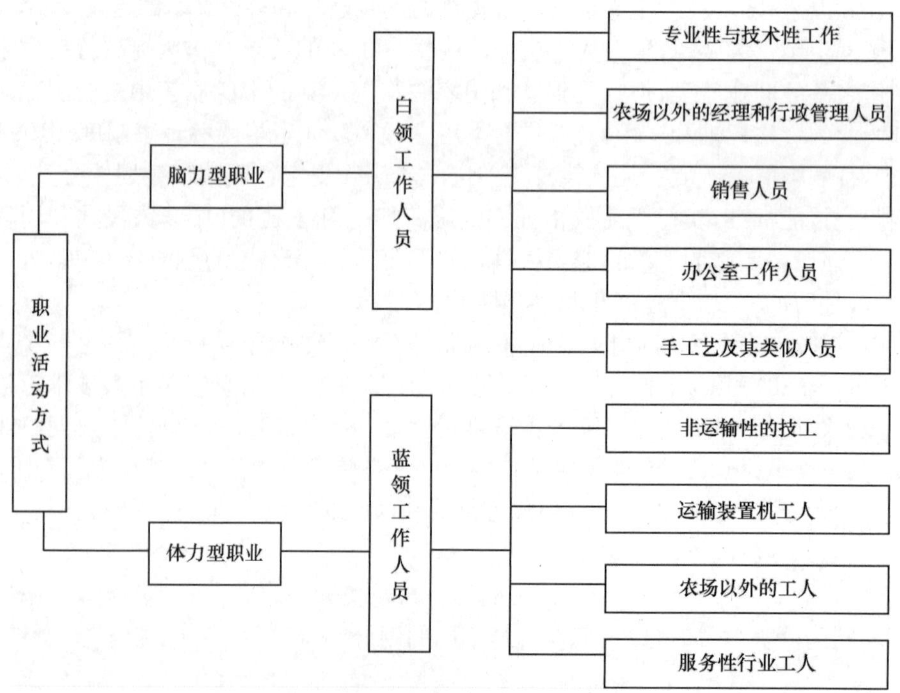

图 1-1　美国的职业分类方法

（三）按职业层次分类

加拿大教育学家杰拉尔德·科斯格雷夫认为，所有职业大体上可以分为六个层次，从事高层次工作的人在选择和监督方面负有更大的责任。六个层次按从低到高的顺序排列如下所示。

（1）非熟练性工作。非熟练性工作是简单的日常工作，很少需要独立思考和创造能力。

（2）半熟练性工作。半熟练性工作要求从业者具有最起码的技能和知识，或在一定的范围内具有较高的技能。

（3）熟练性工作。熟练性工作要求从业者具有专门的技术和知识，并且有一定的判断能力。

（4）半专业和管理性工作。半专业和管理性工作要求从业者多半是脑力工作，要求从业者具有专门的知识和判断能力。

（5）专业性工作。专业性工作要求从业者具有较高的专门知识和判断能力。

（6）高级专业和管理工作。高级专业和管理工作要求从业者具有丰富的知识、较强的思考和自主能力。

第5、6层的工作要求从业者经过大学甚至研究生阶段的学习培训，第3、4层的工作要求从业者经过高中、大学或其他的专门训练，第1、2层的工作要求从业者经过简单的职业培训，但也可能没有经过任何培训。

（四）按产业分类

一般来说，社会劳动分工根据性质的不同可以分为三个层次。

第一层次的分工是产业分工。所谓产业是指不同的国民经济部门，即由于社会劳动分工的不同而独立出来的专门从事某一类别生产经营活动的单位的总和。产业的划分是以劳动性质、作用和内容的同一性为标志，通常分为三类产业部门。

第一产业——农业：主要包括种植业、林业、畜牧业、渔业等。农业是国民经济的基础，是人类粮食和其他生活资料的来源，也是许多工业原料的提供者。

第二产业——工业、建筑业。工业包括冶金、煤炭、石油、机械、电子、纺织、化工、食品等，是采掘自然资源和对原材料进行加工的物资生产部门。建筑业则是从事建筑和安装工程施工的社会生产部门。第二产业是国民经济的支柱，其中工业在许多国家的国民经济中都起着主导作用。

第三产业——广义的社会服务业。通常可分为三大部门。

（1）为生产和生活服务的部门，包括金融、保险、物流、通信、公共事业、居民服务、旅游、咨询信息服务和各类技术服务业等。

（2）为提高科学文化水平和居民素质服务的部门，包括教育、文化、广播电视、科学研究事、卫生、体育和社会福利等。

（3）为社会公共需要服务的部门，包括国家机关、社会团体以及军队、警察等。

第二层次的分工是特殊的分工，即行业分工。

行业是指从事相同性质的经济活动的所有单位的集合。行业是采用经济活动的同质性原则划分的，即每一个行业类别都按照同一种经济活动的性质确定。我国于1984年颁布的《国民经济行业分类和代码》，把我国国民经济分为13个门类，1994年又进行了修订，2002年颁布了新版的国家标准《国民经济行业分类》(GB/T 4754—2002)。新标准将国民经济行业划分为门类、大类、中类和小类四级，共有20个行业门类，95个大类，396个中类，913个小类。其中

20个行业门类分别是：农林牧渔业；采矿业；制造业；电力、燃气及水的生产和供应业；建筑业；交通运输、仓储和邮政业；信息传输、计算机服务和软件业；批发和零售业；住宿和餐饮业；金融业；房地产业；租赁和商务服务业；科学研究、技术服务和地质勘查业；水利、环境和公共设施管理业；居民服务和其他服务业；教育；卫生、社会保障和社会福利业；文化、体育和娱乐业；公共管理和社会组织；国际组织。

第三个层次的分工是个别分工，也就是社会劳动分工在个别人身上的体现，即职业分工。职业是按就业者本人所从事的工作性质来划分的，与就业者所在单位属哪个行业无关，即职业与行业是可以相互交叉的：不同的行业可以包含相同的职业，而不同的职业也可以包含在同一行业中。如会计职业，可以存在于工业、农业、商业、服务业等行业，而在工业这一行业，除了有生产工人外，还有工程师、技术员、管理人员、医生、炊事员、驾驶员等。

产业结构、行业结构和职业结构三个层次构成了整个职业社会的劳动分工体系。在社会需求的推动下，新的职业会不断产生，与此同时，过时的职业或不再有需求的职业也不断消亡，如现代通信工具的发展使得电报员等职业几近销声匿迹。这种职业产生和消亡的客观规律提醒我们：在选择职业时，不仅要考虑个人职业生涯发展意愿，更要考虑时代前进的步伐所引起的社会需求趋势的变化。

（五）按职业特点分类

职业的差异性使得各种职业都具备其他职业所不具备的特点，因此按不同特点可将职业分为实务、社会服务、文教、科研、艺术及创造、计算、自然界、户外、管理、一般服务性职业等十多种类型。实务性职业主要指工作任务很实际的职业，包括使用机器、工具和其他种类设备的工种，也包括使用各种书写仪器的工种，如工人、打字员等。社会服务职业是指帮助别人解决困难或问题的职业，如医疗卫生保健、民事调解、婚姻、心理咨询、职业介绍等。文教性职业是指使用文字或其他媒介把信息和知识传授给别人的职业，如教师、记者、图书和档案工作人员等。科研性职业是指从事科学研究实验方面的职业，如科学家、实验研究人员、药剂师等。艺术及创造性职业是指用语言、动作、音响、色彩等来创造艺术作品的职业，如摄影师、作家、画家、歌唱家、设计师、舞蹈家等。计算性职业是指钱财管理、资料数据统计、资料数据分类等，如银行职员、会计、统计员等。自然界性职业是指户外料理牲畜、植物的职业，如农、林、牧、渔业等。户外性职业是指大部分工作时间在户外，且具有一定艰苦性的职业，如交通警察、地质、勘测及其他野外作业人员等。一般服务性职业是凭说服力和影响力进行工作的职业，包括管理、指派他人做事，运用说服力和影响力达到目的，如国家公务员、企业经营管理人员、律师等。

（六）按“技能水平”和“技能的专业程度”分类

按照相应承担的任务或职责所需的“技能水平”和“技能的专业程度”对职业进行分类，是近年来出现的对职业进行分类的新思路，或者说是从一个新的视角对职业进行分类。这种分类方法主要反映了生产部门和劳动者的要求和利益，也很好地体现了社会经济与科技的发展。最新版的《国际标准职业分类(2008)》(ISCO—08)就采用了这种分类方法，并将职业分为10个大类。

第一大类：管理者；

第二大类：专业人员；

第三大类:技术和辅助专业人员;
第四大类:办事人员;
第五大类:服务与销售人员;
第六大类:农业、林业和渔业技工;
第七大类:工艺与相关行业工;
第八大类:工厂、机械操作与装配工;
第九大类:初级职业;
第十大类:武装军人职业。

三、我国现行的职业分类

(一) 中华人民共和国国家标准《职业分类与代码》

参照国际标准和方法,1986 年,我国国家统计局和原国家标准局联合颁布了我国第一个职业分类标准——中华人民共和国国家标准《职业分类与代码》(GB/T 6565—1986)。这次颁布的《职业分类与代码》采用三级分类法,将全社会职业分为 8 个大类、63 个中类、303 个小类。

为了适应我国社会经济和科学技术迅猛发展,新职业不断出现的形势,分别于 1999 年和 2009 年对标准进行了两次修订,并予颁布,分别为《职业分类与代码》(GB/T 6565—1999)和《职业分类与代码》(GB/T 6565—2009)。目前该标准最新的版本为《职业分类与代码》(GB/T 6565—2009)。新标准将全社会职业分为 8 个大类、65 个中类、410 个小类。其中 8 个大类分别是:

第一大类:国家机关、党群组织、企业、事业单位负责人;
第二大类:专业技术人员;
第三大类:办事人员和有关人员;
第四大类:商业、服务业人员;
第五大类:农、林、牧、渔、水利业生产人员;
第六大类:生产、运输设备操作人员及相关人员;
第七大类:军人;
第八大类:不便分类的其他从业人员。

(二)《中华人民共和国工种分类目录》

1992 年,原国家劳动部会同中华人民共和国国务院各行业部委组织编制了《中华人民共和国工种分类目录》,这个目录根据管理工作的需要,按照生产劳动的性质和工艺技术的特点,将当时我国近万个工种归并为分属 46 个大类的 4700 多个工种,初步建立起行业齐全、层次分明、内容比较完整、结构比较合理的工种分类体系,为进一步做好职业分类工作奠定了坚实基础。

(三)《中华人民共和国职业分类大典》

1995 年 2 月,原中华人民共和国劳动和社会保障部(以下简称劳动和社会保障部)、国家统计局和国家质量技术监督局联合中央各部委共同成立了国家职业分类大典和职业资格工作委员会,组织社会各界上千名专家,经过 4 年的艰苦努力,于 1998 年 12 月编制完成了《中华人民共和国职业分类大典》,并于1999年5月正式颁布实施。

《中华人民共和国职业分类大典》把我国全社会的职业划分为由大到小、由粗到细的四个层次:大类(8个)、中类(66个)、小类(413个)、细类(1838个)。细类为最小类别,亦即职业。8个大类分别是:

第一大类:国家机关、党群组织、企业、事业单位负责人,其中包括5个中类,16个小类,25个细类;

第二大类:专业技术人员,其中包括14个中类,115个小类,379个细类;

第三大类:办事人员和有关人员,其中包括4个中类,12个小类,45个细类;

第四大类:商业、服务业人员,其中包括8个中类,43个小类,147个细类;

第五大类:农、林、牧、渔、水利业生产人员,其中包括6个中类,30个小类,121个细类;

第六大类:生产、运输设备操作人员及有关人员,其中包括27个中类,195个小类,1119个细类;

第七大类:军人,其中包括1个中类,1个小类,1个细类;

第八大类:不便分类的其他从业人员,其中包括1个中类,1个小类,1个细类。

《中华人民共和国职业分类大典》初步建立了适应中国国情的职业分类体系,是我国职业分类工作的一个里程碑。自1999年5月颁布以来,我国已多次组织了对《中华人民共和国职业分类大典》的修订,并将一大批新职业补充纳入其中。目前,新一轮的修订工作正在进行中。

(四)新职业发展与国家新职业定期发布制度

1. 建立新职业定期发布制度的背景

自1999年《中华人民共和国职业分类大典》颁布以来,我国职业结构发生了很大的变化,涌现了很多新职业,如物流师、电子商务师、项目管理师等。为满足社会要求,提高从业人员的职业素质,原劳动和社会保障部在《中华人民共和国职业分类大典》颁布以后到2004年间,组织有关专家先后完成了52个新职业标准的开发,受到教育培训机构、用人单位和广大劳动者的欢迎。

随着科技进步和经济社会的发展,职业的更迭变化越来越活跃,在一些职业逐渐消亡的同时,越来越多的新职业不断产生,吸纳了大量就业者。及时搜集整理新职业信息,并向社会发布这些信息,既有助于开发就业岗位,规范职业管理,又能调动各方面的积极性,从而为促进就业和技能人才的培养起到积极作用。为此,原劳动和社会保障部决定建立新职业定期发布制度。

2. 新职业发布的程序和内容

新职业发布的程序为:建议、汇总、论证、公布、发布。另外,对尚不成熟,正在成长中的职业,也将同时向社会公布,征询意见。

新职业发布的内容包括职业名称、职业定义、主要工作内容等。

3. 新职业发布制度形成

原劳动和社会保障部在2004年8月20日以新闻发布会的形式,首次向社会发布了9个新职业,标志着我国新职业发布制度形成。

自建立新职业信息发布制度以来,人力资源和社会保障部已经发布了12批共122个新职业的信息,其中已完成国家职业标准制定的有110个。

【案例直击】

《贫民窟里的百万富翁》职场启示

《贫民窟里的百万富翁》讲述了在印度孟买贫民窟长大的青年贾马尔，利用从艰辛生活中学到的“智慧”在电视抢答竞赛中获胜并最终找回失去爱情的故事。第81届奥斯卡颁奖礼上，这部讲述传奇的电影创造了一个传奇，一举囊括了包括最佳电影、最佳导演在内的8个奖项。金融危机带给人们焦虑、困惑，这部讲述贾马尔这位“平民”(一家电讯公司倒茶工)走向成功的曲折之路的影片，将带给我们怎样的启示？

启示一：每件事都有结果

坐在现场的贾马尔，并没有一个穷小子在这种地方应该有的兴奋和紧张，他的神情，居然是带着一点忧虑的心不在焉，似乎心根本不在这里。从影片中我们得知，他本就不是为了那百万钞票而来，他来到这儿的原因很简单——只是为了让自己心仪的女生能够看见自己。他回答对每一道问题的最大奖励，并不是奖金又增长了许多，而是自己可以在电视上停留更久的时间。至于2000万大奖，不过是在追求女友过程中的衍生物。

穿着跑偏的苏格兰格子裤，说着娘娘腔的纯爷们——小沈阳“啪啪”地走进了大江南北无数人的视线。小沈阳，牛年跑出的一匹黑马，他的出场费据说已经涨到了50万。不得不套用一句听得耳朵都起茧子的老话：“台上十分钟，台下十年功。”

曾经小沈阳和现在很多在酒吧及夜总会里讨生活的小演员一样，是个夜场的二人转演员。夜场是最讲究“真功夫”的，观众的掌声或是嘘声将决定他是否下次依然能站在这个舞台上。他曾经尝试过在舞台上以灌啤酒的方式来取悦观众，可酩酊大醉的他并没有听到期待中的喝彩，甚至曾被人从舞台上轰下去。没成名那会儿，有次他在台上唱二人转，一个醉客听了不开心，大呼“下去”，甚至要冲上台打他，没办法，小沈阳含着泪从舞台上走下去。但正是这些经历，使如今的小沈阳很容易就能读懂台下观众的神情，知道什么时候该调侃，什么时候该抖个包袱。这一切，都是小沈阳在下乡时的田间地头、跑场时的歌舞厅、小剧场的草台子一次又一次的表演中得到的经验。

每件事情都有结果，我们今天所走的每一步都为明天埋下了伏笔。我们无法预知每件事会有怎样的结果，唯一可以肯定的是：只要尽力把每件事情做好，我们总会有所收获。

启示二：你遇到的每个人都可能改变你的人生

如果不是在逃亡时，贾马尔遇见了他的拉提卡，就没有整个故事的发生；如果不是遇到乞讨帮派首领，贾马尔就不会痛苦地失去拉提卡，也就不会执著于上电视；如果不是遇到乞讨时结识的失明伙伴，贾马尔不会回答出100美元上是哪一位美国总统的肖像，更不会知道拉提卡的下落；如果不是遇到……贾马尔遇到的每个人都改变了他的人生轨迹。

中国网络游戏先行者吴锡桑，曾创办天夏科技、火石软件，成功开发出《天下》、《西游记》、《水浒Q传》等知名网络游戏，曾被评选为影响中国互联网的100人之一。在感叹自己因何能成功时，他很落俗套地说：“遇到了生命中的贵人。”吴锡桑刚刚创业之初，一个人跑到北京做销售搞宣传。虽然地不熟，但好在他人不生，他经常浏览的一个论坛里的网友帮了他的忙。经网友Dire的介绍，网友Snow带路，吴锡桑没费劲就找到当时的连邦副总裁吴铁。朋友的帮忙没有白费,吴锡桑从连邦拿到10多万元的销售款。同样是在这个论坛里,吴锡桑遇到了他生命中的贵人——创办3721,当过雅虎总裁,现为奇虎360安全卫士董事长的周鸿祎。在创业过程中,吴锡桑多次得到周鸿祎的帮助,周鸿祎也是火石软件的天使投资人。

命运就是由偶然决定的,你永远不知道你偶然遇见的一个人,会怎样参与你今后的人生。深刻改变你生活的,往往不是朝夕相处的人,而是你偶尔遇见的陌生人。

启示三:没有人为你的选择负责

贾马尔在第8个问题上遇到了困难,他对问题的答案似乎并不确定,他将离开节目现场,离开电视。傲慢的主持人,似乎想扮演主宰这一个年轻人命运的上帝。在洗手间,他暗示了贾马尔一个选择。贾马尔没有遵照主持人的暗示,而是自己进行了选择,他作出了正确的回答。贾马尔的哥哥在不久之后,也作出了选择,他放走了弟弟的爱人并选择了死亡。

曾开创了中国房地产行业"顺驰现象"的孙宏斌,当被人问及成功的原因时,他说:"作了选择,你就得认!"孙宏斌曾是联想人,后来被柳传志这位老师送进了监狱,罪名是挪用公款。出狱后的孙宏斌没有埋怨联想,也没有埋怨柳传志,却总是说:"柳传志造就了我。"在监狱中,孙宏斌总会想起柳传志,想为什么会有这样的下场。孙宏斌"面壁思过"的结论是:"不较劲了,不跟自己较劲,也不跟别人较劲了。""不较劲"其实就是"为自己的选择负责"——与其埋怨全天下的人,不如只为自己的选择负责。负责之后就是有责任感,有了责任感,未来的路也就更宽了。

美国首位黑人总统奥巴马在就职演说时曾说:"人生因为承担责任而充实。"人生就是一个由无数小选择题组成的巨大的选择题。人生很简单——作出选择,承担后果。人生没有多选题,不管你多么无奈,你只能选一个。你无从知道这个选择后面隐藏的真相,唯一确定的是,你必须承担选择的后果。

启示四:真正的财富

命运终于彻底地帮了贾马尔一回,他猜对了最后一题的答案。那一刻,整个印度为之欣喜若狂!与此同时,贾马尔的哥哥宿命般地在一浴缸的钞票——他毕生相信和追求的东西里,放弃了自己的生命。这一对苦命的有情人,终于相逢在铁路旁,一如他们最先分离的地方。贾马尔说:"我知道你会看到我的。"拉提卡说:"我们会永远在一起,直到死亡将我们分开。"我相信,这个世界上,再也没有什么可以分开他们。他们之间只剩下最后一次分离——死亡。从孩子,到少年、青年,青春的蹉跎和曲折,他们终于等来一个初吻的机会。这比赢得百万钞票更让贾马尔感到幸福。

作为当代青年创业偶像的马云什么时候最快乐?不是阿里巴巴上市的时候,也不是收购雅虎中国的时候,马云最快乐的日子是在每月工资89元的时候。1990年时作为教师的马云,每月拿着89块钱的工资。在回忆那段时期时,他表示:"那时的我对生活有想法、有梦想、有目标,每天都会为下个月能否涨工资而努力,为了早日买房子而努力,我觉得有想法的日子才是最快乐的日子。今天我再说自己去买车子、买房子就没有了当初的快乐,感觉不同。"

——摘自:她时代. 2009.《贫民窟里的百万富翁》职场启示. http://sh.sina.com.cn/citylink/ed/l/2009-06-21/14572531.html [2009-06-21]

第三节　职 业 意 识

【资料链接】

四六级英语听力乌龙背后的职业敬畏意识

零失误、敬畏的习惯是不是暂时无法做到呢？那也未必。只要看看举国关注的火箭发射就知道不是做不到，而在于我们想不想做到。

国家英语四六级考试刚刚结束，却爆出新闻，在景德镇的一个考点，由于上午的四级考试错误播放了下午才会开始的六级试题，两千余名考生被耽误了10分钟的考试时间，并被迫“禁闭”4个小时，直到下午六级考试听力结束才被“释放”。

如此神圣的国家考试，出现这样的乌龙，似乎匪夷所思。可惜的是，此类新闻并不罕见。去年，国家注册会计师考试曾出现泄题事件。今年2月的海关系统公务员国考面试，也出现了某考官把上下午题目拿反的情况，导致全国重新面试。即便是在刚刚结束的、等级最高的全国高考中，也有多地考点出现了提前收卷或因考场时钟故障导致考生延误语文答题时间等情况。

对国家级的考试，我们一直追求零事故。零事故其实是一种理想状态，概率极小的事件，依旧有发生的可能。事实上，两年前的10月，GRE考试也出现了因旧题重用而导致大陆地区考生成绩全部被取消的事故。但是，国内频繁出现的重大考试事故，已远远超出了“小概率”的范畴。

为何一再努力而事与愿违？为何严格的制度堵不了漏洞？那是因为一些人远远没有形成尊重制度、敬畏职业、注重细节、强调规范的习惯。习惯是需要长期塑造的。有些人一旦习惯了长期的轻慢和松懈，事到临头，无论多么严格的制度，甚至执行者已经给予了足够的重视，但都难以防备此种习惯的致命一击。

轻慢的习惯和缺乏敬畏，已成为一些人的品性。从对禁烟条例、红绿灯规则的轻慢到医疗事故、温州动车脱轨，以及官员巨贪、国资流失，无不与此有关。屡禁不止的国考乌龙，只是上述病源的症候之一。同类问题一再发生，拷问的不仅是具体的责任人，也是相关规范的制定、考试的监督。事后究责，是否也存在同样的轻慢？

此次四级考试的失误，5个当事责任人已经被处理。但是，考试事故覆水难收，一旦发生，任何努力也无法弥补学生的损失。

谁都知道防患于未然，但是，说来容易做来难。可以预见，当敬畏没有形成习惯，无辜的学生在将来还免不了要为类似的失误埋单。

——摘自：刘志权．2012-6-18．四六级英语听力乌龙背后的职业敬畏意识．京华时报

【理论认知】

一、职业意识的含义

职业意识既影响个人的就业和择业方向，又影响整个社会的就业状况。职业意识由就业意识和择业意识构成。就业意识指人们对自己从事的工作和任职角色的看法。择业意识指人们希望从事的职业。

职业意识是人们对职业劳动的认识、评价、情感和态度等心理成分的综合反映，是支配和调控全部职业行为和职业活动的调节器，它包括创新意识、竞争意识、协作意识和奉献意识等。

职业意识是职业道德、职业操守、职业行为等职业要素的总和。职业意识是约定俗成、师承父传的。职业意识是通过法律、法规、行业自律、规章制度、企业条文来体现的。职业意识既有社会共性的，也有与行业或企业相通的。它是一个人从事所在工作岗位的最基本，也是必须牢记和自我约束的思想观念。

职业意识是指人们对职业的认识、意向及对职业所持的主要观点。职业意识的形成不是突然的，而是经历了一个由幻想到现实、由模糊到清晰、由摇摆到稳定、由远至近的产生和发展过程。

二、职业意识的类型

1. 诚信意识

古人曰，人而无信，不知其可也。市场经济是一种信用经济，企业、职业者和市场信誉都是可以用价值(金钱)来衡量的。所谓名牌、品牌可以作为无形资产进行产权交易也是这个道理。

2. 团队意识

团队与社会既是统一的，又是矛盾对立的，所以要正确处理社会与团体之间的关系。我们研究的是在遵守法律、法规、服从社会利益和整体利益的前提下应该具备的思想意识。

一个企业就是一个独立的社会经营团队，是由所有员工组成的一个利益共同体。它既由大家来维护、创造，又给每个人带来了经济利益与精神生活。所以，企业员工要维护团队的声誉和利益，不说诋毁团队的话，不做损害团队的事。

作为一名企业员工，要努力做到：保守团队的商业秘密；积极主动地做好团队中自己的工作，及时提出有利于企业发展的合理化建议；尊重和服从领导，关心与爱护同事；建立团队内部协作，开展有效、健康的部门及同事之间的合作竞争，做到互为平台、互通商机、共同进步。

3. 自律意识

分清职业与业余的不同，从而在扮演职业角色时，能够克制自己的偏好，克服自己的弱点并约束自己的行为。

4. 学习意识

在时代进步、社会发展突飞猛进、新的知识不断出现的今天，每个人要想使自己有所成就，只有具备良好的学习心态、意识，不断充电、吸氧、与时俱进才能跟上时代步伐，才有可能实现人生价值，在职业生涯中取得成功。

三、提高职业意识的途径

1. 加强奉献意识的培养

职业意识是作为职业人所应具有的意识，即主人翁精神，具体表现为工作积极认真，有责任感，具有基本的职业道德。要真正领悟“职业”这一真谛，必须增强无尊卑、贵在奉献的意识，进一步激发自己的爱岗敬业精神，全面提高无私奉献意识。

2. 加强素质意识的培养

素质之于人，犹如水面上的冰山之于整座冰山，原来真正浮于水面的庞然大物只不过是它的小小的一角而已。决定人成功的不仅仅是技能知识，更重要的是价值观、素质等潜伏在水下的冰山部分。企业全体员工素质意识的总和构成企业文化，而企业文化是指导企业生产和经营活动的基本思想和观念，是企业的共同思想、作风、价值观念和行为准则，是企业成败的关键。因此，企业对自己员工的素质要求远远要比对员工的技能和专业知识的要求高且严格得多。品质的成熟铸就事业的成功，任何一个伟大的成功者首先都是一个伟大的“人”，要成功，首先就要学会做人，要不断地修炼自己。所以我们不仅要提高自己的技能知识，更要培养自己的综合素质。

3. 加强团队意识的培养

所谓团队，就是格式化。经过格式化的模式，达到一定默契的队伍就叫团队，否则只能叫乌合之众，是不可能有战斗力的。所以必须严格地要求，格式化地操作。单打独斗的英雄主义时代早已过时了，一个人孤军奋斗的结局总是以失败告终。在这个快节奏的时代，一个人的能力再好也有力所不及的时候。一项工作的完成往往是很多人共同协作的结果。在平时，老师布置的分组作业，学生就应该有意识地极力配合其他同学把作业做得更完善。

4. 加强培养竞争意识

职业活动不仅需要竞争，还需要主动合作精神，竞争与协作相伴而生，相离而失。实践证明：一个人的职业活动，总是与一定的职业群体相联系，离不开同行业的支持与协作，特别是在生产力高速发展的今天，职业分工越来越细，劳动过程趋于专业化、社会化，更需要加强合作。产业间相互依托、相互制约、相互促进的发展趋势，也要求一个单位内部部门之间、员工之间的团结协作。

5. 加强自律意识的培养

自律是指在社会和集体生活中对法律法规和制度的自我服从。这种服从源自于内心，是一种自愿、自发的，甚至是自然的，不需要外在监督就能实现的行为。这是人格、人品及自身形象的真实反映，同时也是对他人、社会、公益的一种尊重。我们应该增强自律意识，自觉地以“八荣八耻”的要求作为行为准则，做到自律。

6. 加强培养创新意识

创新意识是一个民族进步的灵魂，也是国家兴旺发达的不竭动力。创新能力其实是一种综合能力，它要求具有强烈的创造欲、敏锐的观察力、准确的记忆力和良好的思维能力，要从传统的中庸观念中解脱出来，对新思想持开放态度，积极思考未经检验的假设。创新意识的培养需要深厚的知识积淀，需要用科学的方法进行思考，更需要锲而不舍的毅力。在校期间，学生应特别注意科学思维的训练，主要是发散性思维方法，即从不同角度、应用不同的方法解决同一问题，研究新情况，揭示新规律，创立新思想，培养善于运用逆向思维和侧向思维等方法思考问题。

7. 学习意识

处于这样的年龄阶段，学生的智力已趋于成熟，十多年的学习，早已形成了自己的一套学习方法，无论这种方法的差异如何，至少再也不用等着老师手把手地教。好多东西应该自主学习，只有具备学习的能力，才能不断进行技术的创新，适应时代的要求。学习包括更新自己原有的专业知识，掌握新技能，结合各门学科知识来发展和完善自我。不但要学会，而且要会学，掌握正确的学习方法，把有用的知识转化为自身素质的提高，真正成为时代所需要的高素质人才。实践证明，职业教育培养必须贯穿整个高等教育的始终，必须与专业教育紧密结合，相互促进。没有正确的职业意识，就不可能有牢固的专业思想，职业意识的培养是前提，思想是行动的先导。

“今天学习不努力，明天努力找工作。”这句话正好可以帮助我们找到进行职业教育培养的最佳突破口。未雨绸缪是一个很好的习惯，在学校期间，我们必须有意识地培养自己的职业意识，这样等我们真正进入用人单位的时候才能体现出训练有素的一面，为自己的职业生涯赢得一席之地。多了解一下自己专业所对应的各类职业的要求和特点，以便能寻找到自己喜欢的职业。明确人生目标，为自己热爱的职业勤奋学习，早作准备，成就职业理想。

【案例直击】

如何甄别糟糕的职业建议

《福布斯》杂志最近进行了一次在我看来非常巧妙的调查：“昂贵大学教育价值的最好证明或许是它是否给毕业生提供了甄别糟糕的职业建议。”

一位创意写作教授告诉詹姆斯·帕特森应该远离小说。但詹姆斯·帕特森去年通过写小说赚了 9400 万美元。

早年在通用汽车公司(GM)时，执行副总裁告诉年轻的鲍勃·卢茨，“你已经做得非常不错了，所以我希望你不要再去冒险了，让自己毫无风险地随大流就可以了，你以后会成为公司高层人士之一的”。所以，卢茨辞职而去，在最终返回通用之前成为宝马和福特的高层管理人员。

当然，我也遇到过糟糕的建议。当我试图决定是否为销售而放弃工程管理的工作时，几乎所有人都说，“不要这么做，因为你永远都回不来了”。我没有听，再也没有回头，而这也终结了我通往高级管理层的道路。

就是说，我也一直是一些将我的生活变得更美好的优秀建议的接受者。大学毕业后，我女朋友的父亲告诉我，世界将进入数字时代，我应该回到学校去获得电气工程的学位，从事半导体芯片领域的工作，当时是 1977 年，我听取了他的不错建议。

关于批判性思维的技能，我完全不知道这种事情的原理是什么。肯定的是，其中一些是有理由的，但其他事情也有直觉的因素。当谈到职业建议，以下是我用来弄清楚我是否应该听取的五部分过滤器。

你的直觉是什么？无论是感觉良好，还是你真正想要做的事情，这通常是最好的方法。即使你错了，你也会高兴，因为你做过之后，你会一直尝试不同的事情。当谈到跟随你的激情，忘记可能性，请记住，你只有一次生命，遗憾是必须吞下的苦果。

考虑来源。如果来自你信任的人，这意味着很多东西。信任是一种生存技能。如果你信任的人作出很多糟糕的选择，这是另一回事。如果提建议的人自身利益在其中，意味着根据你的决定他一定会有所得失，那么批判地加以考虑。如果他极力劝说你什么，那当然要忽略它，这只是个利益冲突，就是这么回事。

有收益必有风险。如果这听起来很简单，或许确实如此。如果听起来真的很难，那可能就对了。如果让人感到害怕，至少问问自己在害怕什么。如果是你可能应该面对的事情，勇敢面对。如果这是个愚蠢的风险，意味着你很可能会放弃你并不愿意放弃的东西，那就不要去做。只要记住，如果你谨小慎微，那么你也只会得到安全。

当你听到“别去做”，不要听。任何包含“别去做”或“不应该去做”的话，反其道而行之。正如诗人罗伯特·布朗宁的名言，你的“范围应该超出你能控制的”，至少等到你说服自己你作了足够多的尝试，那才是放弃的时候。

你有什么其他选择？如果你没有任何更好的机会或想法，你最好着手去做，直到你或别人拿出更好的想法。但如果没有做成或让你不快乐，尽快停止。在你被卡在不应该停留的地方时，这就是错失机会的成本。

你曾得到过的最好或最糟的职业建议是什么？

——摘自：博思人才网．如何甄别糟糕的职业建议．2012．http://www.bosshr.com/shownews_33805.html [2012-06-21]

思考题

1．职业意识的类型及提高职业意识的途径有哪些？

2．结合专业学习，谈谈大学生培养良好职业素养的重要意义。

第二章 职业道德素质

实际上，每一个阶级，甚至每一个行业，都有各自的道德。

——恩格斯

行业尽管不同，天才的品德并无分别。

——巴尔扎克

对科学家来说，不可逾越的原则是为人类文明而工作。

——李约瑟

凡有良好教养的人都有一禁诫：勿发脾气。

——爱默生

虔诚不是目的，而是手段，是通过灵魂的最纯洁的宁静而达到最高修养的手段。

——歌德

职业道德素质是职业人在从事职业中尽自己最大的能力把工作做好的基本素质，它不是以这件事做了会对个人带来什么利益和造成什么影响为衡量标准的，而是以这件事与工作目标的关系为衡量标准。更多的时候，良好的职业道德素质应该是衡量一个职业人成熟度的重要指标，也是职业人职场安身立命之本。

职业道德素质具有十分重要的意义。从个人的角度来看，适者生存，个人缺乏良好的职业道德素质，就很难取得突出的工作业绩，更谈不上建功立业；从企业角度来看，唯有集中具备较高职业道德素质的人员才能实现求得生存与发展的目的，他们可以帮助企业节省成本，提高效率，从而提高企业在市场中的竞争力；从国家的角度看，国民职业道德素质的高低直接影响着国家经济的发展，是社会稳定的前提。正因如此，职业道德素质教育才显得尤为重要。

第一节 职业道德概述

【资料链接】

历史上最早的职业道德规范

公元前5世纪古希腊的《希波克拉底誓言》，是西方最早的医界职业道德文献。《希波克拉底誓言》最初是希波克拉底个人的行医道德标准，后来演变成为古希腊所有立志从医的年轻人成为医生时必须宣读的誓言，意指作为医生职业群体必须具备的思想品质、伦理道德和行为要求。1948年世界医学会(WMA)在《希波克拉底誓言》的基础上，制定了《日内瓦宣言》作为国际医务人员的道德规范，也构成了现代医学伦理的核心内容。《希波克拉底誓言》的主要内容是："我要遵守誓约，矢志不渝。对传授我医术的老师，我要像父母一样敬重。对我的儿子、老师的儿子以及我的门徒，我要悉心传授医学知识。我要竭尽全力，采取我认为有利于病人的医疗措施,不能给病人带来痛苦与危害。我不把毒药给任何人,也决不授意别人使用它。我要清清白白地行医和生活。无论进入谁家,只是为了治病,不为所欲为,不接受贿赂,不勾引异性。对看到或听到不应外传的私生活,我决不泄露。"

尽管两千多年来关于《希波克拉底誓言》有过多个版本,但概括起来主要涉及四方面的内容:一是尊师重传承;二是为病人(或客户)谋利益;三是不利用医生职业做缺德的事;四是保守职(商)业秘密。《希波克拉底誓言》以誓言的形式完整地表现出关于医生职业群体最早的道德标准,也就是后来人们所说的职业道德(professional ethics)。《希波克拉底誓言》传承了自希波克拉底以来至今 2400 多年来医生这个职业群体最神圣的道德准则,也是西方职业伦理的最早文献。《希波克拉底誓言》作为一种职业道德规范,其意义远远超出医学职业群体道德标准的界限,演变成为人类一切职业群体抑制人性之恶、褒扬人性之美的道德标准。

——摘自:魁网. 2012. 历史上最早的职业道德规范. http://www.kui.cc/ysks/fudao/366738.html [2012-06-08]

【理论认知】

一、职业道德的产生和发展

职业道德是随着社会分工的发展,并出现相对固定的职业集团时产生的。人们在一定的职业生活中能动地表现自己,就形成了一定的职业道德。人们的职业生活实践是职业道德产生的基础。

在原始社会末期,由于生产和交换的发展,出现了农业、手工业、畜牧业等职业分工,职业道德开始萌芽。由于人们长期过着不同的职业生活,从事着不同的职业实践,承担着不同的职业责任,以及同其他职业集团交换劳动产品应有的责任感,于是就形成了不同的劳动习惯、生活习惯,产生了各自的职业利益和需要,形成了因行业不同而产生的职业联系和职业关系,慢慢地萌发了调节、指导、约束人们职业行为的职业道德。但因为原始社会的生产力还不发达,分工也比较简单,调整人们之间职业分工的职业道德较少,所以原始社会的职业道德尚处于萌芽阶段。

生产力的发展和铁器工具的使用,使得生产的剩余物品慢慢多起来。这时,社会已能养活一部分专门从事艺术、科学、商业活动和公共事务的管理活动者,从而出现了更加深刻的具有决定意义的第三次社会大分工,即农业和商业,以及脑力劳动和体力劳动的分离。与此同时,人类历史上第一个阶级社会——奴隶社会产生,于是不仅出现了调整阶级关系的阶级道德,而且还出现了调整行业和职业关系的职业道德。在一定社会的经济关系基础上,这些特定的职业不但要求人们具备特定的知识和技能,而且要求人们具备特定的道德观念、情感和品质。各种职业集团,为了维护职业利益和信誉,适应社会的需要,从而在职业实践中,根据一般社会道德的基本要求,逐渐形成了职业道德规范。

在古代文献中,早有关于职业道德规范的记载。例如,公元前 6 世纪的中国古代兵书《孙子兵法·计》中,就有"将者,智、信、仁、勇、严也"的记载。智、信、仁、勇、严这五德被中国古代兵家称为将之德。明代兵部尚书于清端提出的封建官吏道德修养的六条标准,被称为"亲民官自省六戒",其内容有"勤抚恤、慎刑法、绝贿赂、杜私派、严徵收、崇节俭"。中国古代的医生,在长期的医疗实践中形成了优良的医德传统。"疾小不可云大,事易不可云难,贫富用心皆一,贵贱使药无别",是医界长期流传的医德格言。公元前 5 世纪古希腊的《希波克拉底誓言》,是西方最早的医界职业道德文献。

社会的职业道德是受该社会的分工状况和经济制度所决定和制约的。在封建社会，自给自足的自然经济和封建等级制不仅限制了职业之间的交往，而且阻碍了职业道德的发展。只是在某些工业、商业的行会条规，以及从事医疗、教育、政治、军事等职业的著名人物的言行和著作中包含有职业道德的内容。在这一社会的行业中，也出现过具有高超技艺和高尚品德的人物，他们的职业道德行为和品质受到广大群众的称颂，并世代相袭，逐渐形成优良的职业道德传统。

到了资本主义社会，职业道德获得了充分发展。这是因为从18世纪开始，欧美资本主义国家开展工业革命，资本主义进入了机器大工业的发展时期，推动了资本主义工业的快速发展，社会分工和生产内部的分工越来越明确、具体，形成了更大规模的职业活动。在人和人的道德关系中，不但保持了工业、农业、商业、学者、医生、军队等古老传统职业及其职业道德规范，而且出现了诸如律师、工程师、新闻记者等新的职业，并形成了一些新的职业道德规范，有上百种乃至上千种。各种职业集团，为了增强竞争能力，增值利润，纷纷提倡职业道德，以提高职业信誉。在许多国家和地区，还成立了职业协会，制定协会章程，规定职业宗旨和职业道德规范，从而促进了职业道德的普及和发展。在资本主义社会，不但先前已有的将德、官德、医德、师德等进一步丰富和完善，而且出现了许多以往社会中所没有的道德，如企业道德、商业道德、律师道德、科学道德、编辑道德、作家道德、画家道德、体育道德等。但是，资产阶级的利己主义和金钱至上的观念，使职业道德的作用在资本主义社会中受到很大的局限。也由于资本主义社会的性质，决定了某些职业道德的虚伪性，需要时提倡它，不需要时就践踏它，并往往做表面文章，自我吹嘘。

社会主义的职业道德是适应社会主义物质文明和精神文明建设的需要，在共产主义道德原则的指导下，批判地继承了历史上优秀的职业道德传统的基础上发展起来的。由于社会主义的各行各业没有高低贵贱之分，在职业内部的从业人员之间、不同职业之间，以及职业集团与社会之间没有根本的利害冲突，因此，不同职业的人们可以形成共同的要求和道德理想，树立热爱本职工作的责任感和荣誉感。中国各行各业制订的职业公约，如商业和其他服务行业的"服务公约"、教育工作者的"教书育人、为人师表"，以及工厂企业的"职工条例"中的有些规定，都属于社会主义职业道德的内容，它们在职业生活中已经发挥了巨大的作用。

现阶段在经济大潮冲击下，人们的道德观、价值观发生了很大变化，如积极进取、锐意改革、勇于开拓、注重实效等观念正在迅速萌生。但是长期历史传统积淀下来的一些道德心理、世俗观念，如平均主义、嫉贤妒能、排斥竞争、重农抑商、因循守旧、安于现状等总是阻挠新的道德观念的变化。特别是腐朽的封建道德和资产阶级道德，如宗法观念、特权思想、专制作风、以权谋私、损人利己等还在很大程度上毒化和影响人们的思想和道德。因此，社会主义职业道德要健康迅速地得到发展，就必须不断地同形形色色的腐朽思想和道德作斗争。

现阶段，我国职业道德的主要内容是爱岗敬业，诚实守信，办事公道，服务群众，奉献社会。

（一）爱岗敬业

爱岗敬业，反映的是从业人员热爱自己的工作岗位，尊重自己所从事的职业的道德操守。表现为从业人员勤奋努力、精益求精，尽职尽责的职业行为。这是社会主义职业道德的最基本的要求。

（二）诚实守信

诚实守信，不仅是做人的准则，也是对从业者的道德要求，即从业者在职业活动中应该诚实劳动，合法经营，信守承诺，讲求信誉。

（三）办事公道

办事公道，就是要求从业人员在职业活动中做到公平、公正、公道，不谋私利不徇私情，不以权害公，不以私害民，不假公济私。

（四）服务群众

服务群众，就是在职业活动中一切从群众的利益出发，为群众着想，为群众办事，为群众提供高质量的服务。

（五）奉献社会

奉献社会，就是要求从业人员在自己的工作岗位上树立起奉献社会的职业理想，并通过兢兢业业地工作，自觉为社会和他人作贡献，尽到力所能及的责任。

二、职业道德及其特点

1．职业道德的含义

职业道德，就是同人们的职业活动紧密联系的符合职业特点所要求的道德准则、道德情操与道德品质的总和。它既是对职业者在职业活动中行为的要求，又是职业者对社会所负的道德责任与义务。职业道德是人们在职业生活中应遵循的基本道德，即一般社会道德在职业生活中的具体体现，是职业品德、职业纪律、专业胜任能力及职业责任等的总称，属于自律范围，它通过公约、守则等对职业生活中的某些方面加以规范。

每个从业人员，不论是从事哪种职业，在职业活动中都要遵守道德，如教师要遵守教书育人、为人师表的职业道德，医生要遵守救死扶伤的职业道德等。职业道德既是本行业人员在职业活动中的行为规范，又是行业对社会所负的道德责任和义务。

职业道德的含义具体体现在以下八个方面。

（1）职业道德是一种职业规范，受社会普遍的认可；

（2）职业道德是长期以来自然形成的；

（3）职业道德没有确定形式，通常体现为观念、习惯、信念等；

（4）职业道德依靠文化、信念和习惯，通过员工的自律实现；

（5）职业道德大多没有实质的约束力和强制力；

（6）职业道德的主要内容是对员工义务的要求；

（7）职业道德标准多元化，代表了不同企业可能具有不同的价值观；

（8）职业道德承载着企业文化和凝聚力，影响深远。

职业道德包括职业理想、职业信念、职业态度、职业品质、职业责任、职业良心等诸多方面，一个人职业道德的缺失体现在对本职工作的不热心，态度不端正，没有责任心等。

2．职业道德特点

要理解职业道德需要掌握以下四点。

首先，在内容方面，职业道德总是要鲜明地表达职业义务、职业责任，以及职业行为上的道德准则。它不是一般地反映社会道德和阶级道德的要求，而是要反映职业、行业乃至产业特殊利益的要求；它不是在一般意义上的社会实践基础上形成的，而是在特定的职业实践的基础上形成的，因而它往往表现为某一职业特有的道德传统和道德习惯，表现为从事某一职业的人们所特有道德心理和道德品质，甚至造成从事不同职业的人们在道德品貌上的差异。如人们常说，某人有军人作风、工人性格、农民意识、干部派头、学生味、学究气、商人习气等。

其次，在表现形式方面，职业道德往往比较具体、灵活、多样。它总是从本职业的交流活动的实际出发，采用制度、守则、公约、承诺、誓言、条例，以至标语口号之类的形式。这些灵活的形式既易于为从业人员接受和实行，又易于形成一种职业的道德习惯。

再次，从调节的范围来看，职业道德一方面可以调节从业人员内部关系，加强职业、行业内部人员的凝聚力；另一方面，它也是用来调节从业人员与其服务对象之间的关系，用来塑造本职业从业人员的形象。

最后，从产生的效果来看，职业道德既能使一定的社会或阶级的道德原则和规范的“职业化”，又使个人道德品质“成熟化”。职业道德虽然是在特定的职业生活中形成的，但它绝不是离开阶级道德或社会道德而独立存在的道德类型。在阶级社会里，职业道德始终是在阶级道德和社会道德的制约和影响下存在和发展的。职业道德与阶级道德或社会道德之间的关系，就是一般与特殊、共性与个性之间的关系。任何一种形式的职业道德，都在不同程度上体现着阶级道德或社会道德的要求。同样，阶级道德或社会道德，在很大范围上都是通过具体的职业道德形式表现出来的。同时，职业道德主要表现在实际从事一定职业的成人的意识和行为中，是道德意识和道德行为成熟的标志。职业道德与各种职业要求和职业生活结合，具有较强的稳定性和连续性，形成比较稳定的职业心理和职业习惯，以致在很大程度上改变了人们在学校生活阶段和少年生活阶段所形成的品行，影响道德主体的道德风貌。

(1) 职业道德具有适用范围的有限性。职业道德的内容与职业实践活动紧密相连，反映着特定职业活动对从业人员行为的道德要求。每一种职业道德都只能规范本行业从业人员的职业行为，在特定的职业范围内发挥作用。各种职业的职业责任和义务不同，从而形成了各自特定的职业道德的具体规范。

(2) 职业道德具有发展的历史继承性。职业具有不断发展和世代延续的特征，不仅技术世代延续，而且管理员工的方法、与服务对象打交道的方法是在长期实践过程中形成的，会被作为经验和传统继承下来。即使在不同的社会经济发展阶段，同样一种职业因服务对象、服务手段、职业利益、职业责任和义务相对稳定，职业行为的道德要求的核心内容被继承和发扬，从而形成了被不同社会发展阶段普遍认同的职业道德规范。如“有教无类”、“学而不厌，诲人不倦”，从古至今始终是教师的职业道德。

(3) 职业道德表达形式多种多样。由于各种职业道德的要求都较为具体、细致，不同的行业和不同的职业，有不同的职业道德标准，因此其表达形式多种多样。

(4) 职业道德兼有强烈的纪律性。纪律也是一种行为规范，但它是介于法律和道德之间的一种特殊的规范。它既要求人们能自觉遵守，又带有一定的强制性。就前者而言，它具有道德色彩；就后者而言，又带有一定的法律的色彩。就是说，一方面，遵守纪律是一种美德；另一方面，遵守纪律又带有强制性，是法令的要求。例如，工人必须执行操作规程和安全规定，军人要有严明的纪律等。因此，职业道德有时以制度、章程、条例的形式表达，让从业人员认识到职业道德具有纪律的规范性。

三、职业道德的作用

职业道德是社会道德体系的重要组成部分，它一方面具有社会道德的一般作用，另一方面它又具有自身的特殊作用，具体表现在以下几个方面。

1. 职业道德调节职业交往中从业人员内部及从业人员与服务对象间的关系

职业道德的基本职能是调节职能。它一方面可以调节从业人员内部的关系，即运用职业道德规范约束职业内部人员的行为，促进职业内部人员的团结与合作。比如，职业道德规范要求各行各业的从业人员，都要团结、互助、爱岗、敬业、齐心协力地为发展本行业、本职业服务。另一方面，职业道德可以调节从业人员和服务对象之间的关系。比如，职业道德规定了制造产品的工人要怎样对用户负责，营销人员怎样对顾客负责，医生怎样对病人负责，教师怎样对学生负责等。

2. 职业道德有助于维护和提高本行业的信誉

一个行业、一个企业的信誉，也就是它们的形象、信用和声誉，是指企业及其产品与服务在社会公众中的信任程度。提高企业的信誉主要靠产品的质量和服务质量，而从业人员职业道德水平高是产品质量和服务质量的有效保证。若从业人员职业道德水平不高，很难生产出优质的产品和提供优质的服务。

3. 职业道德促进本行业的发展

行业、企业的发展有赖于良好的经济效益，而良好的经济效益源于高水平的员工素质。员工素质主要包含知识、能力、责任心三个方面，其中责任心是最重要的。而职业道德水平高的从业人员其责任心是极强的，因此，职业道德能促进本行业的发展。

4. 职业道德有助于提高全社会的道德水平

职业道德是整个社会道德的主要内容。职业道德一方面涉及每个从业者如何对待职业，如何对待工作，也是一个从业人员的生活态度、价值观念的表现，更是一个人的道德意识、道德行为发展的成熟阶段，具有较强的稳定性和连续性。另一方面，职业道德也是一个职业集体，甚至一个行业全体人员的行为表现，如果每个行业、每个职业集体都具备优良的道德，对整个社会道德水平的提高肯定会发挥重要作用。

【案例直击】

遵纪守法、诚实守信

几个人驾车，从澳大利亚的墨尔本出发，去往南端的菲利普岛(澳大利亚著名的企鹅岛)看企鹅归巢的美景。从车上的收音机里，他们得知企鹅岛上正在举行一场大规模的摩托车赛。估计在他们到达企鹅岛之前，摩托车赛就要结束，到时候会有成千上万辆汽车往墨尔本方向开。因为这条路只有两车道，所以他们都担心会塞车，并会因此错过观赏的最佳时间。

担心的时刻终于来了。离企鹅岛还有60多公里时，对面蜂拥而来大批的车流。其中有汽车，还有无数的摩托车。可是他们的车畅通无阻！后来他们终于注意到，对面驶来的所有车辆，没有一辆越过中线！这是一个左右极不“平衡”的车道，一边是光光的道路，另一边是密密麻麻的车子。然而没有一个“聪明人”试图去破坏这样的秩序，要知道，这里是荒凉的澳大利亚最南端，没有警察，也没有监视器，有的只是车道中间的一道白线，看起来毫无任何约束力的白线。

这种“失衡”的图景在视觉上似乎丝毫没有美感可言，可是令人渐渐地感受到了一种震慑。设想：如果在这条道路上，所有车辆都不遵守交通规则，擅自行事，那么结果会怎样？

——摘自：likaisingle. 2010. 职业道德案例. http //wenku. baidu. com/view/be13e6bff121dd36a32d8232. html [2010-05-25]

第二节　职业道德素质

【资料链接】

“杂交水稻之父”——袁隆平

袁隆平是一位视科学为生命的科学家。为了杂交水稻事业，他几十年如一日，矢志不移，默默奉献。刚开始研究时，许多人说他是自讨苦吃，他坦然回答：“为了大家不再饿肚子，我心甘情愿吃这个苦。”研究条件的简陋艰苦，滇南育种遭遇大地震的威胁，上千次的实验失败，都动摇不了袁隆平研究杂交水稻的决心。几十年来，他像候鸟一样追赶着太阳南来北往育种，在攻关的前10年，有7个春节是在海南岛度过的。

袁隆平注重实践。他说，书本上、电脑里种不出水稻。他始终坚信真正的权威来自实践。“我不在家，就在试验田；不在试验田，就在去试验田的路上。”第一线的坚守，使他抓住了科学的灵感，锻造出了战略性眼光。

袁隆平甘为人梯。他注重培养杂交水稻科研人才，将团结协作看成是打开成功之门的钥匙。他捐出奖金，设立了科研基金和农业科技奖励基金。他将实验材料“野败”毫无保留地分送给全国18个研究单位，加速了“三系”杂交稻研究的步伐。在他的培养和带领下，我国杂交水稻界精英辈出，研究成果层出不穷，30多年来一直处于世界领先地位。

袁隆平永不满足。从“三系法”到“两系法”，从一般杂交稻的成功到超级杂交稻一期、二期再到三期，他将水稻产量从平均亩产300公斤左右先后提高到500公斤、700公斤、800公斤。

大德有大成。到2006年，我国累计推广种植杂交稻56亿多亩，每年增产的稻谷可以多养活7000多万人，相当于全世界每年新出生人口的总和。不仅如此，杂交水稻还被推广到全球30多个国家和地区，种植面积达3000多万亩。

袁隆平1987年获联合国教科文组织颁发的科学奖，2001年获国务院颁发的2000年度国家最高科学技术奖，2004年获世界粮食奖励基金会颁发的世界粮食奖，2007年4月就任美国科学院外籍院士，被誉为“杂交水稻之父”。

——摘自：徐连欣. 2007. 全国敬业奉献模范候选人：袁隆平事迹. http://society. people. com. cn/GB/8217/95880/ 103329/6285314. html [2007-09-19]

【理论认知】

一、职业道德素质的含义

职业道德素质是指所有从业人员在职业活动中应该遵循的行为准则，是一定职业范围内的特殊道德要求，即整个社会对从业人员的职业观念、职业态度、职业技能、职业纪律和职业作风等方面的行为标准和要求。

职业道德素质具有以下含义。

(1) 职业道德的内容反映了鲜明的职业要求。职业道德总是要鲜明地表达职业义务、职业责任，以及职业行为上的道德准则。

(2) 职业道德的表现形式往往比较具体、灵活、多样。它总是从本职业交流活动的实际出发，采用制度、守则、公约、承诺、誓言、条例，以及标语口号之类的形式，既易于为从业人员所接受和实行，又易于形成一种职业道德习惯。

(3) 职业道德是指所有从业人员在职业活动中应该遵循的行为准则，是一定职业范围内的特殊道德要求，即整个社会对从业人员的职业观念、职业态度、职业技能、职业纪律和职业作风等方面的行为标准和要求。职业道德既调节从业人员内部关系，又调节从业人员与其服务对象之间的关系。

(4) 职业道德既能使一定的社会或阶级的道德原则和规范“职业化”，又能使个人道德品质“成熟化”。

二、职业道德素质的特征

1. 职业性

不同的职业，职业道德素质要求是有所不同的。对建筑工人的素质要求，不同于对护士职业的素质要求；对商业服务人员的素质要求，不同于对教师职业的素质要求。李素丽的职业素质始终是和她作为一名优秀的售票员联系在一起的，正如她自己所说：“如果我能把 10 米车厢、三尺票台当成为人民服务的岗位，实实在在去为社会作贡献，就能在服务中融入真情，为社会增添一份美好。即便有时自己有点烦心事，只要一上车，一见到乘客，就不烦了。”

2. 稳定性

一个人的职业道德素质是在长期执业时间中日积月累形成的，一旦形成，便产生相对的稳定性。比如，一位教师经过三年五载的教学生涯，就逐渐形成了怎样备课、怎样讲课、怎样热爱学生、怎样为人师表等一系列教师职业素质，便保持了相对的稳定性。当然，随着以后学习、工作和环境的影响，这种素质还可继续提高。

3. 内在性

职业从业人员在长期的职业活动中，经过学习、认识和亲身体验，觉得怎样做是对的，怎样做是不对的。这样，有意识地内化、积淀和升华的这一心理品质，就是职业道德素质的内在性。我们常说：“把这件事交给小张师傅去做，有把握，请放心。”人们之所以对他放心，就是因为他的内在素质好。

4. 整体性

一个从业人员的职业道德素质是和他整个素质有关的。我们说某某同志职业素质好，不仅指他的思想政治素质、职业道德素质好，而且包括他的科学文化素质、专业技能素质好，甚至包括身体心理素质好。一个从业人员，虽然思想道德素质好，但科学文化素质、专业技能素质差，就不能说这个人整体素质好。

5. 发展性

一个人的职业道德素质是通过教育、自身社会实践和社会影响逐步形成的，它具有相对性和稳定性。但是，随着社会发展对人们不断提出的要求，人们为了更好地适应、满足、促进社会的发展的需要，总是不断地提高自己的素质，所以素质具有发展性。

三、职业道德素质的行业要求

（一）建筑业从业人员职业道德规范

中华人民共和国建设部建筑业司建设总精神文明建设办公室早在1997年就颁布了《建筑业从业人员职业道德规范(试行)》,对建筑领域各类人员提出了明确的职业道德要求。

1. 项目经理职业道德规范

(1) 强化管理,争创效益。对项目的人财物进行科学管理,加强成本核算,实行成本否决,教育全体人员节约开支,厉行节约,精打细算,努力降低物资和人工消耗。

(2) 讲求质量,重视安全。精心组织,严格把关,顾全大局,不为自身和小团体的利益而降低对工程质量的要求。加强劳动保护措施,对国家财产和施工人员的生命安全高度负责,不违章指挥,及时发现并坚决制止的违章作业,检查和消除各类事故隐患。

(3) 关心职工,平等待人。要像关心家人一样关心职工,爱护职工,特别是民工。不拖欠工资,不敲诈用户,不索要回扣,不多签或少签工程量、工资,充分尊重职工的人格,以诚相待,平等待人。搞好职工的生活,保障职工的身心健康。

(4) 廉洁奉公,不谋私利。发扬民主,主动接受监督,不利用职务之便谋取私利,不用公款请客送礼。如实上报施工产值、利润、不弄虚作假。不在决算定案前搞分配,不搞分光吃光的短期行为。

(5) 用户至上,诚信服务。树立用户至上思想,事事处处为用户着想,积极采纳用户的合理要求和建议,热情为用户服务,建设用户满意工程,坚持保修回访制度,为用户排忧解难,维护企业的信誉。

2. 工程技术人员职业道德规范

(1) 热爱科技,献身事业。树立"科技是第一产力"的观念,敬业爱岗,勤奋钻研,追求新知,掌握新技术、新工艺,不断更新业务知识,拓宽视野,忠于职守,辛勤劳动,为企业的振兴与发展贡献自己的才智。

(2) 深入实际,勇于攻关。深入基层,深入现场,理论和实际相结合,科研和生产相结合,把施工生产中的难点作为工作重点,知难而进,百折不挠,不断解决施工生产中的技术难题,提高生产效率和经济效益。

(3) 一丝不苟,精益求精,牢固确立精心工作,求实认真的工作作风。施工中严格执行建筑技术规范,认真编制施工组织设计,做到技术上精益求精,工程质量上一丝不苟,为用户提供合格建筑产品,积极推广和运用新技术、新工艺、新材料、新设备,大力发展建筑高科技,不断提高建筑科学技术水平。

(4) 以身作则,培育新人。谦虚谨慎,尊重他人,善于合作共事,搞好团结协作,既当好科学技术带头人,又甘当铺路石,培育科技事业的接班人,大力做好施工科技知识在职工中的普及工作。

(5) 严谨求实,坚持真理。培养严谨求实,坚持真理的优良品德,在参与可行性研究时,坚持真理,实事求是,协助领导进行科学决策;在参与投标时,从企业实际出发,以合理造价和合理工期进行投标;在施工中,严格执行施工程序、技术规范、操作规程和质量安全标准,决不弄虚作假,欺上瞒下。

3. 管理人员职业道德规范

(1) 遵纪守法,为人表率。认真学习党的路线、方针、政策,自觉遵守法律、法规和企业的规章制度,办事公道,用语文明,以诚相待。

(2) 钻研业务,爱岗敬业。努力学习业务知识,精通本职业务,不断提高业务素质和工作能力。爱岗敬业,忠于职守,工作认真负责,不断提高工作效率和工作能力。

(3) 深入现场,服务基层。深入施工现场,调查研究,掌握第一手资料,积极主动为基层单位服务,为工程项目服务,急基层单位和工程项目之所急。

(4) 团结协作,互相配合。树立全局观念和整体意识,部门之间、岗位之间做到分工不分家,搞好团结协作,遇事多商量、多通气,互相配合,互相支持,不推、不扯皮,不搞本位主义。

(5) 廉洁奉公,不谋私利。树立全心全意为人民服务的公仆意识,廉洁奉公,不利用工作和职务之便吃拿卡要,谋取私利。

4. 施工作业人员职业道德规范

(1) 苦练硬功,扎实工作。刻苦钻研技术,熟练掌握本工程的基本技能,努力学习和运用先进的施工方法,练就过硬本领,立志岗位成才。热爱本职工作,不怕苦、不怕累,认认真真,精心操作。

(2) 精心施工,确保质量。严格按照设计图纸和技术规范操作,坚持自检、互检、交接检制度,确保工程质量。

(3) 安全生产,文明施工。树立安全生产意识,严格执行安全操作规程,杜绝一切违章作业现象。维护施工现场整洁,不乱倒垃圾,做到工完场清。

(4) 争做文明职工,不断提高文化素质和道德修养,遵守各项规章制度,发扬劳动者的主人翁精神,维护国家利益和集体荣誉,服从上级领导和有关部门的管理。

(二) 机械制造业从业人员职业道德规范

2003年中国机械工程学会第八届三次理事会颁布了《机械工程师职业道德规范》,制订了机械工程师职业道德行为的标准。该标准指出:机械工程师应具备诚实、守信、正直、公正、爱岗、敬业、刻苦、友善、对科技进步永远充满信心、勇于攀登的品德;服务于公众、用户、组织及与专业人士协调共事的能力;勇于承担责任,保护公众的健康、安全,促进社会进步、环保和可持续发展的意识。

第一条　要以国家现行法律、法规和中国机械工程学会规章制度规范个人行为,承担自身行为的责任。

(1) 不损害公众利益,尤其是不损害公众的环境、福利、健康和安全。

(2) 重视自身职业的重要性,工作中寻求与可持续发展原则相适应的解决方案和办法。正式规劝组织或用户终止影响和可能影响公众健康和安全的情况发生。

(3) 应向致力于公众的环境、福利、健康、安全和可持续发展的他人提供支持。如果被授权,可进一步考虑利用媒体作用。

第二条　应在自身能力和专业领域内提供服务并明示其具有的资格。

(1) 只能承接接受过培训并有实践经验因而能够胜任的工作。

(2) 在描述职业资格、能力或刊登广告招揽业务时,应实事求是,不得夸大其词。

(3) 只能签署亲自准备或在直接监控下准备的报告、方案和文件。

(4) 对机械工程领域的事物只能在充分认识和客观论证的基础上出示意见。

(5) 应保持自身知识、技能水平与对应的技术、法规、管理发展相一致,对于委托方要求的服务应采用相应技能，若所负责的专业工作意见被其他权威驳回，应及时通知委托方。

第三条　依靠职业表现和服务水准，维护职业尊严和自身名誉。

(1) 提供信息或以职业身份公开作业务报告时应信守诚实和公正的原则。

(2) 反对不公平竞争或者金钱至上的行为。

(3) 不得以担保为理由提供或接受秘密酬金。

(4) 不故意、无意、直接、间接有损于或可能有损于他人的职业名誉，以促进共同发展。

(5) 引用他人的文章或成果时，要注明出处，反对剽窃行为。

第四条　处理职业关系不应有种族、宗教、性别、年龄、国籍或残疾等歧视与偏见。

第五条　在为组织或用户承办业务时要做忠实的代理人或委托人。

(1) 为委托人的合法权益行使其职责，忠诚地进行职业服务。

(2) 未获得特别允许(除非有悖公共利益)，不得披露信息机密(任何他人现在或以前的所有商业或技术信息)。

(3) 提示委托人行使委托权力时可能引起的潜在利益冲突。在委托人或组织不知情或不同意的情况下，不得从事与其利益冲突的活动。

(4) 代表委托人或组织的自主行动，要公平、公正对待各方。

第六条　诚信对待同事和专业人士。

(1) 有责任在事业上发展业务能力，并鼓励同事从事类似活动。

(2) 有义务为接受培训的同行演示、传授专业技术知识。

(3) 主动征求和虚心接受对自身工作的建设性评论；为他人工作诚恳提出建设性意见；充分相信他人的贡献，同时接受他人的信任；诚实对待下属员工。

(4) 在被邀请对他人工作进行评价时，应客观公正，不夸大，不贬低，注重礼节。

(三) 会计从业人员职业道德要求

根据《会计基础工作规划》的规定，会计人员职业道德包括以下内容。

(1) 爱岗敬业。要求会计人员热爱会计工作，安心本职岗位，忠于职守，尽心尽力，尽职尽责。

(2) 诚实守信。要求会计人员做老实人，说老实话，办老实事，执业谨慎，信誉至上，不为利益所诱惑，不弄虚作假，不泄露秘密。

(3) 廉洁自律。要求会计人员公私分明、不贪不占、遵纪守法、清正廉洁。

(4) 客观公正。要求会计人员端正态度，依法办事，实事求是，不偏不倚，保持应有的独立性。

(5) 坚持准则。要求会计人员熟悉国家法律、法规和国家统一的会计制度，始终坚持按法律、法规和国家统一的会计制度的要求进行会计核算，实施会计监督。

(6) 提高技能。要求会计人员增强提高专业技能的自觉性和紧迫感，勤学苦练，刻苦钻研，不断进取，提高业务水平。

(7) 参与管理。要求会计人员在做好本职工作的同时，努力钻研相关业务，全面熟悉本单位经营活动和业务流程，主动提出合理化建议，协助领导决策，积极参与管理。

(8) 强化服务。要求会计人员树立服务意识，提高服务质量，努力维护和提升会计职业的良好社会形象。

（四）建筑装饰行业从业人员职业道德规范①

职业道德的水平，反映从业人员的综合素质，折射装饰企业的社会形象，体现装饰行业的精神风貌。一些省市也制定了相关从业人员的职业道德规范。例如，2010 年甘肃省建筑装饰协会制定并发布了《全省建筑装饰行业从业人员职业道德规范（试行）》。

(1) 认真贯彻国家和省、市的有关法律法规和方针政策，严格执行有关的标准规范和操作规程，树立良好的企业形象。

(2) 坚持科学发展观，求真务实，开拓创新，积极推广和运用新技术、新工艺、新材料、新设备，为用户提供节能环保的建筑产品，推进企业发展，增强企业的吸引力、凝聚力和竞争力。

(3) 精心组织，精心设计，精心施工，一切为用户着想，一心为工程服务，严格把关，一丝不苟，确保设计、材料和施工质量，建设用户满意的装饰工程。

(4) 科学组织，科学管理，强化管理工作，完善管理制度，创新管理方法，增强管理力度，向管理要效益。

(5) 增强安全意识，重视安全工作，坚持“安全第一”，加强安全防范，严防安全事故，杜绝安全隐患，确保安全生产。

(6) 诚实守信，依法经营，严格自律，维护公德，不敲诈用户，不谋取私利，不高估冒算，不商业贿赂，切实维护企业信誉。

(7) 以人为本，文明施工，维护施工现场整洁，做到工完场净、净化环境，不偷工减料，不粗制滥造，不以次充好，不违章作业，不野蛮施工，不乱倒垃圾。

(8) 爱岗敬业，忠于职守，扎实工作，追求一流，严谨求实，精益求精，接受监督，履行承诺，提高工作效率，提升服务水平。

（五）公务员公共服务职业道德要求

公共服务是公务员工作职责所在，这是由公务员的职业性质决定的。公务员在公共服务中，应该遵守基本的职责道德要求，主要包括以下内容。

(1) 忠于党，忠于祖国。以忠于党、忠于祖国为核心的公务员职业道德忠诚教育是全新的公务员职业道德教育体系的灵魂。

(2) 服务人民，务实创新，是公务员在公共服务中核心的职业道德要求之一。我们党和国家的性质决定了公务员必须全心全意为人民服务，服务人民，务实创新，是落实科学发展观、树立正确政绩和加强执政能力建设的需要。

(3) 恪尽职守，依法行政，是公共服务职业道德要求公务员履行的主要职责。恪尽职守是公务员的职责所在，依法行政是依法治国决定的。

(4) 顾全大局，团结协作，是新时期公共服务职业道德的核心要求之一，是公务员应该具备的基本素质。顾全大局、团结协作是公务员做好公共服务的保障。

(5) 清正廉洁，公道正派，是公共服务职业道德要求公务员保持的最基本的品质。

(6) 诚实守信，品德端庄，是公共服务职业道德要求公务员树立的形象，是公务员的立身之本。

---

① 摘自甘肃省建筑装饰协会 2010 年制订的《全省建筑装饰行业从业人员职业道德规范》（试行）。

（六）秘书从业人员职业道德规范

(1) 忠于职守，自觉履行各项职责。各行各业的工作人员，都要忠于职守，热爱本职。这是职业道德的一条主要规范。作为秘书人员忠于职守就是要忠于秘书这个特定的工作岗位，自觉履行秘书的各项职责，认真辅助领导做好各项工作。要有强烈的事业心和责任感，不擅权越位，不掺杂私念，不渎职。

(2) 服从领导，当好参谋。服从领导，这是秘书人员职业性质所决定的。作为领导工作的参谋和助手，应当严格按照领导的指示和意图办事。当好参谋，就是要发挥参谋作用，为领导出谋献策。

(3) 兢兢业业，甘当无名英雄。兢兢业业，甘当无名英雄，就是要求秘书人员埋头苦干，任劳任怨。秘书工作性质，决定其工作主要是实干。在具体而紧张的工作中，脚踏实地，密切联系实际和群众，不计个人得失，有着吃苦耐劳的精神。

(4) 谦虚谨慎，办事公道，热情服务。谦虚谨慎，应是秘书人员应具有的美德。秘书人员不能因为在领导身边工作而自命不凡、自以为是，在工作中要善于协调矛盾，搞好合作。办事要公道正派。秘书人员对领导、对群众都要一视同仁，秉公办事，平等相待，热情服务。秘书人员要把为领导服务，为本单位各职能部门服务，为群众服务当做自己的神圣职责。

(5) 遵纪守法，廉洁奉公。不假借领导名义以权谋私遵纪守法、廉洁奉公，是秘书人员职业活动能够正常进行的重要保证。遵纪守法指的是秘书人员要遵守职业纪律和与职业活动相关的法律、法规。廉洁奉公是高尚道德情操在职业活动中的重要体现，是秘书人员应有的思想道德品质和行为准则。

(6) 恪守信用，严守机密。秘书人员恪守信用，就是要遵守信用、遵守时间、遵守诺言，言必信，行必果。秘书人员一个显著的特点，是掌握的机密较多，因此，要求秘书人员必须具备严守机密的职业道德，自觉加强保密观念。

(7) 实事求是，勇于创新。实事求是，秘书人员要坚持实事求是的工作作风，一切从实际出发，理论联系实际，坚持实践是检验真理的唯一标准。秘书人员无论是搜集信息、汇报情况、提供意见、拟写文件，都必须端正思想，坚持实事求是的原则。

(8) 刻苦学习，努力提高思想、科学文化素质。各种不同的工作岗位对其工作人员都有相应的素质要求。是否具有良好的素质，对于做好领导秘书工作是一个非常重要的问题，也是评价一位秘书人员是否称职的基本依据。

(9) 钻研业务，掌握秘书工作各项技能。从发展的角度看，新时期的秘书人员，必须了解和懂得与秘书工作有直接或间接关系的各项技能。

【案例直击】

杭州最美司机——吴斌

吴斌是杭州长途客运二公司的快客司机。2012 年 5 月 29 日中午，他驾驶浙 A19115 大型客车从无锡返回杭州，车上载有 24 名乘客。11 时 40 分左右，车辆行驶到某一路段时，一块大铁片突然从天而降，击碎挡风玻璃后，砸向吴斌的腹部和手臂。

监控画面记录下了当时突发的一幕，被击中时的一瞬间，吴斌本能地用右手捂了一下腹部，看上去很痛苦，但他没有紧急刹车或猛打方向盘，而是强忍疼痛让车缓缓减速，稳稳地停下车，打起双闪灯，拉好手刹，最后他解开安全带挣扎着站起来，打开车门，疏散旅客。他回头还对受到惊吓的乘客说："别乱跑，注意安全。"做完这一切，吴斌瘫坐在了座位上。

吴斌送到医院时，右上腹部有一道伤痕，但内脏出了很多血。手术中医生发现，吴斌的三根肋骨被撞断，大半个肝脏破裂了，肺部也出现损伤。手术中输血量达1万多毫升。由于病情危重，手术后的吴斌被送往肝胆外科的重症监护室。吴斌全身多个脏器出现衰竭，肾功能不全，随时随地都有生命危险。医生说，吴斌的肝脏已经像一座被掏空了的山。6月1日凌晨，吴斌逝世。

杭州市精神文明建设委员会授予吴斌同志杭州市"道德模范"(平民英雄)荣誉称号。认为吴斌同志在危急时刻用生命履行了职责，为我们树立了坚守岗位、舍己为人的光辉榜样。吴斌的姐姐吴冰心说："我弟弟一生平凡，但生命的最后一刻，他所做的一切，让所有人尊重。"

全国总工会授予吴斌"全国五一劳动奖章"，浙江省总工会授予他"省五一劳动奖章"，批准为革命烈士，并追授为浙江省劳模。

第三节　职业道德修养

【资料链接】

微软的职业道德观

1. 诚信和正直

一个人的人品如何，直接决定了这个人对社会的价值。微软公司在用人时非常强调诚信，我们只雇佣那些最优秀、最值得信赖的人。如果一个应聘者不够诚实，或不讲职业道德，那么，即使他在技术水平上表现得再优秀，我们也会毫不犹豫地拒绝他。

例如，一位应聘者在面试时曾对我说，如果他能加入微软公司，他就可以把他在前一家公司所做的发明成果带过来。对这样的人，无论他的技术水平如何，我都不会雇用他。他既然可以在加入微软时损害先前公司的利益，那他也一定会在加入微软后损害微软公司的利益。反过来，公司对员工也应当充分信任。在微软公司，公司的各级管理者都会给员工较大的自由和空间发展他们的事业，并在工作和生活上充分信任、支持和帮助员工。只要是微软录用的人，微软就会百分之百地信任他。和一些软件企业对员工处处提防的做法不同，微软公司内的员工可以看到许多源代码，接触到很多技术或商业方面的机密。正因为如此，微软的员工对公司才有更强的责任心和更高的工作热情。

2. 培养主动意识

中国的学生和职员大多属于比较内向的类型。在学校时，学生们往往需要老师安排学习任务，或是按照老师的思路做课题研究。在公司里，职员常常要等老板吩咐做什么事、怎么做之后，才开始工作。此外，许多人并不善于推销和宣传自己，这恐怕和自古以来讲求中庸的文化氛围有很大关系。

但是，要想在现代企业中获得成功，就必须努力培养自己的主动意识：在工作中要勇于承担责任，主动为自己设定工作目标，并不断改进方式和方法，此外，还应当培养推销自己的能力，在领导或同事面前要善于表现自己的优点，有了研究成果或技术创新之后要通过演讲、展示、交流、论文等方式和同事或同行分享，在工作中犯了错误也要勇于承认。只有积极主动的人才能在瞬息万变的竞争环境中获得成功，只有善于展示自己的人才能在工作中获得真正的机会。

3. 客观、直接的交流和沟通

微软公司有一个非常好的文化叫“开放式交流”，它要求所有员工在任何交流或沟通的场合里都能敞开心扉，尽可能完整地表达自己的观点。在微软开会时，大家经常会因为意见的不统一而发生争执，通常会发生激烈的辩论甚至是争吵，并一定要争出个结果。这种开放的交流环境对微软公司保持活力企业和创新能力都是非常重要的。当然，争吵过头也是不好的，为了技术问题吵到脸红脖子粗，这有时候也会破坏人与人之间的关系。因此，微软公司的总裁史蒂夫·鲍尔默最近提出要把这种文化改进成“开放并相互尊重”，要求在相互交流时充分尊重对方，即使不同意对方的意见也不应当使用攻击性的语言。

4. 挑战自我、学无止境

从一名大学生到一名程序员，再到一位管理者，在软件人才的成长历程中，学习是永无止境的。在大学期间，我们要打好基础，培养自己各方面的素质和能力；工作以后，我们应当努力在实际工作中学习新的技术并积累相关经验；即使走上了管理岗位，我们也应当不断学习，不断提高自己。软件产业本身就是一个每天都会有新技术、新概念诞生，充满了活力和创造力的产业。作为软件产业的从业人员，如果只知道闭门造车、抱残守缺，就必然会落伍，必然会被市场淘汰。

许多学生喜欢与别人竞争，但这种竞争更多地表现为一种“零和游戏”，无法使自己和他人得到真正的提高。建议大家最好能不断和自己竞争——不要总想着胜过别人，而要努力超越自我，不断在自身的水平上取得进步。

——摘自：李开复. 2000. 李开复给中国学生的第一封信：从诚信谈起. http://learning.sohu.com/20060925/ n245523209.shtml [2006-09-25]

【理论认知】

一、职业道德修养的含义

“修养”是一个合成词，“修”原意指学习、锻炼、陶冶和提高；“养”原意是指培养、养育和熏陶。所谓修养是指一个人的素质经过长期锻炼或改造所达到的一定结果和水平。

职业道德修养是指从事各种职业活动的人员，按照职业道德基本原则和规范，在职业活动中所进行的自我教育、自我改造、自我完善，使自己形成良好的职业道德品质和达到一定的职业道德境界，是一种自律行为。

所谓职业道德修养，就是从业人员在道德意识和道德行为方面的自我锻炼及自我改造中所形成的职业道德品质，以及达到的职业道德境界。职业道德修养是一种自律行为，关键在于“自我锻炼”和“自我改造”。任何一个从业人员，职业道德素质的提高，一方面靠他律，即社会的培养和组织的教育；另一方面取决于自己的主观努力，即自我修养。两个方面是缺一不可的，而且后者更加重要。

职业道德修养实质上就是两种对立的道德意识之间的斗争，是善和恶、正和邪、是和非之间的斗争，对于从业者来说，要取得职业道德品质上的进步，就必须自觉地进行两种道德观的斗争。职业道德修养上的两种道德观的斗争，有其自身的特点。它是一个从业者头脑中进行的两种不同思想的斗争。尽管这两种不同思想反映着复杂的道德关系，它却是在一个人的头脑中进行的。对于职业道德修养，用形象一点的话来说，就是自己同自己“打官司”，即“内省”。

正是由于这种特点，从业人员必须随时随地认真培养自己的道德情感，充分发挥思想道德上正确方面的主导作用，促使“为他”的职业道德观念去战胜“为己”的职业道德观念，认真检查自己的一切言论和行动，改正一切不符合社会主义职业道德的东西，达到不断提高自己职业道德水平的目的。

二、加强职业道德修养的基本途径

加强职业道德修养的基本途径主要有以下三种。

(1) 坚持学习马克思主义的伦理观。马克思历史唯物主义论述了许多关于道德，以及社会主义道德和职业道德的科学观点，是加强职业道德修养的指针，有利于从业人员树立科学的世界观、人生观和道德观。

(2) 发挥榜样的激励作用，向先进模范人物学习。榜样的力量是无穷的，学习先进模范人物的高尚品德和崇高精神使之在全社会发扬光大，成为激励和鼓舞广大群众前进的精神力量，是从业人员加强职业道德修养、提高自身职业道德水平的必由之路。

学习先进模范人物还要密切联系自己职业活动和职业道德的实际，注重实效，自觉抵制拜金主义、享乐主义等腐朽思想侵蚀，大力弘扬新时期的社会主义核心价值观，提高职业道德水平，立志在本岗多作贡献。

(3) 提倡“慎独”、“积善成德”、“防微杜渐”。“慎独”一词出于我国古籍《礼记·中庸》：“道也者，不可须臾离也，可离非道也。事故君子戒慎乎其所不睹，恐惧乎其所不闻。莫见乎隐，莫显乎微，故君子慎其独也。”意思是说，道德原则是一时一刻也不能离开的，时时刻刻检查自己的行动，一个有道德的人在独自一人、无人监督时，也是小心谨慎地不做任何不道德的事。我们现在依然提倡“慎独”，是重在自律，即在道德上自我约束。“慎独”既是加强职业道德修养的行之有效的重要方法和途径，也是一种崇高的思想道德境界。

提倡“慎独”的同时，提倡“积善成德”。精心保持自己的善行，精心地培养自己心中开始出现的共产主义道德观念和品质的幼芽，使其不断积累和壮大。我国战国时期的哲学家荀况曾说：“积土成山，风土兴焉；积水成渊，蛟龙生焉；积善成德，而神明自得，圣心备焉。故不积跬步，无以至千里；不积小流，无以成江河。”高尚的道德人格和道德品质，需要一个长期的积善过程。只有不弃小善，才能积成大善；只有能积众善，才能有高尚的品德。

在职业道德修养领域中还要做到“防微杜渐”。善恶之别，泾渭分明。善虽小，仍然不失其为善；恶虽小，也终究是恶。因此，从业人员对自己任何不符合职业道德的言行，都务必注意克服，将其消灭在萌芽状态之中。三国时期的刘备在他的遗嘱里叮嘱儿子：“勿以恶小而为之，勿以善小而不为”指的就是这种防微杜渐的修养方法。

【案例直击】

爱岗敬业的楷模——李素丽

李素丽是北京市公交总公司汽一公司第一营运分公司21路售票员，1998年起从事“李素丽热线”管理工作。在18年的售票员工作中，她把“全心全意为人民服务”作为自己的座右铭，真诚、热情地为乘客服务，被群众誉为“老人的拐杖、盲人的眼睛、外地人的向导、病人的护士、群众的贴心人”，先后荣获全国五四奖章及“全国职业道德标兵”、“三八红旗手”、“优秀共产党员”等称号，2000年被评为全国劳动模范。

“用力去做只能达到称职，用心去做才能达到优秀。”这句话充分体现了李素丽“干一行、爱一行、钻一行”的敬业精神和全心全意为百姓服务的崇高境界。

从售票台到热线平台，是什么使李素丽在平凡的岗位上光芒耀眼？她坦言：不管干什么工作，都要有强烈的事业心、责任心和爱心，只有把自己和职业融为一体，把自身价值和本职岗位紧密相连，全身心地投入到工作中去，才能把本职工作干好。

为了给聋哑人提供优质服务，李素丽学会了简单的哑语；为了使外地人在北京有亲切感，李素丽一有机会就学习方言；为了给不同层次的乘客提供优质服务，李素丽不断“充电”，现已是一位硕士研究生。她说，做一名优秀的服务人员很不容易，只有学到过硬的本领，才能为百姓搞好服务。一个好的售票员在某种程度上可能是一个心理学家、语言学家和外交家。工作中，李素丽常常试着与乘客换位思考，设身处地为乘客着想，努力把握乘客心理，常常几句话就化解了车厢里的矛盾。她说：“车厢就是一个流动的小社会，化解矛盾是售票员应该掌握的基本技能”。

李素丽始终如一地模范遵守职业道德，发扬“一心为乘客，服务最光荣”的行业精神，钻研业务，爱岗敬业，全心全意，真诚热情地为乘客服务，被誉为“老人的拐杖、盲人的眼睛、外地人的向导、病人的护士、群众的贴心人”。“李素丽热线”以良好的服务，出色的成绩被全国妇联授予“全国巾帼文明示范岗”，被北京市总工会授予“首都劳动奖状”荣誉称号。

李素丽的工作理念：每一条公共汽车的线路都有终点站，但为人民服务没有终点站，我会永远用自己的真情和奉献同大家一起走向明天。

——摘自：临汾市第九中学校党支部. 2011. 全国劳模优秀党员售票员——李素丽. http://blog.sina.com.cn/s/ blog_78f59ab00100qy18.html [2011.04.11]

思考题

1. 根据行业和专业要求，简述加强职业道德修养的基本途径。
2. 职业道德重在养成，大学生如何在实践中养成良好的职业道德和职业行为习惯？

第三章　职业能力素质

如果只把工作当做一件差事，或者只将目光停留在工作本身，那么即使是从事你喜欢的工作，你依然无法持久地保持对工作的激情。但如果把工作当做一项事业来看待，情况就会完全不同。

——比尔·盖茨

工作是使生活得到快乐的最好方法。

——康德

一个有真正才能的人会在工作过程中感到最高度的快乐。

——歌德

工作是一个施展自己才能的舞台。我们寒窗苦读来的知识，我们的应变力，我们的决断力，我们的适应力以及我们的协调力都将在这样一个舞台上得到展示。除了工作，没有哪项活动能提供如此高度的充实自我、表达自我的机会，以及如此强的个人使命感和一种活着的理由。工作的质量往往决定生活的质量。

——约翰·洛克菲勒

高等职业教育的人才培养目标是以就业为导向，培养面向生产、建设、服务和管理第一线的高素质、高技能人才。高职学生的就业岗位大多在生产和服务第一线，而第一线岗位与科技进步、产业结构调整、生产和服务水平是紧密结合的。同时，高职学生面对社会人才层次和数量的竞争，必须不断提升自身能力以便满足市场需要。所以，高职学生在专业技能方面有较高的水平是必要的，更加重要的是，要具备可持续发展的素质和能力，即高职学生在培养职业核心能力的同时，还要注重通用能力的培养，这样才能适应未来社会发展的需要。

第一节　通用能力素质

【资料链接】

欧美知名企业的用人标准

世界上所有的企业，不分国内、国外，不分大企、小企，大致相同，都是希望选择综合素质好、业务能力强的员工，考察沟通能力、实干精神，工作效率及创新能力等。但是，不同地区的企业风格各有区别，同一地区的企业，企业文化也各有不同。企业是树，文化是根，不同企业文化对于招聘者的要求也各有差异。外资企业所要接受的“社会经历”比较广泛，除了要求担任过学生干部、有实习经验之外，对一些与众不同的经历也非常感兴趣，如从事过志愿者工作、曾游历各地等。他们认为，见多识广的学生更容易融入国际化的公司，也能迅速融入客户的文化。他们可以容忍应聘者能力上的些许欠缺，但在人生阅历上不能是一张白纸。

同样的实习经历，外企 HR 们更希望在你的描述中能表现出“人性的优点”，如勇敢、社会责任感、自省等。

美国人的文化习惯和我们中国人有着相当大的差异，美国公司的特点是：

希望获得最新信息，这是与别人攀比竞争的标准。因此应该爱看广告，广告上产品都是大牌，看广告就能获得最新信息。

做事很执著，不肯轻易放弃，爱与人攀比，竞争意识浓厚，攀比是竞争的动力。公司也常常给员工提供公平竞争的舞台，大家不管家世出身，上级下属，在竞争的舞台上地位都是平等的，起跑线是一样的。

培养主动意识。在公司里，任何人都有权利说话，尽情发表你的意见。要把公司当做自己的公司，这才是一个优秀的员工素质。在面对一个美国上级时，不要事事都唯命是从，如果你有比上级更好的想法和意见，你完全可以直言不讳，对方反倒会佩服你。

树立商业意识。美国人做事很实际，自己付出了劳动，就要相应地得到报酬。一份赢得雇佣双方互相尊重的工作才是双赢(win-win)的结局。一般地，在外企，都有非常明确的工资结构。多数外企薪资的制订，是按照 3P＋2M 的原则，即实际业绩(performance)、岗位职责(position)、个人能力(people)、参照行业市场(industry market)和人才市场(talent market)制订。公司会根据职位范围的大小、工作的复杂度等来确定工资的级别，工资的增长跟员工的业绩是紧密相连的。

时间观念很强。办事迅速在美国是一种美德，美国经理在商业活动中注重快速取得成功，公司对员工的创造力和工作效率要求很高，大家工作都很拼命，通宵加班是常事，但是待遇很好。

主张良好的工作氛围。工作时精力充沛，开朗爽快，无拘无束，在公司里，大家不论职位高低，一律直呼对方的英文名，体现出平等、民主。

团队发展意识。与别人商谈，永远称呼“我们公司”。例如，摩托罗拉在招聘员工时有一条标准，那就是员工的发展意识，他既能发展自己，又能发展别人。

注重人才储备，随时为企业补充后备力量和新鲜血液。如毕马威在“四大”(四大国际会计师事务所)中规模不是最大，但他们每年对大学生的招聘力度却并不比其他三家弱。受聘职员第一年做的是非常基础性的事情，小组的领导会教你做事情，第二年就要你独立做事，第三年则需要你带领小组，教别的新人做事情了，而在 5 年后，就开始向高层管理和合伙人的位置努力了。

美国劳工部公布的最受雇主欢迎的十种技能是：解决问题的能力、专业技能、沟通能力、计算机编程技能、培训技能、科学与数学技能、理财能力、信息管理能力、外语交际能力、商业管理能力。

微软在招聘人才、使用人才时特别青睐“三心”人才。一是热心的人。对公司充满感情，对工作充满激情，对同事充满友情，能够独立工作，有许多新奇想法，以公司整体利益、长远利益为重，视公司为家，和同事团结协作、荣辱与共；二是慧心的人。脑子灵活、行动敏捷，能够对形势准确把握、从容应对、尽快适应，在短期内学会、掌握所需的知识和技能；三是苦心的人。工作非常努力、勤奋，吃得了苦。

IBM 对应聘者的专业背景并无严格要求，笔试考核题目中没有任何关于计算机知识的内容，通过笔试，就能考查应聘者的综合反映速度、判断能力以及心理素质等。只要你有兴趣和潜力，公司就会给你机会，就像大海，“蓝色胸怀”是包容、宽大的胸怀。IBM 有浑厚、大气、包容、开放和活跃的企业文化。

可口可乐用热情衡量求职者，由不同主管从不同角度来考查。面试主要考核应聘者是否有热情，是否了解可口可乐，对公司从事的行业和产品是否有热情，其次才是考核求职者的团队能力和领导能力。

英特尔聘人的独特渠道，包括委托专门的猎头公司帮他们物色合适的人选。另外，通过公司的网页，你可以随时浏览有哪些职位空缺，并通过网络直接发送简历。只要公司认为你的简历背景适合，你就有机会接到面试通知。还有一个特殊的招聘渠道，就是员工推荐。基于这两方面的了解，有一个基本把握，那就是这个人是否适合英特尔。

宝洁公司的笔试包括三部分：解难能力测试、英文测试、专业技能测试。无论您如实回答或编造答案，都能反映您某一方面的能力。宝洁希望得到每个问题回答的细节，根据一些既定考察方面和问题来收集应聘者所提供的事例，从而来考核该应聘者的综合素质和能力。高度的细节要求让个别应聘者感到不能适应，没有丰富实践经验的应聘者很难很好地回答这些问题。

雅虎的用人之道告诉我们，从事 IT 业的人们不可太短视，频频跳槽以换取厚利，理应踏实工作。只要肯努力，相信公司也会人尽其才的。该公司迄今尚未流失一个为“高薪而跳槽”的员工。

英国老板推崇“文化”，英国公司里最崇拜“文化”，认为只有融入了公司文化，才能把个人发展和公司发展融为一体，事半功倍地青云直上。在英国，人们喜欢干脆利落，开门见山，求职者应在简历的开头就明确写出求职目标。同时，英国人希望求职者言之有物，最好附加一些精确的信息、具体的时间、体现你特定能力的具体数字或你为原来所在工作部门赢得的利润额等。英国公司要求员工有严格的时间观念，注重礼节、等级和地位等。他们处世观念比较平和，老板不会对员工随便发火，同事之间也很少激烈地争辩，厌恶说谎，注重实干。欧美企业对应聘时的着装要求相对而言就要宽松一些，对年龄也很少提起。

德国人严谨认真、讲究逻辑、讲诚信、讲承诺，一旦有过约定，他们就一定会兑现诺言。英语是主要交流工具，不管应聘哪个职位，英文的听、说、读、写都要过关。

法国人浪漫而且深深热爱自己的国家，在他们眼里也许没有一个地方比法国更美了。世界最大的化妆品集团欧莱雅，招人时把事前准备不作为加分的主要因素，细节不起主导作用，而是安排当场测试，要通过各方面的考察最后作出综合判断。就像个人形象，只要对将来的工作没有负面影响，个人形象在面试中就不会有太多的影响，他们认为欧莱雅是一家从事美丽事业的公司，外表方面完全可以让员工加入公司后，在美的环境中熏陶形成。

——摘自：ohengsifu1985g. 2012. 世界各地知名企业的用人标准. http://www.doc88.com/ p-888685453309. html [2010. 02. 22]

【理论认知】

一、通用能力的内涵及特征

1. 通用能力的内涵

通用能力是相对于专业技能而言的，顾名思义就是通用性的能力，对于各种职业而言，这种能力都是适用的。它不是针对某一具体的职业，而是从事任何职业的人要想取得成功都必须具备的能力，是一种超越具体职业、对人的终身发展起着重要作用的能力，如沟通能力和团队合作的能力。任何人从事任何职业都离不开与人的沟通与合作，不具备这些能力的人，从事任何职业都将难以胜任。具体来说，通用能力就是人们在教育或工作等各种不同的环境中培养出来的可迁移的、从事任何职业都必不可少的跨职业的技能。该技能可以提高工作的效率及灵活性、适应性和机动性，是个人获得就业机会、事业发展的重要保障。

通用能力与平常所说的专业能力是两个完全不同的概念。专业能力受到工作性质的限制，一门专业能力可能只是一个企业或是一类企业某一岗位的需要，只能适用于特定的岗位，个体离开这个特定的工作岗位，这项技能可能就再也没有使用的空间了，因此它的可迁移性很小，不能或是很难被个体带到新的工作岗位中去发挥作用。通用能力则是个体对环境的适应能力，以及学习能力、表达沟通能力、人际交往能力、团队合作能力等方面的综合体现。这种综合的技能是个体能够就业的基本前提，既是个体在工作过程中与他人友好相处、充分利用工作资源、保持持续劳动力、获取更大竞争优势、有效维持就业的前提，又是个体在需要的时候重新就业的有力保证。

2. 通用能力的特征

对大学生而言，通用能力是在校学习期间学到的所有知识的构成和体现方式。它是一个由许多知识面构成的有序列、有层次的整体知识架构体系，它与专业技能共同构成了大学生的文化素质，具有自身的特征。

(1) 整体性。整体性体现为通用能力内在的逻辑联系和必然性。通用技能的内在结构和体系，由浅入深，由表及里，由个别到一般，都是符合学习知识的过程，而好高骛远、脱离实际地追求技能的博大精深，只能是一种幻想。

(2) 相关性。相关性体现为通用能力的相互依赖、相互牵连的内在本质特点。所有的能力都不是孤立和分散的，一门技能总是和其他的技能有着或多或少、或深或浅的联系，从而构成了技能相互影响、相互促进的互动态势。例如，良好的表达能力是沟通的前提，而表达和沟通又是团队合作的基础。合理的通用技能结构，必须按照互相影响、互相依赖、互相促进的特征去组合、去建设，要按照学生各自的人生目标、工作性质的相关要求去学习掌握，而不是按照个人的喜好片面、单纯地追求某一单方面的技能。

(3) 迁移渗透性。迁移渗透性体现为通用能力的相互交叉、相互派生的特征。能力不是孤立分散的，相近相关的技能不仅可以互相促进，而且在一定情况下也可以相互转化和派生。尤其是随着新的科学方法和思维观念的出现，技能之间的相互渗透、相互迁移日益增多，交叉学科、边缘学科大量涌现。个人的职业岗位不可能终身不变，岗位发生变化，对个体的能力要求也随之变化，同时能力水平的要求不断提高，因此通用职业能力是可迁移的。

(4) 动态性。动态性体现为通用能力的发展规律，所谓“活到老，学到老”，就是对通用能力动态性特征最通俗的注释。在信息时代，知识的更新更加频繁，昨天建立的个人技能结构，如果今天不去充实更新，它的价值就会降低。只有用动态性原则要求自己，不断在旧有的技能结构中叠加新的内容，才能把握更多稍纵即逝的机会。

3. 通用能力培养对于高职学生的重要性和必要性

通用能力在人的职业生涯中，对专业能力的运用和个体的发展都扮演着极其重要的角色。特别是随着科技的发展，现代就业形势的需要，高职教育培养学生的通用职业能力已是大势所趋。在现代社会的职业生活中，从职人员知识的老化与产品的生命周期相似，专业知识和能力也有一个生命周期。据有关资料显示：知识的更新周期大约在3～5年，如果一个人不具有接受再教育的能力，就不能及时更新自己的知识，也不能很好的调整知识结构。随着社会的进步，目前所拥有许多有价值的知识和技能很快就被淘汰，因此，获取知识的能力比获取知识的数量更为重要，学习能力的提高比吸收知识的数量更为重要，通用能力的发展比专业技能的掌握更为重要。只有具备通用能力的人，才能够适应变化的环境，把握新的机遇。因此，高职教育注重学生通用职业能力的培养，这是新的历史发展时期对高职教育培养目标提出的必然要求。

(1) 从业者就业的角度。今后的从业者只有具备较强的通用职业能力、自我学习能力、应变能力等，才能满足社会需要。随着新技术革命带来的科学技术和社会生产力的飞速发展，产业结构的变动更为频繁，市场竞争更为激烈，人们面临失业和转岗压力更大。就业不再是从一而终，从业人员会经常面临失业、转岗、从业这样一个循环过程。

由于通用能力适用于所有的职业生活，因此，当职业岗位发生变更或者当劳动组织发生变化时，学生所具有的这一能力依然能够起作用，这样就能较快地适应新的职业岗位。另外，其具有可迁移的特点，也有助于学生形成独立的终身不断学习进步所必备的能力，使之在变化了的环境中不断自我充实、提高、发展，跟上技术进步、经济发展的步伐。增强学生可持续发展的能力和适应市场变化的能力，使学生真正具有应变、生存、发展能力，从而有助于提高他们在社会实践中的竞争力，同时有助于克服职业教育的定向性和对社会需求多边性的不适应。

(2) 后工业化社会发展的需要。首先，后工业社会的发展是以通信、微电子学和生物科学技术知识的迅速扩充及新材料的创造为基础的，对信息和知识的掌握及革新正日益成为发展的主要因素，这种以知识和革新为中心的新的生产方式，使知识型工作大量增加，工作的完成更多地依赖个体知识、判断能力、问题的解决能力，以及对工作的积极态度。其次，随着工业现代化发展过程的加速，科学技术的突飞猛进，信息高速公路的开通，使得“地球在缩小”。在“地球村”里，各种交往频繁，人员流动加快，固定工作减少，职业流动加速，一个人一生不可能只从事一种职业，变更职业岗位以适应社会的发展已成为不可抗拒的事实和较为普遍的事情。最后，随着科技的发展和工业生产的高度自动化，许多工种合并，使得工作范围拓宽，工作的类型和工作内容更新速度加快。在今后的职业生活中，同一岗位上的个体相对于以前来说要做更多的工作。

(3) 高职培养目标的需要。在我国职业教育体系中，正规的学历教育有初、中等职业教育和高等职业教育之分，它们的培养目标不同，因而教育的侧重点也不同。初、中等职业教育以培养生产建设和服务第一线的实用型、技能型、操作型的中等技术人才和熟练工人为目的。他们较多地从事企业技能性操作，根据工作环境的不同，独立完成各种工作任务，在培养中更多地强调学生就业的适应性和谋生的技能。而高职培养的是面向生产、建设与服务的技术应用型及管理型的高层次人才，他们应从事技术、智能性操作或一定的管理。他们所掌握的专业知识，相对于工程型人才来说较宽而浅，相对于技能型人才则更加宽厚。他们介于工程型和技能型之间，应发挥承上启下的作用，所以更应具备有效的协调、计划、实施和管理程序之间关系的能力，在智能上更应加强通用能力的培养，如合作能力、管理能力、创新思维能力等。

(4) 特定环境的需要。在高职生中，奉献精神、群体意识等的补充迫切需要学校教育，通过对通用能力的培养来完成。鉴于上述因素及近两年来招生规模的扩大、举办高职的学校不断增加，学校必须改变“重创收轻教学、重规模轻质量”的不良现象。培养通用能力是高职学生进入社会、适应社会的关键。

二、通用能力的构成要素

1. 通用能力构成要素的不同认识

德国的“三大关键能力”。20 世纪 70 年代，德国社会学家梅尔腾斯提出“关键能力”的概念，强调这一能力是个体进入复杂和不可预知世界的工具，是促进社会变革的策略。关键能力可能分为三个方面：一是专业关键能力，指从事各种专业都需要的基础能力；二是方法关键能力，指具备职业活动所需要的工作方法和学习方法；三是社会关键能力，指从事职业活动所需要的行动能力。

英国的“七项核心技能”。英国从 20 世纪 80 年代开始研究和开发核心技能并逐步进入实施阶段，已经得到世界 110 多个国家和地区的认可，并以各种形式融入各级各类培训和教育中。英国已经制定了核心技能的国家标准体系，由七项能力组成，这些能力包括：自我管理与自我发展、与他人合作共事、交往与联系、安排任务和解决问题、数字的运用、科技的应用、设计和创新。

美国的“三项基本素质和五项基础能力”。美国劳工部发布《关于美国 2000 年的报告》归纳综合了美国各行业对未来人才素质的要求并提出，为适应明天的发展，劳动者应该具备三项基本素质和五项基础能力，其中三项基本素质是：听说读写算的基本素质、思维素质和道德素质。五项基本能力是：合理利用和支配各种资源的能力、处理人际关系的能力、获取信息并利用信息的能力、系统分析的能力、运用多种技术的能力。

国内学者也逐渐认为通用职业能力作为重要培养目标不可或缺，很多学者致力于研究中国高职教育培养目标的职业能力的结构，提出通用能力的概念及内涵，并提出以下几种分析模型。

(1) 三个同心圆模型。三个同心圆模型认为，我国现阶段高等职业教育能力的培养目标采取三个层次能力结构：一是职业岗位能力；二是专业基本能力；三是适应于所有职业的通用能力。其中通用能力处在核心地位，中间一层是专业基本能力，最外层是职业岗位能力。现阶段高职教育的能力培养目标是，强调职业岗位的针对性，缩短学校和职场的距离，使学生在最短的时间里适应特定职业岗位的要求，但同时要关注适应所有职业的一般通用能力的培养，提高学生对经济社会发展发展的适应能力。

(2) 冰山层次模式。冰山层次模式将职业能力分为三个层次，露在水面的称为职业特定能力，水面下直接支撑特定能力层次的是行业通用能力，职业特定能力和行业通用能力比较容易观察到，而更深层次的能力，即核心能力不容易被观察到。核心能力是隐形的，但是它承载整个能力体系，是所有能力结构的基础。

(3) 模块集合模型。模块集合模型是指每个职业包含三种类型的能力模块，首先是特定能力模块，其次是可以与其他职业通用的基本能力模块，最后是与所有职业能力基本要求相一致的核心能力模块。核心能力模块是所有职业共有的。

三种模型的相似点是承认职业能力的多层次性，承认通用能力(或者叫核心能力)的培养对高等职业教育的必要性和重要性。

2. 高职生通用能力的构成

从某种意义上说，通用能力与我们通常所说的素质教育有异曲同工之妙，只是通用能力具有职业教育的特点，通用能力的内涵界定偏重于技能型，它既包括综合职业能力的要求，也包括全面素质的部分要求。根据我国职业教育的培养目标，通用能力大体上可包括以下几个方面的重要内容。

(1) 学习发展能力。学习能力就是怎样学习的能力，是在环境和教育的影响下形成的、概括化了的经验。它直接决定了人在进行学习活动时的成效，决定了学习活动的成功概率。学习能力的强弱决定了学生能否把更多未知的知识变为已知，能否更好地把自己的头脑充实起来。学习能力不仅要求个人具备博学的知识，还要学会学习的方法，树立终身学习的理念，与时俱进。一个人的学习能力的强弱决定了一个人竞争力的高低。因此，无论是个人还是组织，未来唯一持久的优势就是有能力比竞争对手更快更多地获取知识。学习也是一种生存能力的表现，通过不断的学习，专业能力需要不断提升，这就需要学习能力相配合，所以不论处在何种阶段，都不应该停止学习。

(2) 沟通交流能力。表达沟通能力是个体通过听、说、读、写等思维载体，利用演讲、会见、对话、讨论等方式将个人思想、观点、意见或建议顺畅地用语言或文字准确、恰当地表达出来，使对方接受自己的能力。表达能力包括语言表达能力和文字表达能力，这是大学生必须具备的基本能力。作为人与人之间最主要的交流工具，在日常学习、工作和生活中，语言和文字所起的作用是不可替代的。不论我们今后从事管理工作还是技术工作，不论在政府机关还是民营企业，用语言和文字，清楚、准确地表述是十分必要的。能够用准确、流畅的语言讲述事实，表达观点，能够撰写计划、总结、调查报告、公函等文书，这是用人单位对大学生表达能力的基本要求。大学生可以通过日常训练、参加专门的培训等方式来提高自己的表达能力。沟通就是信息的传递和理解，沟通技能包括听、说、读、写等。沟通的形式多种多样，最主要的方式是语言沟通，包括口头的和书面的。除了语言以外，非语言方式也是沟通的重要组成部分。非语言沟通也常常被称为身体语言，包括衣着、表情、神态、姿势等。能够准确、高效地将信息传递给信息的接收方，并能正确理解对方的信息，这是大学生就业必须具备的沟通能力。

(3) 社会适应能力。人是社会的人，交往是人类共同的心理追求，在社会分工越来越细，协作越来越紧密的今天，人际交往的影响性越来越大。所谓社交能力，就是指与他人传递思想感情和信息的能力。在现代社会中，良好的社交能力是一个人事业成功的重要条件。通过交往，我们可以使自己的设想和创造得到实践的检验与认可，这是人们在工作中相互存在着的内部的人际交往。另外，外部的人际交往是直接关系到工作成败的重要因素之一。

(4) 分析判断能力。分析判断就是为实现一定的目标或解决一定的问题而制订行动方案并优化选择的过程。一个独立处理问题的过程其实就是一个决策的过程，因此，分析判断能力也就是独立处理问题的能力。对于一个特定的问题，分析判断一般包括以下环节：问题分析——分析问题的性质和特点；确定目标——确定最后希望达到的效果；拟订方案——同一目标的实现往往不只有一种方案，通过对不同途径和步骤的排列与组合，拟订数套行动方案备选；方案评估——对备选行动方案的可行性、后果进行综合分析与比较，权衡每一个方案的利弊得失；方案选择——从备选的行动方案中选定最后行动的方案。大学生可以有针对性地规范和完善分析判断问题的各个环节，从而提高分析判断问题的能力。

(5) 解决问题的能力。解决问题就是通过发现问题，对问题进行分析，最后运用一定的方法和技能化解矛盾，实现工作的目标。解决问题的能力包括换位思考能力、高超的总结能力、解决问题时的逆向思维能力等。解决问题包括辨识问题和采取措施解决问题。该技能可用于寻求方法解决工作、学习和生活中的问题，运用不同的方法寻求解决方案，确定方法的有效性。

(6) 创新能力。创新是人类进步的根源，也是与时俱进的要求，新时代大学生应该具备创新思维能力。任何工作都不可能是书本上过去情境的重复，都需要创新。所谓创新，就是在前人发现或者发明的基础上，通过自身努力，创造性地提出新的发现、发明或者改进革新方案。创新能力是人们革故鼎新、创造新事物的能力，包括发现问题、分析问题和解决问题，以及在解决问题过程中进一步发现新问题，从而不断推动事物发展变化的能力。创新能力最基本的构成要素是创新激情、创新思维和科技素质。创新激情决定了创新的产生，创新思维决定了创新的成功和水平，科技素质则是创新的基础。不断进取的创新开拓能力，是现代人必须具备的能力之一，固守成规、一成不变只能停滞不前。当代大学生一定要有创新意识，综合运用各种知识和技能。大胆改革和创新是大学毕业生适应职业需要所必备的素质。企业要生存发展，就必须更新观念，因为改进生产工艺，提高产品质量和效率都需要有创新意识的工作人员来完成。

(7) 团队协作能力。团队协作能力是一种为达到既定目标，在团队中所显现出来的自愿合作和共同努力的能力，是个人在工作中与同事和谐共事的能力，是在实际工作中充分理解团队目标、组织结构、个人职责，并在此基础上与他人相互协调配合、互相帮助。它包括善于与团队其他人沟通协调，能扮演适当角色，勇于承担责任，乐于助人，保持团队的融洽等。现代社会经济发展的速度越来越快，社会的分工越来越细，成员之间的关系越来越密切，无论是个人还是单位，都需要在协作中发展，谁也离不开谁。与他人合作的技能包括准备计划和执行活动时在团队中与人合作，可应用于参与小组活动、研讨课程或项目、协助他人执行工作任务、参与团队为当地社区组织活动等。目前，越来越多的企业意识到团队合作精神的重要性，特别是经营规模宏大的知名企业往往更加重视员工的团队意识和合作精神。

(8) 组织管理能力。组织管理是指成功地运用管理者的知识和能力影响机构的活动，并达到最佳的工作目标。现代科学技术已经综合化、社会化，协作趋势日益增强，大到一个公司，小到一个团队，其活动过程都在紧密地相互支持与协作，这就出现了组织管理和协调的问题，也就势必要求组织者要具有一定的组织管理能力。组织管理水平的高低，已经成为一项工作、一个单位工作好坏的重要因素。

组织管理能力是一种对人心的把握与引导能力，组织管理能力强的人往往工作有主动性，对他人有影响力，有发展潜力，有培养价值。很多招聘单位面试后常有“无领导小组讨论“、”角色扮演”等情景测试，这就是对人的组织管理能力的考验。曾有一位普通院校毕业生，一个重点院校毕业生和一个研究生三人同场竞争，在最后的测试环节中普通院校大学生胜出，他就胜在组织管理能力上。在那场“测试”中，组织者没有告诉三个应聘者会采取怎么样的方式测试，只是告诉他们，经理一会儿就来，你们先随意坐着谈点什么。在“闲聊”的过程中，这个普通院校毕业的大学生由于平时参加的社会活动多，经常承担组织者的角色，“闲聊”中自然而然地也就常常引领着其他两人的话题。当经理出现时，公布录用结果的时刻也就到了。

(9) 应变能力。应变能力就是善于根据客观情况的变化及时反馈、随机应变地进行调节的能力。现代社会复杂多变，大学生必须要适应这种变化，保证自己从学校到社会的顺利过渡，提高自己的社会适应能力。完成学业走上具体工作岗位以后，有些知识用不上，有些知识不够用，很多的要从头学起，这就需要刚走向社会的毕业生，根据工作的需要去调整自己的知识结构、能力结构及行为方式，尽快地培养自己适应社会的能力。应变能力也可以理解为处理突发事件的能力。在紧急情况下，如果事态得不到迅速控制，后果可能不堪设想，这就要求应对者具有一定的应变能力，要临危不乱和快速决断。应变能力常常体现在工作中，当碰到和同事争执、生产经营失误、生产事故发生等情况时，应变能力发挥着至关重要的作用。事后的措施、想法再完美也无多大利用价值，应变能力体现在能否即时处理妥当上。

(10) 仪表举止。仪表举止是一个人的体形、外貌、气色、服饰、言行举止、精神状态等的总和，是一个人内在气质和外在形象的结合，反映了一个人的修养与气质。这就要求我们服饰要整洁得体，要根据自己的身材、年龄、肤色、气质、职业等特点，摸索出适合于自己的服装特色，服饰要与人的身材、身份，以及季节、场合相协调。化妆也要恰到好处，同时，言行举止要稳重端庄，待人接物要尽量做到自然娴雅、落落大方、不卑不亢，既不要拘谨死板，也不要矫揉造作。社交和公共场合，切忌东倒西歪，靠墙倚门，晃动身子，频繁走动，耸肩搭背和叉腰抱胸。坐姿一定要端正，切忌头随意向后仰靠，或歪身倚在靠椅上，显出懒洋洋的样子。行走时身体要略向前倾，全身重量集中于脚掌前部，步履节奏均匀、轻松，给人以敏捷、矫健的感觉。

通用能力所包含的内容很多，除了以上所陈述的十种之外，还包括计算机操作、外语的应用等。

【案例直击】

锻炼自己、培养能力

这是一位留学生就业的案例。为了能够顺利就业，她很早就开始准备，从上大学的第一年起就抓住一切机会培养自己能力，清楚自信、抓住机遇、充分了解招聘单位的前提是具备谋职的实力。这对所有高职院校毕业生成功就业都应有启发作用。

张毅是北京八佰拜电子商务技术有限公司的美女 CEO。她是一个敢于并善于抓住机会的人，她的做法是看得比别人远一些，早作准备。

在芝加哥大学学习时，美国著名的摩根斯坦利到学校招聘应届毕业生，当时有资格应聘的有 20 多人。张毅是就读生，没有应聘资格，但她想去那里任职。于是，她打听到了摩根斯坦利人力资源部经理的姓名和电话，给经理打电话，张毅对经理说："请你们给我一次机会。我是在每天工作时间之外参加 MBA 学习，但我比许多 MBA 的全日制学生成绩都好，这说明了我在巨大的工作压力下也能取得出色成绩。而作为投资银行来说，也是在艰难环境下要取得最好成绩。因此，我认为自己已经具备了这种综合能力。"经理破例同意安排这位非应届毕业生 15 分钟的面试时间。

与其他有面试机会的人不同，她不是忙着复习功课、背简历，而是向所有能够联系到与摩根斯坦利公司有关的芝加哥大学毕业生取经，问摩根斯坦利面试的特点，对员工素质的要求，获得提升的业绩等。

摩根斯坦利对应聘者的面试从第一轮到最后一轮，只录用了张毅一人，还打破了不从在校学生中聘用员工的惯例。

那么，她在大学期间是怎样学习的呢？

当年她被保送进清华大学计算机系。在学校她是团支部书记，参加了学校艺术体操队，组织公关礼仪协会。她除了学好各门功课外，还积极参加社会活动，锻炼自己，培养能力。1991 年获得计算机和经济管理双学位。第二年赴美留学，一年后获计算机硕士学位，后又攻读 MBA，主修会计和金融，就在攻读会计与金融 MBA 期间，她成为摩根斯坦利的一名员工。

——摘自：东坡书院. 2013. 认识职业世界案例. http://www.doc88.com/p-990963138771.html [2013-01-12]

第二节　高职生职业能力

【资料链接】

中国民营企业的用人要求

中国民营企业的标兵——正泰的选人标准是：求专不求全，复合人才最青睐。为确保“人适其岗，职能相符”，正泰对所有岗位都规定了明确的胜任能力要求，并针对不同的岗位设置不同的任职资格条件，根据周期性的绩效考核，对不同表现的员工进行升职、调岗和岗位轮换，以确保合适的人在最合适的岗位上。能够适应“科技化、产业化、国际化”战略要求的复合型人才，是正泰的热门需求。

民生银行的招聘原则是：重文凭，不唯文凭。因为在他们看来，学历可以反映一个人的知识结构，却无从考量他的实际工作能力。民生银行在招聘考试中发现这样一种倾向：往往考试成绩很好的人，在实际工作中处理问题的能力未必很佳，当然这未必是普遍规律，但这样的问题确实存在。而有些人可能学历相对较低，应变能力、开拓业务的能力却很强，基于此，民生银行非常看重应聘者的悟性。这主要通过面试中的谈话、提问等来考察和判断，如他们会设置一些模拟情境和具体案例，让应聘者给出解决方案。银行要和各色人等打交道，要求有很强的悟性。

格兰仕注重“人才蓄水”，如果你走进格兰仕集团，迎面看到最显眼的一块广告牌就是：“人是格兰仕的第一资本”。格兰仕的门永远对高素质人才敞开，格兰仕一直大胆采用新人，形成像 F1 方程赛一样“能者上，庸者下”的格局。

佳能的人才标准首先就是能够在工作上拿得起，放得下。比如公司给你一个工作，你要能在工作时间里完成你的工作职责，当然是出色完成更好，能够完成基本要求或者达到满意的要求，那就是人才。因为一个组织是由不同的岗位和不同的人组成的，没有人会说，总经理是人才，一般的职员不是人才。

神州数码是联想控股有限公司旗下的子公司之一，开创了一条人才选、用、育、留、记的全方位管理之路。理念是：市场的竞争就是人才的竞争，人才的竞争不是说能挖到优秀人才，而是你自己要产生创造人的机制，培养和造就源源不断的人才，好比一个人，你不能靠输血来活着，你必须要有自己的造血功能，因此，公司有无足够数量、足够质量的人才群体，成了公司经营成败的关键。神州数码体现 3P 理念的薪酬奖励体系，包括岗位价值(position)、个人能力(person)、工作业绩(performance)，以待遇留人、以事业留人、以感情留人。

百度公司的企业文化相对来说比较自由和宽松，崇尚有激情、创造力、自由发挥和高效率，凝聚力不是基于规章制度，而是基于自发的冲动和创业激情。在招聘技术人才方面，百度公司有一整套严格的程序，包括面试和笔试。笔试主要考查应聘者的专业基本功。面试一共有 3 轮，首先应聘者会与 HR 部门面试，其次与不同的工程师面谈，最后和将要进入工作部门的同事谈。面试主要考察应聘者与公司的上司和员工能否协同工作，是否认同公司的理念。

——摘自：ohengsifu1985g. 2012. 世界各地知名企业的用人标准. http://www.doc88.com//p-888685453309.html [2010-02-22]

【理论认知】

一、职业能力的内涵与构成

职业教育教学中一个重要的目标是培养学生的职业能力，职业教育中的职业"能力"和普通教育中的"能力"明显不同。一般意义的"能力"是指顺利完成某一活动所必需的主观条件，而职业教育中的"能力"是胜任工作任务所需要的所有要素的综合，包括知识、技能、态度、价值取向等。

1. 职业能力内涵

职业教育，包括普通高等教育，它们的根本目的都是育人。而职业教育是以提高学生素质为根本，以培养学生的创新精神和实践动手能力为重点，使学生具有全面素质和综合的职业能力。

职业教育是以培养面向生产、服务、管理第一线的应用型人才为基本目标，所以职业技术教育意义下的职业能力主要体现在与职业活动的相关性上，并不涵盖所有的职业领域。职业能力所针对的"职业"有其特定含义，它直接对应的是与生产、技术、管理或服务密切相关的"职业"。这些"职业"对职业能力的要求是能够胜任一定职业任务，并能直接影响职业活动的效率。从实施教学的角度讲，只有具有很强的可操作性，才能真正培养出高质量的职业技术人才。因此，在职业教育类型中，采用条件定义和过程定义相结合来界定职业能力，既符合职业技术教育的特点，教学中又具有很强的可操作性。我们将职业能力定义为：个体将所学的知识、技能和态度在特定的职业活动或情境中进行类化迁移与整合所形成的能完成一定职业任务的能力。

2. 职业能力的构成

由于职业能力是多种能力的综合，因此可以把职业能力分为一般职业能力、专业能力和综合能力。

(1) 一般职业能力。一般职业能力主要是指一般的学习能力、文字和语言运用能力、数学运用能力、空间判断能力、形体知觉能力、颜色分辨能力、手的灵巧度、手眼协调能力等。此外，任何职业岗位的工作都需要与人打交道，因此人际交往能力、团队协作能力、对环境的适应能力，以及遇到挫折时良好的心理承受能力都是我们在职业活动中不可缺少的能力。

(2) 专业能力。专业能力主要是指从事某一职业的专业能力。在求职过程中，招聘方最关注的就是求职者是否具备胜任岗位工作的专业能力。例如，你去应聘教学工作岗位，对方最看重你是否具备最基本的教学能力。

(3) 职业综合能力。职业综合能力主要包括以下四个方面。

第一，跨职业的专业能力。首先，运用数学与测量方法的能力，因为许多职业岗位都离不开数学运算和逻辑分析，如产品设计、工业识图、商品统计、收发款项、生产制作、保管、营销、销售、管理等，涉及的职业都需要数学运算。如果是开办中小企业或自谋职业，则更离不开市场预测、价格比例、收支预算、使用消耗等方面的计算。其次，计算机应用能力，能够使用计算机处理和解决各种问题。最后，对某些职业来说，还要有运用外语解决技术问题和进行交流的能力，这些都是跨职业的重要能力。

第二，方法能力。首先是信息收集和筛选能力，人类进入信息化社会，离开信息寸步难行，信息不准或错误就会导致决策失误。其次是要掌握制订工作计划和独立策划与实施的能力，并且能根据客观变化了的情况不断修正计划和安排部署。最后是掌握学习能力技巧，具备正确的自我评价能力，以及接受他人批评的承受力，能总结提高和有创建地从成功和失误中吸取经验教训的能力。

第三，社会能力。现代社会已经部分地或完全地脱离了传统生产与经营的模式，小作坊、小手工业、小农经济的时代已经过去。人们从事的职业劳动不再是一个人单枪匹马，承揽生产全过程的方式了。因此，职业工作方式更加广泛地加强了人与人之间的联系与合作，要求人们必须能与社会融合，非常善于与他人合作。因此，社会能力主要是指人的团队合作能力、人际交往能力和协作共事的能力。

第四，个人能力。随着经济体制改革的深入发展和法制建设的不断完善，人的社会责任心和可塑性越来越被重视。具有崇高职业道德和社会责任感的人，越来越受到全社会的尊重和赞赏。敬业爱岗、工作负责、态度认真、全身心的专注和投入工作的人，容易被他人肯定。在职业岗位上，具有不同于他人的风范，这些个人表现，以及热情工作和努力奉献的能力，或者说个人魅力，对职业发展与创造有着极大的促进作用。

二、职业能力对职业的影响

1. 一定的职业能力是胜任某种职业岗位的必要条件

任何一个职业岗位都有相应的岗位职责要求，一定的职业能力则是胜任某种职业岗位的必要条件。因此，求职者在进行择业时，首先要明确自己的能力优势，以及胜任某种工作的可能性。条件允许的情况下，可以由专业职业指导人员帮助分析，根据求职者的学历状况、职业资格、职业实践等来确定求职者的职业能力，必要时可以通过心理测试作为参考，在基本确定求职者的职业能力和发展的可能性的基础上帮助求职者进行职业选择。

2. 职业实践和教育培训是职业能力发展的前提

职业实践和教育培训是职业能力发展的前提，主要包括以下三方面内容。

(1) 职业实践促进职业能力的发展。

职业能力是在实践的基础上得到发展和提高的，一个人长期从事某一专业劳动，能促使人的能力向高度专业化发展。例如，计算机文字录入人员，随着工作的熟练和经验的积累，录入的速度会越来越快，准确性也会越来越高。个体的职业能力只有在实际工作中才能不断得到发展、提高和强化。

(2) 教育培训促进教育能力的提高。

个体职业能力的提高除了在实践中磨炼和提高之外，最有效的途径就是接受教育和培训。像我们所熟悉的职业教育、专科教育、大学本科教育、研究生教育等，学生通过对有关知识和技能的掌握，对以后更好地胜任本职工作会有极大的帮助。

(3) 职业能力、职业发展与职业创造间的关系。

职业能力是人的发展和创造的基础。前面讲到能力是成功地完成某种任务或胜任工作的必不可少的基本因素，没有能力或能力低下，就难以达到工作岗位的要求，不能胜任此项工作。个体的职业能力越强，以及各种能力越是综合发展，就越能促进人在职业活动中的创造和发展，就越能取得较好的工作绩效和业绩，越能给个人带来职业成就感。

三、高职生的职业能力

高职院校应以能力为本位构建培养体系，这一点已在高职教育界达成共识。这里的能力不应当是单纯的专业技能，而应当是学生从事某个职业或职业群所必需的各方面能力的综合，即所谓综合职业能力，这也已在近年来高职教育的实践和理论研究中获得普遍认同。但是综合职业能力究竟应包括哪几个方面的能力，以及各种能力之间应当是怎样的关系，却一直众说纷纭。

（一）高职生职业能力的内涵

高职生职业能力不仅包括直接适应具体工作岗位所必需的专业技能，而且包括适应社会、市场与岗位变化的学习发展能力，以及处理人际交往与工作生活压力的社会适应能力等。职业能力是职业者能胜任职业活动的主观条件，是个体执行或完成职业活动或成功地适应职业活动中发生特殊情况的表现，还是可以由个体自由控制并受动机影响的表现，是人具有的职业素质的外化。综合职业能力的高低，往往集中通过实践能力的高低得以体现。职业能力包括从事职业活动所需要的专业能力、方法能力和社会能力，后两种能力合称为关键能力。其中，专业能力是指从事职业活动所需要的运用专业知识、技能的能力，强调应用性和针对性。方法能力是指从事职业活动所需要的工作方法、学习方法等方面的能力。社会能力则是指从事职业活动所需要的社会行为能力，强调对社会的适应性和积极的人生态度等。

（二）高职生职业能力的构成

高职生的职业能力是高职院校培养体系的主体内容，是高职院校教育教学活动所要实现的主要目标。确定高职生的职业能力要考虑四个方面的因素：用人单位的需要（市场）、学生个人的需要、社会发展的需要和高职院校自身的实际状况。从这四个方面的因素出发，高职生的职业能力也可以表述为：学生在校学习期间，应当明了走进社会和职场后应当具备、满足某一具体工作岗位需求，能够适应生活变迁和工作岗位变化，能为自己找到安身立命之所，也能为社会尽一己之责的能力的总和。在对工作环境的适应程度和职业技能的熟练程度上，高职生显然比成熟的专业人员要低，因为学校毕竟不是企业，它的实践教学环节再完备，也无法替代实际工作岗位的磨炼和熏陶。但同时，高职生又比专业人员综合职业能力强得多，因为如前所述，高职院校还要考虑学生和社会的需要。

可以说，高职院校合格的毕业生应当是“岗位人”、“职业人”和“社会人”的统一。“综合职业能力”中的“职业”既是一定时期的某一具体岗位，又是学生将要奉献一生，社会长期需要的某个职业群或职业系列。而“能力”既是某一时期某一具体岗位所需要的职业技能，又是学生赖以搏击职场、谋生尽责，社会得以有序发展、和谐进步的巨大能量。

根据高等职业教育培养目标和职业能力的内涵和特征，可以把高等职业教育职业能力理解为：个体在一定的职业态度下，将所学的知识和技能相结合运用，在特定的职业活动或职业环境中进行迁移与整合所形成的能完成一定职业任务的能力。概括来说，职业能力是完成本职工作的能力，包括专业能力、方法能力和社会能力。

1. 职业能力的构成

专业能力是指从事职业活动所需要的运用专业知识、技能的能力。专业能力强调的是应用性和针对性，主要包括运用某种职业必备专业知识、技能的能力，适应职业岗位变换的能力，将环保、能源、质量、安全、经济、法律、美学等方面的知识运用于实际的能力等。

方法能力是指从事职业活动所需要的工作方法、学习方法方面的能力。方法能力强调的是合理性、逻辑性和创新性，主要包括分析与综合能力、决策与迁移能力、信息接收和处理能力、自学能力、提出合理化建议的能力、审美和创造美的能力、创新能力等。

社会能力是指从事职业活动所需要的社会行为能力。社会能力强调的是对社会的适应性，具有积极的人生态度。主要包括交往与合作能力、塑造自我形象的能力、自我控制能力、反省能力、适应变化的能力、抗挫折能力、推销自我的能力、谈判能力、组织和执行任务的能力、竞争能力等。

职业能力是完成本职工作的能力，不同工作岗位需要不同的职业能力。三百六十行所表现的职业能力有所不同，但是只要仔细研究，不难发现其中有一些共同需要的能力。这些共同需要的能力就是所有劳动者都应具备的基本职业能力，或称之为“关键职业能力”。

2. 关键职业能力

劳动者所需要的关键能力主要包括以下五方面内容。

(1) 执行操作能力。执行操作能力是将设计、规划、决策转化为产品的能力。这正是高职、高专学生在专业上的培养目标——技术应用型人才，最需要具备的基本能力。这是按照他人或自己的设想，具体、实际地一步步操作，以达到预期目标的能力。

执行操作能力其实一点也不神秘。作为学生，多年来早已习惯完成老师布置的作业。这些作业无论是口头的还是书面的或者需要实际操作的，都要按照老师的要求一一完成。这就需要学生具有执行操作能力。

工作岗位上的执行操作能力与学生时期完成作业时所表现的执行操作能力有什么不同?学生时期完成作业是学习过程的一部分，目的是巩固知识、应用知识，一般不产生社会效应，即完成得好坏主要影响自身的发展。工作时的执行操作能力则影响产品质量，从而影响单位的效应，进而产生社会效应与经济效应。因此执行操作能力状况不可等闲视之。

执行操作能力的因素包括对任务的理解能力，了解办事程序能力，在与物打交道时需要具有操作使用工具的能力，在与人打交道时需要具有沟通与交往能力，并能解决问题，实现目标。

执行操作的前提是对任务的理解和对要求的遵从，关键是行动。没有行动，一切设计、规划、决策都是一句空话。执行操作能力也只有在实践行动中才能提高。

(2) 团队合作能力。团队合作能力是与他人配合、协作共同完成任务，以实现团队目标的能力。团队合作可以形成单位或部门的凝聚力，实现 1+1>2 的效应。

团队合作能力培养的前提是把自己看做团队中不可缺少的一员，团队的目标也是自己的目标，个人的发展成长随着团队目标的实现而实现。

(3) 沟通表达能力。高职院校毕业生经过几年的发展主要担任企业技术主管的职务。这个岗位要求“上”对研发人员，“下”对技术工人，遇到具体技术问题时，有时需要对“上”、对“下”，因人而异地进行沟通。沟通表达能力是理解他人表述的能力和将自己的观点、意图用适当的方式转达给对方，使对方能正确理解的能力。它包括理解对方语言、表情、动作、行为的能力；通过阅读，理解文件、报告、文章要点的能力；使用口头与书面语言，表达自己观点与意图的能力；操作使用合适的通信、联络工具，以做到信息的及时通达的能力。在对外开放、国际交流活动频繁的形势下，外语的沟通表达能力日益被人们重视。

沟通表达是信息的沟通表达。提升沟通表达能力需要做到以下几点。

首先，学会倾听。倾听是全神贯注地听，通过对语言和非语言的表情、肢体动作所表达内容进行正确理解。这里要特别注意的是目光的观察，眼睛是心灵的窗户，人的情绪、态度和感情的变化都可以从眼睛里显示出来。通常，人们的目光与面部表情是相一致的，在特定情况下两者会分离，此时透露内心真实状态的有效线索仍然是眼神。

其次，整理好思路，运用对方可以理解的语言工具进行表述。在进行表达训练时，注意克服面子心理和封闭心理，敢于在他人或众人面前表述自己的观点，敢于表达自己真实的想法。

(4) 革新创造能力。革新创造能力是在已有成果基础上对影响工作效率的部分进行改进，以求提高工作绩效，其本质是不满足人类已有的知识经验，努力探索客观世界中尚未被认识的事物规律，发现解决问题的办法。它包括了解并利用现有成果的能力、发现问题的能力、创造性解决问题的能力。革新创造能力发挥的前提是敏于发现问题、敢于解决问题、不怕挫折。

加工零件速度提高1秒钟，消耗原材料减少1厘米，耗电节省0.01度，劳动模范、生产能手就是这样产生的。我们应该从工作和生活实际出发，发现可以改进的问题，认真钻研，找出问题症结，坚持试验，直至问题解决。

(5) 自我发展能力。自我发展能力是充分利用环境的有利条件，提升自身素质的能力。它包括了解自我、评价自我、设计自我、终身学习的能力，了解环境、适应环境、利用环境、改造环境的能力。

自我发展能力是一种可持续发展的能力。拿破仑说："不想当将军的士兵，不是好的士兵。"但想当将军仅仅是一种愿望，一种意向，能不能当将军，除了机遇，自我发展能力是决定因素。

自我发展的前提是了解自我。毛泽东指出，"人贵有自知之明"，意思是说一个人能清楚地了解自己是多么得难能可贵啊！

【案例直击】

职业能力的自我培养

招聘会上，高职毕业生小李没有像一般应聘者那样忙着递交简历，而是向招聘人员咨询："请问，你们单位需要做什么工作的人?"招聘人员回答："我们需要产品设计的实物绘图人员，就是将研发人员设计的草图或设计思想，用三维图形表现出来，以便有关领导决策。"小李想了想，又看了看招聘人员使用的电脑问道："您的电脑中有没有绘图软件?"招聘人员点了点头。"能不能让我试试?"得到了肯定答复后，小李开始在计算机上操作。他的头脑中呈现了在实习工厂做过的一个产品三维图，所以很快在计算机显示屏上出现了一个加湿气的三维图。招聘人员微笑着开始询问小李的姓名、毕业的学校、所学专业、在哪些地方实习过……小李递上了简历。招聘人员表示，欢迎小李到他的企业工作，并介绍了企业的业务前景、交通环境、人员结构、工资待遇等情况。小李为自己受到赏识表示高兴，愿意在适当的时间到单位看看，如果双方满意，可以签订协议。于是，彼此留下联系的方法和确定联系时间后，有礼貌地道别。

高职的毕业生要想受到用人单位的欢迎，不仅需要具有一定的理论和科学知识素养，而且需要具有把设计、规划、决策等转化为物质形态产品的职业能力。

职业能力是一种综合能力，在不同岗位上有不同的具体表现。具有较强的职业能力是高职高专毕业生立足社会，寻求自我发展的基础条件，也是高职、高专毕业生在求职竞争中的优势所在。同学们要想在求职竞争中立于不败之地，受到用人单位的欢迎，必须加强职业能力的自我培养。

——摘自：郓城人才网. 2010. 培养职业能力适应岗位要求. http://www.rencaiabc.com/news-show-290.html [2010-11-21]

第三节　职业能力的培养

【资料链接】

苏宁企业人才观

苏宁企业的人才观：人品优先，能力适度，敬业为本，团队第一。

"人品优先"指的是在引进人才时，首先考虑与企业价值观是否融合，企业员工的职务行为是否符合企业的根本利益。如果不能忠诚为企业服务，这样的员工即使能力再强也不能用。

"能力适度"指的是苏宁在引进人才时，以岗位的要求为依据，不盲目追求高学历。苏宁发展到今天，不是凭某个能力很强的人就能把企业做好，我们需要的是一支优秀的管理团队，个人的能力即使很突出，但如果不能融入企业，也就无法很好地完成上级下达的任务。苏宁需要的人才必须既有能力，同时又认同企业的价值观。

"敬业为本，团队第一"指的是苏宁要求员工有很高的敬业精神，能为企业创造价值。苏宁强调团队的合作，因为我们是商业流通性企业，拥有自己的服务体系，整个销售和服务的环节非常多，如果没有团队的精诚合作，就不可能把事情做好。

总而言之，人品是能力得以发挥的基础，也是团队合作的基础。判断人才的标准是为企业贡献的大小，而不是什么学历、资历或文凭。苏宁选拔人才强调能力适度，所有人员的引进与配置都要符合岗位要求，合理搭配，同时倡导分工合作，不鼓励脱离集体的个人主义。敬业与团队合作精神是苏宁对员工的基本要求。

选人标准：综合素质第一，专业技能第二。"我们在选人时，首先注重的是应聘者的综合素质，其次才是专业技能。这对我们今后的培养计划十分重要。"在苏宁的招聘程序中，应聘者都要通过面试和笔试。第一轮面试主要是对应聘者基本面和综合素质的了解，然后由人力资源部门与专业部门共同完成复试，对应聘者的专业性方面做进一步的了解。比如，苏宁在招聘营销人员时，首先由人力资源方面对应聘者的人品、逻辑思维能力、职业意向和价值观取向进行全面的了解，然后考察应聘者相关专业背景和技能，并与专业部门进行探讨，达成基本共识。

"人品优先，能力适度"是苏宁的人才理念之一。在苏宁的眼中，员工的事业心、对企业的忠诚度是首要的。但是，对人品的判断不是通过短暂的接触所能把握和衡量的，苏宁在对大学生的面试中，设计了各种各样的问题，以观察应聘者的人品。比如，在综合素质面试中，对应聘者要求"坦诚"，苏宁希望应聘者面对问题，能够直截了当地、很坦诚地回答出自己的想法及最隐讳的东西，包括自己的优势、欠缺的地方，这就能很真实地反映出自己，而不是回避一些核心问题，同时希望应聘者不要怕得罪领导，能主动的提出问题和建议，而不是迎合主考官的一些想法。

——摘自：大余. 2009. 苏宁的人才观. http://blog.sina.com.cn/s/blog_54fdb33b0100cfc8.htm [2009-01-06]

【理论认知】

一、职业通用能力的培养

职业通用能力并不是单一的，而是相辅相成的，是不断贯穿于高职学生的学习生活中的，将高职学生职业通用能力的培养融入他们的学习和生活中去，用习惯养成能力。

撒切尔夫人说过："有时事物太忙，我也可能感觉吃不消，但生活的秘诀实际上在于90%的生活变成习惯，这样你就可以习惯成自然了。你想都不用想就去刷牙，这就是习惯。"其实教育也一样，对于学生通用职业能力的培养应该渗透在三年的高职教育中，通过班会和其他课余时间对学生的职业通用能力进行训练。学生能力的培养就是在学生学习的各个阶段对学生习惯、心态等进行培养。

1. 学习发展能力

学习发展能力包括以下几方面内容。

(1) 基于工作岗位的学习观。学习的目的在于工作，大学期间的每一项学习都会成为工作中取得进步和成功的保障，因此就需要在学习过程中，形成基于工作岗位的学习观。

首先要做好职业规划。个人有什么样的选择就会有什么样的人生。有什么样的职业选择，就会有什么样的职业生涯。其次要明确学习目标。做任何事情都要有明确的目标，这是成功的第一要义。明确的目标可以创造奇迹，目标的丧失也可以毁掉一切奇迹。

孙小姐大学里学的是会计专业，毕业至今已经换过了四份工作。在此期间，她做过会计、销售、物流、文秘，现在在一家酒店从事会展策划，可是总是觉得没一份工作适合自己，看到各大报纸和招聘网站的招聘信息，如坠入五里云雾中，好像自己什么工作经验都有，却又很难说达到职位描述中的要求，面试了几家，都杳无音讯，唯一有了答复的几家，也都因为公司规模太小或者在薪酬上双方无法达成共识而作罢。眼看着自己的年纪越来越大，想想自己微薄的薪水和狭窄的发展空间，孙小姐变得束手无策，她不知道怎样才能让自己的职业发展更上一层？

分析：纵观孙小姐从事过的工作，我们不难发现，她的这些工作之间都缺乏连贯性，零零碎碎，而且一些工作与她本身学的专业也相差甚远，也正是因为如此，造成了她在工作经验上什么都有，却无一精通的劣势和无奈。通过对她进行职业价值观、职业满意度、职业个性，以及职业能力等一系列的测评结果，发现她性格外向，感情细腻，办事注重规则和计划，于是建议可以把人事助理或者助理文秘类的职位作为职业的切入点。

在面临职场僵局时，我们首先要清晰自己的职业定位，善于突破惯性思维，对自己的核心竞争力有个科学的认识，进而来寻找与自己职业生涯发展的契合点，在不断的进取中获得长足发展的动力源，合理地规划自己的职业生涯，早日实现成功。

(2) 充满激情的学习。激情可以激发个人最大的潜能。热情是完成一切伟大事业不可缺少的动力。学习的热情在于内心的冲动，具有想要通过学习取得成功的冲动，以此来唤醒内心的巨人。

高职学生学习激情的来源，应该尊重每个人的价值取向，每个人都要根据自己的爱好寻找属于自己的奋斗热情，不一定需要多么高尚的激情，但是要真诚而不是虚假的激情，是旺盛而不是虚弱的激情就可以了。

大学生挣钱、成家立业、竞争、爱情等都可以作为热情的来源，完全可以凭借这些激情取得巨大的成就。我们也要善于在学习和生活中发现属于自己的激情，父母对自己的爱，自己工作以后美好的生活、竞争对手的较劲等，只要真能够令自己激情澎湃，而不是一些假大空的东西就可以，为自己的学习进步提供不懈的动力。

(3) 树立积极地学习心态。拿破仑·希尔告诉我们：我们怎样对待生活，生活就怎样对待我们；我们怎样对待别人，别人就怎样对待我们。我们在一项任务刚开始时的心态就决定了最后将有多大的成功，这比任何其他因素都重要。人们在任何重要组织中的地位越高，就越能找到最佳的心态。

我们的环境——心理的、感情的、精神的，完全由我们自己的态度来创造。

(4) 全面学习，身边皆是我师。要向身边的同学和今后的同事学习的东西很多：学习体系、学习归纳、学习效率、学习细节等。专业的职业技能在很多优秀人才那里经常体现为良好的时间管理能力、有效的沟通能力、高度的服务意识和让客户满意的能力、准确地分析问题与解决问题的能力等，而这些能力都是在不断地实践与学习过程中积累的。

(5) 不断充电，终身学习。要成为一个成功者，养成下面的学习习惯。

每天阅读，如果你每天花30～60分钟阅读，那么一周你就可以阅读完一本书，每年就能阅读完50本书。如果你每年阅读完50本书，就相当于在本领域内获得一个实际的博士学位。如果你一年读完50本书，十年就是500本书，世界上平均每个人每年阅读不到一本书，那你将会获得多大的优势呢？

2. *沟通交流能力*

沟通交流能力非常重要，主要表现为以下几点。

(1) 沟通交流能力是高职学生职业成功的重要基础。被誉为“新泽西聪明工程师库”的人才实验室的统计结果表明，工作绩效最好的人，不是具有高文凭智商的人，而是那些善于和同事相处的人。另一个统计也显示，很多人的失败不是因为技术能力差，其中相当一部分是由于不善于沟通、处理不好工作关系、遇到工作困难不善于向别人请教、与上级或同事发生冲突等原因。

良好的人际交往与沟通能力对高职学生的成长与发展意义重大，是高职学生在未来事业中取得成功的基础。对于高职学生来说，未来事业的成功与否，一方面取决于自身的真才实学；另一方面则取决于自身是否具有让他人和社会接纳的能力。培养良好的人际交往与沟通能力，可促进与老师、同学、朋友之间的健康交流、沟通，从而达到相互了解、理解和认同，增强个人的群体归属感和安全感，推动健康心理的培育；培养良好的人际交往与沟通交流能力，有利于扩大人与人之间的交流学习，有利于个人的全面拓展与完善；培养良好的人际交往与沟通交流能力，对于今后融入社会、开创事业、干好工作都有着非常重要的基础作用，特别是在市场经济条件下，适应社会激烈竞争尤为重要。

(2) 沟通交流应遵循的主要原则。主要包括：互相尊重原则、同心理原则、讲出来原则、理性沟通原则、承认我错了原则、等待转机原则、爱与智慧原则。

(3) 培养沟通能力的四条途径。一是通过良好的礼仪素养架起人际沟通的桥梁；二是让语言交流能力成为人际沟通的必要整体；三是掌握因人而异的沟通策略；四是以广博的知识面作为成功沟通的助推器。

小王以前没住过校，上大学后，与5个同学共住一室，她总是对一些小事斤斤计较，很容易生气。别的同学早上起床时间早了，洗漱的声音大了或者是晚上睡觉的呼吸声重了都会让小王心生厌烦，有时还会态度蛮横地和别人理论。同学都觉得小王太苛刻，不愿和她交往。

点评：很多大学生来自独生子女家庭，平常生活自由自在，上大学后和几个同学共用一个寝室，难免会有些不适应。同学们要想和别人相处融洽，就必须学会包容别人的生活方式。人与人之间不可能完全一样，大家不要过分苛求别人，要学会容忍，严于律己，宽以待人，学会设身处地地为别人着想。如果别人的生活方式妨碍到自己的生活，应该委婉地提出意见，但一定要注意态度和方法，并适当地进行自我调整。

3. 社会适应能力

具有一定的社会适应能力非常重要，主要表现在以下几个方面。

(1) 社会适应能力是生存之必需。我们每一个大学生朋友要在原来水平的基础上，让自己在身心各个方面得到提高，首先必须得保证生存与生活的基本条件，如大家在同一间寝室生活，就需要有一个健康的寝室生活环境：空气要清醒、室内环境整洁、噪声要小……否则，就可能无法正常生活以致于影响生存，而健康的寝室生活环境的维持就需要我们有一定的社会适应能力，一是要改变自己的主观世界与行为方式来适应环境；二是要主动帮助寝室同学共同遵守寝室规定与公共秩序。

(2) 社会适应能力是发展之必需。发展是个体在生理、心理及行为方面的正向变化，让自己各个方面变得越来越成熟，为在现代化事业中贡献自己的青春和热血而不断丰富知识、提升能力、健全素质。伴随岁月的流逝，大学生朋友要成为发展的个体，也必须要提升社会适应能力。

(3) 社会适应能力是自我实现之必需。马斯洛需要层次论认为，人的需要由低到高分为五个层次：生理需要、安全需要、爱与归属的需要、尊重的需要、自我实现的需要。可以看出"自我实现"是每个人的最高需要。自我实现就是个人理想抱负和追求目标的最大化实现，为国家、社会、人民作出最大贡献，充分发挥聪明才智，体现人之为人存在的价值。高职大学生要真正自我实现，最大程度的开发潜能，将自己的人生发挥到极致状态，必须在不断学习和社会实践中去提升社会适应能力。

4. 解决问题的能力

解决问题能力的提高应该注意以下几方面内容。

1) 解决问题的基本原则

在实施管理上，如果等到问题发生后才慌慌张张地寻找解决之道，那已经太迟，问题未发生时就采取防御措施是较为正确的。无论在任何岗位上，遇到问题时，要积极面对而不是选择逃避。

问题可分为两种，一种是目前正在发生的，另一种是现在还不明显的，但如果不采取措施，就会发生的问题。因此，在预定工作的进行时，必须也将"问题发生"编列在内。

解决问题时，必须把握下列七项基本原则：①培养对问题的敏感性；②掌握问题发生的事实；③将问题整理分类、分析，找出问题的重点；④一步步的解决问题；⑤必须分清楚什么问题让组织成员去解决，什么问题自己直接处理；⑥引导组织成员发挥创造力、想象力，以导出解决方案；⑦让组织成员依据状况想出解决方案。

2) 解决问题的方法

对于一个问题的解决，一般会有三个阶段：发现阶段，分析阶段和解决阶段。一个人(或其他的生命体)在这方面的能力(或素质)，也可概括为三个方面：一是发现问题的能力，二是分析问题的能力，三是解决问题的能力。主要方法是头脑风暴法和曲线法。

头脑风暴法从 20 世纪 50 年代开始流行，常用在决策的初级阶段，以解决组织中的新问题或重大问题。头脑风暴法一般只用于生产方案，而不进行决策。头脑风暴法对于解决问题具有强大的威力。在遇到的一般问题中，大约有 80%左右均可以借助于同一方法来解决，这个方法就是头脑风暴法。

曲线法是一种常见的方法，因为在两点之间，应该是直线最短，事物是往返曲折的，不是径情直遂的，且矛盾在不停发展变化着，所以成功解决问题往往走的都是曲线。

3）解决问题的技巧

一个部门和一个企业，最怕的是把问题加以隐瞒，或习以为常，不把问题显现出来，那是最危险的，因为问题未能提出，就没有解决的机会。那么，当问题显现出来时，又是如何去解决的呢？我们常用的技巧有 5W2H 法和查检表。

(1) 5W2H 法。

① 作用。

5W2H 法是全面考虑问题的一种基本方法，通过充分地考虑人、事、时、地、物来分析问题产生的原因。

② 内容。

why(为何)：为什么有必要？为什么要如此做？有其他的方法代替吗？

what(何事)：要准备些什么？做些什么？什么事情可能成为障碍？

where(何处)：在什么地方进行最好？配合的工作在何处最好？

when(何时)：什么时候开始？什么时候要完成？

who(何人)：由谁去执行？由谁来监督控制？需要哪些人配合？

how(如何)：如何做准备？如何去做？如何进行检查？对异常如何处置？

how much(成本如何)：需要多少资金？需要多少材料？

(2) 查检表。

① 作用。

一是明确与审核目标有关的样本；

二是使审核程序规范化；

三是使审核目标始终保持明确；

四是保证审核进度；

五是作为审核记录存档；

六是树立审核员的职业形象；

七是减少审核员的偏见和随意性；

② 注意事项。

一是应尽量取得分层的信息。

二是应尽量简便地取得数据。

三是应立即与措施结合。应事先规定对什么样的数据发出警告，停止生产或向上级报告。

四是检查项目。如果是很久以前制订现已不适用的，必须重新研究和修订。

五是通常情况下归类中不能出现“其他问题类”。

③ 种类。

一是按标准条款编写的检查表；

二是按过程编制的检查表；

三是按部门编写的检查表。

④ 设计步骤。

一是明确目的；

二是决定层别的角度；

三是决定查检项目；

四是决定查检表的记录格式；

五是明确查检履历；

六是在栏外将注意事项记下。

4）解决问题的步骤

步骤一，发现和界定问题；步骤二，提出备选方案；步骤三，选择解决方案；步骤四，制订行动计划；步骤五，执行和评估。

5）解决问题的能力如何提高

一是主动的承担责任；二是做好一件事；三是客观的审视自己并加以完善；四是制定目标，激励自己；五是建立合理的思维方式；六是勤于思考是快速成长的法宝。

5. 团队协作能力

关于团队协作能力，主要包括以下四方面内容。

(1) 什么是团队。团队，是一个组织在特定的可操作范围内，为实现特定目标而建立的相互合作、一致努力的由若干成员组成的共同体。作为一个共同体，是所有成员共同努力的结果，使该组织的目标能够较好达到，且可能使绩效水平远大于个体成员绩效的总和。

(2) 与团队一起成长。个人只有投入到团队之中，才会有无穷的力量。无论是在大学校园里，还是在社会上，人都不能离群索居，独立存在。

团队对于当代大学生来说，更是生活中不可或缺的一部分。我们的社会并不排斥个人奋斗，但个人不可能在超越现实的虚无社会中奋斗。离开团队的支持，个人奋斗就会成为无源之水，无本之木，就算有再大的力量也终究会枯竭。

团队来源于个人，它为个人服务，保护和发展个人的利益。团队利益是个人利益的高级形式，在本质上它是个人利益，是个人利益的变体。只有在团队生活中，个人才能逐步体会到团队的荣辱与个人的关系，以及个人在团队的地位和作用。

大学生活也是一样的，团队的发展总是离不开每个成员的努力和付出，离开任何一个人的努力，团队都不会是一个完整的团队，也不是一个有活力、勇于进取的团队。

反过来说，只有一个有活力、勇于进取的团队，才能培养出最优秀的个人，提供个人理想实现的肥沃土壤。

(3) 养成团队合作的习惯。第一，增强自己对团队的认同感；第二，要让自己认识到与团队成员的合作及贡献对整个团队获取成功至关重要；第三，养成与团队成员沟通的习惯。

(4) 培养团队精神的六个法则。一是要有敬业精神；二是永远不要找借口；三是要为更高的追求去工作；四是认清自己的职场角色；五是每天多做一点点；六是要善于有效沟通。

6. 创新能力

高职院校学生创新能力的培养与发展应主要培养以下几种能力。

(1) 克服定势思维，培养探索精神；

(2) 提高学习能力，培养顽强精神；

(3) 提高实践能力，培养进取精神。

二、打造高职学生的职业通用能力

打造高职学生的职业通用能力主要包括以下四方面内容。

（1）让适应之道引导你的生活。大多数从大学就脱颖而出的成功人士有一个共同特点，那就是他们能够很快地融入新的生活中去，万事开头难，陌生的环境、陌生的人，很多人可能会因为没有适当的方法与别人沟通而感到苦恼。其实，只要掌握融化陌生的几个方法后，人们就能很轻松地与人沟通，并给对方留下很深的印象。

（2）绽放迷人的笑容。自信是成功的坚强后盾。据调查发现，大部分高职学生入学时的心态是很微妙的，一方面自豪于自己冲过了高考的独木桥，进入人生的新阶段；另一方面他们又自卑于自己的高职生身份，认为高职生比本科生要低一等。这样既自负又自卑的心理加上现实与理想中大学生活的落差，以及高中到大学学习方式和心态的改变，往往造成高职学生对自己认识的缺失，使得部分学生在大学初期显得不那么自信。

（3）描绘一个美好的未来。一切成功都是从目标开始的，没有目标的行动像梦游一样。卡耐基说过，"没有明确目标的人就像无头苍蝇一样到处乱窜，然而结果往往是费了九年二虎之力却哪里都到不了。"而在成功者的字典里，永远不会出现"盲目"二字，因为他们有目标。目标明确人们才能少走弯路，才能比别人更接近成功。

事实上，每个人都知道在生活中树立目标的重要性，然而，大多数目标的建立或是受他人影响，或是处于对生活的漠然状态，很多人都是无目标的。所以当学生初入大学的时候，需要引导他们为自己描绘一个美好的未来，但是这个时候我们要学生制订的目标并不是毫无边际的空想，学生需要描绘的应该是一个美好而可行的目标，如何让美好的目标变得可行则需要学生能够广泛的收集身边的各种信息，并且让有效的信息为我所用。

（4）用积极乐观的心态来培养成功。积极乐观的心态是人们追求幸福和进步的最大动力，也是一个高职学生应具备的最基本素质。很多大学生在入学初期往往因为对自身认识不够充分或者其他各种原因而无法很好的调试自己，从而产生消极的心态。

一个人具有什么样的心态，他就可以成为一个什么样的人，也就能够拥有一个什么样的人生。事情往往是这样的，当你相信会有什么结果，就可能有什么结果，这说明一个人可以通过改变自己的心态来改变自己的生活。

莘莘学子寒窗苦读的唯一目标就是挤过独木桥，独木桥之后的大学生活作为他们长时间里唯一的人生阶段性目标，在老师模糊的说明、家长殷切的期盼和学生本身的想象中变得无限美好。根据调查显示，有相当部分学生对象牙塔感到失望或者不满。困难、挫折、失败是喜悦、幸福、胜利的兄弟，人生总是这样顺逆交替，有如黑夜、白昼、四季更换。但是在现实中，一些学生不能很好地看清现实而变得消极。懂得培养积极地进取心态，我们就能变得乐观、开朗和善良，就能在学习生活中得到最大的收益。大学生需要努力地塑造自己的积极心态，使之成为自己就业路上的巨大助力。

三、高职生职业能力的养成

1. 高职大学生职业能力的特殊性

高职大学生的职业能力具有以下特殊性。

（1）应用性。按照高等职业教育培养要求，高职院校学生能力的培养是以满足社会需要和市场需要为主要目标，以技术应用能力为主要内容的。因此，职业能力培养的重点是各种能力在生产、建设、管理、服务等不同领域的具体职业活动中的应用。

（2）综合性。职业能力是集专业能力、方法能力、社会能力等为一体的多方面、多层次、多领域的复合能力，职业能力是多种知识和技能综合的结果。职业能力的养成需要专业知识和技能，需要基础知识，以及相关领域知识和信息，还需要具备学习、诚信、沟通等一般素质。

(3) 专门性。职业能力是针对一定职业的专业能力。不同的职业所要求具备的职业能力是不同的，有着一定的专一性。

(4) 个体性。职业能力的个体属性。职业的类别多种多样，工作水平千差万别，对不同的个体来说，职业能力也有着能力的强弱、水平的高低，并存在个体性差异。

(5) 发展性。发展性包括两个方面：一是指随着社会的发展和科技的进步，职业能力的内涵将被赋予更高的要求，处于不断变化发展之中；二是指随着个体的自身发展、职业生涯的延伸，对个体所具备的职业能力的要求也会越来越高，处于持续发展中。

2. 高职大学生检视自我职业能力途径

高职生自己有哪些能力？如何了解？这是每一个高职学生非常关心的。了解自己的能力有以下三种途径。

(1) 通过实践活动自我观察。由于能力在实践活动中形成，在实践活动中表现，因此实践活动是了解能力的最好的途径。例如，要了解自己的创造能力，试试搞点小发明、小制作；要了解社会交往能力，试试担任一些社会工作，与各种不同人群打交道；了解自己的艺术能力、体育能力、动手能力也都是在参与有关活动、完成有关任务时才能发现。

(2) 借用他人眼睛观察自己。他人眼睛就像一面镜子，可以照出自己。你可以请自己的亲人、关系密切的同学、要好的朋友和熟悉自己的老师帮你分析一下，自己已具备什么能力、欠缺什么能力。这方面在上文已经有了详细介绍。

(3) 通过心理测验了解。当前有关能力测验已经有一些相对成熟的研究，其中能力倾向测验受到普遍重视。职业能力倾向测验是检测一个人具有发展潜力的职业能力，不是现实存在的能力，这些能力在适宜的环境中，可能得到发展，在完成有关任务时会感到顺利、轻松。

在进行心理测验之前，我们对测验方法、测验结果应有正确的认识。从心理学发展史上看，心理测验的使用可以使人们用较为简便的科学方法，了解自己，了解他人，摆脱主观印象性分析的局限，在职业选择方面提供一定的科学依据。但是我们应清醒地认识到，心理测验是了解人的心理的一种方法，却不是唯一的方法，不能迷信也不能滥用，这意味着必须辩证地看待心理测验结果。因为我们在测验时可能会受当时环境和心情的影响，出现某些偏差。更重要的是，大学生处于具有较强自我意识的心理迅速发展的阶段，通过测验的结果说明自己现在的状况，若主观上加以控制、调节，扬长避短、扬长补短，可以使心理品质得到更好改善。

3. 高职大学生职业能力的养成

高职生职业能力养成是以“做一个合格的职业人”为中心，以职业能力培养为目标，以职业生涯设计为依托，以“闻、见、练、战”四个层次相结合的手段为保证，以成功心理激励为关键，结合学院培养，成为一个合格的技能型人才。

(1) 高职生职业能力养成的思路。围绕专业培养目标进行专业职业能力自我培养要做到以下几点。一是专业培养职业岗位的定位。高职生围绕专业培养目标进行职业能力培养，必须要对本专业的职业岗位进行定位，必须明确通过本专业的学习，毕业后能够从事哪些职业岗位工作，这是高职生职业能力养成的基点；二是职业能力的定位。高职生在明确本专业职业岗位的基础上，要分析本专业职业岗位需要具备哪些职业能力，即通过专业学习应该培养自己哪些专业能力，这是高职生专业学习与职业能力养成的方向。

围绕专业课学习进行职业能力的培养，是依靠以模块为特色的专业课程体系实现的，高职生的职业能力是通过各专业课学习目标的实现而形成的。所以，高职生在学习每门专业课时，必须明确本专业课的学习目标是什么，即通过专业课学习要培养自己哪些职业能力，包括"是什么"和"如何做"。"是什么"，即知识学习目标。"如何做"，即能力培养目标。只有明确了专业课的学习目标，才能解决专业课学习与自我培养的方向问题，才能保证专业课学习目标的实现。

(2) 高职生职业能力养成的方法。明确了职业能力培养的基点和方向，高职生如何进行职业能力自我培养，实现专业课学习目标和专业培养目标呢？有一句关于实践的谚语是这样说的，"我听到的会忘掉，我看到的能记住，我做过的才真正明白"。所以，高职生职业能力自我培养要靠高职生自我管理、自我实践。

首先，进行合理的自我分析。正确地进行自我分析，培养综合职业能力和个人特长，高职生要运用 SWOT 法进行自我分析。SWOT 法是从优势、劣势、机会、威胁四个方面进行分析，通过分析对自己的职业兴趣、气质、性格、能力等进行全面认识，了解自己的优势与劣势、特长与不足、成长环境的机会与威胁。在此基础上，明确综合职业能力自我培养的内容、途径和方法，重点培养职业道德、交往与合作能力、心理承受能力、计算机应用能力、创业与创新能力、自我管理能力等，这是企业对高职生的第一要求，也是高职生必须解决的问题。

其次，科学进行职业生涯设计。高职生职业生涯设计是指一个人一生职业发展道路的设想和规划，包括如何在一个职业领域中得到发展，打算取得什么样的成就等。合理设计自己的职业生涯，是迈向成功的第一步。根据职业生涯发展周期的理论，大学期间是高职生职业发展的准备期和探索期。高职生应该充分利用大学学习生涯，科学地进行职业规划，积累职业能力，用一个职业人的标准要求自己，不断尝试，完成每个阶段的任务，达到"准职业人"的标准，从而实现顺利就业，为未来的职业生涯奠定良好的基础。高职生各阶段的任务是：大学一年级，学会了解自我、自我管理、自我培养，养成良好的学习生活习惯，探索职业兴趣，确定职业发展方向，进行个人职业生涯设计，培养综合职业能力；大学二年级，围绕职业目标培养综合职业能力和职业技能，重点培养解决工作岗位实际问题的能力，塑造创新品质，奠定职业发展基础。

最后，结合所学专业，勇于参加社会实践。大学三年级要不断强化职业能力，到企业实习，主动择业，争取获得理想的职业岗位。遵循"是什么、为什么、如何做"的思维模式，重点掌握"是什么、如何做"这两个环节，运用"闻、见、练、战"相结合的立体化职业能力自我培养模式，培养职业能力。①解决"是什么"的方法。"闻"是解决"是什么"的方法，同时可解决认识专业的问题。"闻"即高职生的专业理论学习，要按照"理论够用"的原则，掌握基础理论和专业理论，为职业能力的形成与发展打下扎实的基础。②解决"如何做"的方法。"见、练、战"是解决"如何做"的方法，同时可解决体验专业、实践专业的问题。"见、练、战"是高职生职业能力自我培养、自我实践的途径和方式。"见"是高职生职业能力自我培养、专业自我实践的初级层次。"见"即见习，是高职生专业体验的方式，通过见习，增强对专业的认识。实现"见"的途径和方法主要有以下几种方式。一是从专业的角度，第一学期主动到企业参观、座谈，增强对专业的体验；二是从专业课的角度，积极参加与专业课相关的实践活动，增强对专业课的认识。"练"是高职生职业能力自我培养、专业自我实践的中级层次，既是重点又是难点。"练"是高职生专业实践的方式。实现"练"的途径和方法主要有以下几种方式。一是第二、第三学期结合专业课的学习，进行专业课的自我实践训练，自我培养不同专业课的应用能力；二是综合专业实践。第四、第五学期通过自我培养将专业课的理论和方法转化为职业能力，要实现课内与课外结合，校内与校外结合，第一课堂与第二课堂、第三课堂结合，网上与网下结合，团队与项目结合；三是高职生利用假期参加实践活动，体验专业、体验社会，提升人际沟通与自我生存的能力。

“战”是高职生职业能力自我培养、专业自我实践的高级层次，既是关键点又是难点。百闻不如一见，百见不如一练，百练不如一战。“战”即通过工学结合，在企业、市场、顶岗实习、创业实践等职业环境中提升职业能力。“战”的途径和方法：一是在学习期间自己进行创业实践；二是进行一个学期的顶岗实习，在企业生产经营的环境中形成和提升职业能力，成为一个合格的职业人。

建筑工程专业的小马大一就开始利用寒暑假到建筑工地去实习，刚开始做放线测量，了解企业对专业的需求，同时在工作上对自己专业理论进行验证和巩固。

室内设计的小李利用业余时间找了个兼职，在市区一家装潢公司做家装设计员，公司会定时把一些设计任务传过来，小李在校内就可以完成设计任务，同时遇到疑难问题还及时向专业老师请教，既为家中分忧，又锻炼了自己的专业能力和实践动手能力，一举两得。

财务管理专业的小曾利用节假日到位于闹市的银行义务当引导员，了解银行的业务分工，以及储户对金融服务的需求。

物业管理专业的小钟大三整个暑假都在某房地产公司的售房大厅打杂，每天迎宾、打扫门厅、散发销售传单，与该房地产公司的销售经理、客户服务部经理及许多售楼人员建立了良好的关系。假期结束，房地产公司的人力资源部部长问小钟是否愿意到他们公司上班。

对他们而言，有经济收入固然好，更重要的是接触社会，赢得实践机会，提升能力。

(3) 培养良好的学习能力。21 世纪是知识经济时代，知识更新的周期越来越短，信息量越来越多，每天都有新发现，每天都有新感觉，每天都有新问题，每天都有新探索，只有通过学习，才能不断更新观念和知识，不断前进，不断发展，不断提高，不断完善。①要坚持学习，学习先进理念，学习专业知识。要向成功人士学习，向师傅学习，在学习中发现自己、联系自己、检查自己、提升自己。②要行动，如果没有一定的行动，任何目标都不过是泡影。行动是成功的必然途径，行动的快与慢更是决定成功的关键。如果要等所有条件都具备以后才去做，只能永远等待下去。所以，学了就要用，有 50%的把握就要行动。③要冲锋，人在职业生涯中会遇上这样或那样的困难、障碍，必须具有战胜困难的勇气和决心。冲锋可以战胜犹豫与恐惧，可以创造人间奇迹。④要提高，总结是提高之母。一天过去了，一项任务完成了，要进行反省与总结，通过总结成功经验与失败教训，使自己掌握工作规律，更快地成长起来，成为一个优秀的职业人。特别是以下几点非常重要。

首先要学好基础知识与技能。知识、技能、经验是能力形成的基础，培养能力必须要学好基础知识与专业知识、技能。例如，土木工程专业的学生，基础就是识图能力，测量放线能力，建筑结构、建筑力学等基础知识，这些基础知识是学好土木工程的基石。外语专业的学生，基础是掌握外语的单词、词组短语、习惯用语、语法等知识，在此基础才能运用这些材料进行合理的组合，在实践中用做沟通交流的工具。所以，“学以致用”的前提是要学，学知识、学技能、学他人的经验。

其次要有心、用脑，学会概括总结。同样在实践，在参加活动，能力发展水平却不同，就像学生都在学习，学习能力却有强弱之分。这表明在实践活动中是否“有心”，是否“用脑”，是否对经验进行有意识的总结概括，是提升能力的关键。聪明人不是不犯错误，而是不重复同一种错误，想想自己是否出现过多次在同一种类型的问题上犯错，同一种情境中失败？这表明即使进行了实践，如果没有进行有效的总结概括，能力仍然不能获得提高。所谓“有心”是指有意识地总结实践经验，“用脑”是指在实践活动中善于控制自己的言行动作，用心察觉自己的感受，对照客观效果，分辨出收到良好效果的感受，以便在以后的实践活动中重复这类言行动作，进一步体验所获得的良好感受，并加以巩固。如果在实践活动中，千百次地像驴拉磨那样机械重复，不能发现其中的规律，不能避免多次出现的失误，这种实践活动对能力的培养是无益的。

以创造革新能力为例，没有实践就不能发现问题，但是亲身参与实践也未必能发现问题，即使发现了问题也未必能找出解决问题的方法与途径，找出问题解决的方法与途径也未必有创新。这意味着，要进行创造革新，首先要实践，在实践中敏锐地发现问题，发现问题产生的规律，以及解决问题的规律。并在已有的解决问题方案的基础上，努力加以改进，从提高效率的实际后果中总结出成功的做法，并在以后的实践中不断重复、改进、学习总结。再重复、再改进、再学习总结。能力就是在这样的循环中得到提高。其次要努力学习他人。学习他人包括两方面：一是观察他人，获得间接经验。在自己没有机会进行实践时，可以观察他人的行为，听取他人的经验介绍，对照实际效果，获得间接经验。例如，观察他人如何当学生会干部，如何表达自己的观点，如何布置工作，如何说服他人，如何组织活动，再想象自己如果做这项工作，将怎样做。这种途径可以解决自己尚未获得实践机会时的能力培养；二是听取他人意见。人们常说“当局者迷，旁观者清”。通过实践活动，我们固然可以自己进行总结，如果请求他人对自己的实践活动进行评价，可以预防“片面性”，有效地检验自己的经验，提高实践效率。

当然，学习能力是在学习活动中形成的，计算机操作能力是在计算机运用中形成的，器乐演奏能力是在演奏乐器活动中形成的。既然能力是在实践活动中形成并发展的，语言沟通能力是在与他人沟通中形成并发展的，操作现代化设备的能力是在使用现代化设备过程中形成并发展的，组织管理能力是在组织并领导群体活动中形成并发展的。因此能力的培养必须争取更多的实践机会。现代具有自主学习意识的大学生，不仅充分利用校内社会活动的机会，还利用课余或节假日走出校门，当义工、无偿帮工或勤工俭学。

最后要具备成功的职业心理。要实现职业生涯规划，要进行职业能力自我培养，必须具备成功的心理，每天坚持进行自我成功心理激励。成功心理激励训练的内容是朗诵：我年轻！我快乐！我能干！我能胜！

我年轻、我快乐、我能干是成功的条件。“我年轻”强调的是职业人的心理年龄，只有职业人的心理年龄保持年轻化，才有旺盛的精力去工作；“我快乐”强调的是职业人工作、学习、生活的心态，快乐的心态能够提高工作、学习、生活的效率与质量；“我能干”是对职业人的基本要求，只有具备了某种职业能力，才能成为一个合格的职业人，通过不断努力由合格的职业人成长为优秀的职业人。“我能胜”是我年轻、我快乐、我能干的目标与结果，能胜就是要有取得成功的强烈的自信与动力。

【案例直击】

非同一般的职业能力

在奥斯维辛集中营，一个犹太人对自己儿子说：“我们的家没有了，所有的财产也没有了，现在我们唯一的财富就是智慧了，当别人都说1加1等于2的时候，你应该想到大于2。”

这对父子从集中营里死里逃生，1946年，他们乘轮船流落到美国，在休斯敦做起了不太起眼的铜器生意。

有一天，父亲问儿子：“现在一磅铜的价格是多少？”

儿子想都没想就回答说：“35美分。”

父亲一听，勃然大怒：“对，一磅铜35美分，这是每个得克萨斯州人都知道的价格，但作为犹太人的儿子，你应该回答3.5美元，不信，你把一磅铜铸成门把试试！”

20多年后，父亲去世了，儿子独自经营着铜器生意。他用收来的废铜做过铜鼓、瑞士钟表上的簧片，甚至做过奥运会的奖牌。最富传奇的一宗生意是，他曾把0.5千克的铜卖到过3500美元的天价。

1974年，美国政府决定向社会招标，来清理翻新自由女神像后所扔下的废料。但几个月过去了，没有一个人愿意理睬那堆垃圾似的废料。远在法国旅行的他听说后，立即飞往纽约，匆匆看过自由女神像下堆积如山的废铜块、螺丝和木料后，果断地在招标书上签了字。

对他的这一“傻瓜”壮举，纽约许多运输公司嘲笑不已，因为在纽约州，垃圾的处理有很严厉的规定，稍有不慎，就会被虎视眈眈的环保组织起诉，一旦惹上环保组织，那漏子可就捅大了。

就在许多人幸灾乐祸地等待这个得克萨斯傻瓜落荒而逃时，他开始组织工人对废料进行仔细的分类。

他把那些废铜熔化掉，铸成微型自由女神像，把木头加工成微型自由女神像的精巧底座，废铅、废铝做成纽约广场的钥匙。最后，他甚至把从自由女神身上扫下的灰尘都包装起来，出售给纽约的各个花店。不到3个月，经过他的手，这堆无人问津的垃圾废料奇迹般地变成了350万美元现金，每0.5千克铜的价格整整翻了一万倍。

这个让垃圾变成巨额财富、让纽约和全世界都惊讶不已的人，就是麦考尔公司的董事长卡尔·麦考尔。

“这个世界上没有什么垃圾，在我眼里，只有黄金！”他在接受记者采访时微笑而自信地说。

废铜是可以变成黄金的，只需要我们拥有非同一般的职业能力，我们就会取得超强的工作业绩。

——摘自：李雪峰. 2006. 比黄金更昂贵的是眼光. 中等职业教育，17

思　考　题

1. 职业能力是企事业单位招聘、选拔、培养各类人才的注重因素，人各有特长，在专业领域，如何提高自身的职业能力呢？

2. “垃圾变黄金”从中得到什么启示？

第四章 职业心理素质

如果工作是一种乐趣，人生就是天堂！

——歌德

天才是由于对事业的热爱而发展起来的。简直可以说，天才——就其本质而论——只不过是对事业，对工作的热爱而已。

——高尔基

伟大的事业是根源于坚韧不断的工作，以全副精神去从事，不避艰苦。

——罗素

在公司里，员工与员工之间在竞争智慧和能力的同时，也在竞争态度。一个人的态度直接决定了他的行为，决定了他对待工作是尽心尽力还是敷衍了事，是安于现状还是积极进取。

——罗伯特·威尔兹

每个从事一定工作的人都必须拥有一定的职业心理素质，要综合自己的职业兴趣、职业能力等才能正确了解自己的职业，也才能发现自己是不是真的适合这个职业。职业心理素质是职业素质的一种，职业素质是指劳动者对社会职业了解与适应能力的一种综合体现，主要表现在职业兴趣、职业能力、职业个性及职业情况等方面。职业心理素质是指从业者认知、感知、记忆、想象、情感、意志、态度和个性特征（兴趣、能力、气质、性格、习惯）等方面的素质。

第一节 职业心理概述

【资料链接】

健康心态的六大标志

1. 正确认识自己，有轻松愉快的心境。一个心态健康的人，应该对自己的能力、性格和优缺点作出恰当的、客观的评价，既不能评价过高而骄傲自大，也不能估计过低而自卑；既能看到自己的长处，也能看到自己的缺点。对自己不提出苛刻的、非分的期望与要求，给自己确定切合实际的生活目标和理想。同时，要对自己充满信心，努力发展自身的潜能，对自己无法补救的缺陷安然处之，即使在最困难的情况下，也要理智地对待自己，也就是说要把"理想的我"与"现实的我"有机地统一起来。做到既不妄自尊大，又不妄自菲薄；既不过分悲观或乐观，又不会陷入困境而不能自拔。

2. 与人为善，拥有和谐的人际关系。一个拥有健康心态的人往往乐于与人交往，不仅能保持自我，也能接受他人，能认识到他人存在的重要性，也能被他人所理解，为他人和集体所接受，能与他人相互沟通和交往，人际关系和谐。

3. 敢于担当责任，适应社会环境。一个心态健康的人，对自然环境和社会环境应该具备较强的适应能力。无论环境多么恶劣、复杂、多变，都应该正确认识周围的环境，并能主动去适应它，而不是逃避。在现实生活中，要充分相信自己，要勇敢地面对生活、学习和工作中的各种困难和挑战，使自己适应时代的节奏与变化。一个心态不健康的人往往以幻想代替现实，没有足够的勇气去接受现实的挑战，总是怨天尤人，要么抱怨自己"生不逢时"，要么指责社会环境对自己不公，从而无法适应现实环境。

4. 能协调和控制情绪，保持坚强乐观的态度。一个心态健康的人应该是一个意志坚强、遇事乐观、善于调适情绪的人。虽然他也会有悲、忧、愁、怒等情绪，但不会长久，而愉快、乐观、满意等积极情绪总是占优势。这样的人能适度地表达和控制自己的情绪，在与人交往中既不妄自尊大，也不退缩畏惧，对自己无法得到的东西不过于贪求，在社会允许的范围内满足自己的各种需要；对自己能得到的一切感到满意，保持愉快而稳定的情绪，从而使自己心胸开朗、乐观热情。同时，在激烈的竞争环境中不退缩，勇于向苦难挑战，具备坚韧不拔的毅力和百折不挠的精神，在现实生活中能够较长时间保持专注，控制行动去实现某一既定目标，具有克服困难的信心和决心，能够把握现实，正确对待成功与挫折。

5. 有完整和谐统一的人格表现。人格是表示一个人的各项重要持久的心理特征的总和。一个心理健康的人，其人格结构包括气质、能力、性格和理解、信念、动机、兴趣、人生观等各方面能平衡发展。人格作为人的整体精神面貌能够完整、协调、和谐地表现出来，思考问题的方式是适中合理的，待人接物能采取恰当灵活的态度，对外界刺激不会有偏颇的情绪和行为反应，能够与社会的步调合拍，也能和集体融为一体。保持人格的完整性，培养出健全的人格，是健康心态的终极目标。

6. 有与年龄性别相符合的心理行为。在人的生命发展过程中，不同的年龄阶段有着不同的心理行为，从而形成了不同年龄阶段独特的心理行为模式。如果一个人的心理行为经常严重偏离自己的年龄和性别特征，这意味着心理发育有问题，是不健康心态的表现。

——摘自："博学深思". 2012. 健康心理的六大特征. http://wenku.baidu.com/view/884b8908f12d2af90242e6b9.html [2012-04-21]

【理论认知】

一、职业心理素质的含义

（一）心理

心理是心理活动、心理现象的简称，是和"物质"相对应的"精神"的东西，是感觉、知觉、记忆、思维、想象、注意、情绪、情感、意志、需要、动机、兴趣、爱好、理想、信念、世界观、能力、气质、性格、自我意识等心理现象的总称。最简单的心理现象是从动物进化到腔肠动物时产生的。腔肠动物产生了神经组织，形成了感觉细胞和肌肉细胞的分化，能根据外界的光、热、振动、触、压、化学的物质等刺激的性质及自身平衡状态的改变而调节本身的运动，这种感觉的能力是心理活动的萌芽。随着动物的进化与神经组织的发展，心理也不断地发展并日趋高级化，直至发展到人的心理。

人的心理是动物心理发展到最高阶段的产物，是在人的社会生产劳动实践中形成的。人的心理的产生，是人脑对客观现实的反映，客观现实是心理的源泉，而脑是心理的器官。人脑对客观现实的反应不是消极的、被动的，而是积极的、主动的，是人在改造客观环境的实践活动中来进行反应的。由于反应是通过每个人的头脑进化的，受反应者的经验、知识、个性倾向、个性等制约，因此每个人的心理都是客观世界的主观映像。只有通过实践的反复检验和校正，才能使主观与客观相符合，并促进心理的发展。人的心理随着实践的发展而逐渐形成了一种具有多水平、多层次、多功能的反应活动系统。它既具有从无意识到有意识的不同水平，有从稍纵即逝的心理过程到稳固的个性倾向与个性特点的不同发展层次，又有知、情、意等不同心理活动对环境和个体本身进行的认识、预测、调节、控制的不同功能，使人在与环境相互作用的过程中保持平衡。语言对人的心理有着重要的影响作用。人是万物之灵，人的心理、意识排于宇宙间最复杂的现象之列，恩格斯誉之为"地球上最美的花朵"。

（二）心理素质

在学术上心理素质的定义不尽相同。心理素质，通常是指以遗传生理为物质前提，在环境和教育作用下，通过社会实践而形成的比较稳定的个性心理特征和社会实践中表现出来的心理活动能力。心理素质可分为智力性心理素质和非智力性心理素质。智力性心理素质是指个体在认识、改造客观事物过程中所形成的认知方面的稳定的心理特征和认知能力，主要包括观察力、注意力、记忆力、想象力、思维力。非智力性心理素质是指个体在认识和改造客观世界的过程中所形成的情、意方面的稳定的心理特征，以及在意向活动中表现出来的能力，如兴趣、动机、情绪、意志、自我意识、人际关系、社会适应力、竞争能力、开拓创新素质等要素。这是广义的心理素质，一般情况下所讲的心理素质是指狭义的心理素质，即非智力性心理素质。

心理素质是指在先天与后天共同作用下形成的人的心理倾向和心理发展水平。心理素质所反映的是人在某一时期内的心理倾向和达到的心理发展水平，是人进一步发展和从事活动的心理条件和心理保证。它包括人所有的心理活动过程和心理活动结果。它在素质体系中处于基础地位，是一种核心素质。心理素质在素质的形成与发展中起着重要作用，可以说心理素质是第一素质，是所有素质的基础。

（三）职业心理素质

职业心理素质是指个体顺利完成所从事的特定职业所必须具备的心理品质。它是在一般心理素质基础上进行侧重。每个劳动者，无论从事何种职业都必须具备一定的心理素质，如上文中的智力性和非智力性心理素质。通用的职业心理素质，如勇于竞争的自信力、经受挫折的容忍力、不断进取的坚毅力、对待批评的分辨力、行为抉择的自我控制力、环境变异的适应力等。但不同职业和岗位对人的心理品质的要求是有所侧重的。本章中的心理素质以各项职业通用心理素质为主。

二、职业心理素质的内容

（一）积极的心态

积极的心态是一种乐观、进取的心态。它是一种正面的心态，由希望、乐观、勇气、进取、慷慨等正面的特征组成；而消极的心态是一种反面的心态，由悲观、颓废、抱怨、等待、我行我素等反面的特征组成。人不能预知工作和职业生涯中的各种情况，但正确的心态使人们能够适应它。成功职业人的首要标志，在于他的心态。一个人如果心态积极，乐观地接受挑战和应付麻烦事，就一定能在职业生涯中得到很好的成长与发展。

（二）宽容

这里的宽容不是宽容别人对自己的侵权，而是对那些意见、习惯和信仰方面与自己不同的人表现出耐心，理解和尊重与自己工作风格不同的人。人的心胸应该能够容纳别人的不同意见和不同方式，否则很难与他人合作。宽容也不是完全接纳别人的观点而放弃自己的观点，而是欣赏和接受对方观点的合理成分，使自己的想法或决策更趋完善。宽容的心理品质可以使人成为一个心胸宽广和合作能力强的人，可以适应现代企业的团队作战。优秀团队精神的背后需要人的宽容作基础，良好人际关系的建立也需要人的宽容的参与。

（三）自信心

自信心是高职学生就业和职业生涯中非常重要的心理素质。真正有自信的人表现为能够正确认识自己，知道自己的长处和不足，既不贬低自己，也不盲目自负。目前很多高职学生容易走两个极端：自卑和自负。自卑感较强的人，常常通过牺牲自己的权利而向旁人证实自己，从而变得唯唯诺诺，丧失很多职业发展的机会；自负心较重的人往往不认真审视自己，而是把自己罩在一个虚幻膨胀的光环中，变得盛气凌人，使别人避而远之，实际上自负的人心里恰恰隐藏着深深的自卑。这两种心理状态都是不能正确认识自己的缘故。

（四）情商

情商即情感智力，最早由美国心理学家 John Mayer 和 Peter Salovey 提出，后经哈佛大学心理学博士 Daniel Goleman 1995 年出版的《情感智力》变得广为传播。情感智力泛指个人认知、调控和管理自己及他人情感的能力，主要包括四方面的能力：感受及表达个人情感的能力；思维之情感辅助能力；理解、分析及运用情感的能力；情感控制能力。这四方面能力的综合发展会促使一个人既善于了解并克制自我的情绪表现与波动，又善于洞察他人的情绪表现与波动并善于与人沟通，协调各方面的人际关系。

一个人在职业上要获得成功，起主要作用的常常是情商。一个人过分情绪化是情商低下的表现，在走向就业和职业成功的道路上，往往最大的敌人并不是缺少机会或是资历浅薄，而是缺乏对别人情绪的洞察，特别是缺乏对自己情绪的控制。

在人的职业活动中，如果不能管理自己的情绪，往往会失去解决问题和冲突的良好机会，失去一个好朋友，失去一个工作机会，形象受到损害，别人对你的合作产生疑虑等，可能意味着事过之后要付出高昂代价来弥补，也可能无法弥补。调控自己的情绪，使情绪处于积极、正面状态，不仅可以拓展个人的思维和行动能力，也会强化个人在智力、体能、社交和心理等方面的活动资源。因此，情商是职业人必需的心理品质。

情商的技能层面包括：知道自己的情绪，知道别人的情绪，尊重别人的情绪，调控自己的情绪。

（五）压弹

“压弹”原本是物理学概念，泛指物体受压时的反弹。在心理学中则是指个人面对生活逆境、创伤、悲剧、威胁及其他重大压力的良好适应，也是个人面对生活压力和挫折的反弹能力。人在面对生活的挫折与逆境时，既需要有忍耐挫折的能力，也需要有排解挫折的能力。其中忍耐挫折的能力会使人勇于承受各种压力，不因一时的困境而丧失斗志，放弃对自我的信念；排解挫折的能力则使人善于化解各种压力，使之化险为夷、转危为安。

一个人在职业生涯中可能会遇到各种拒绝和失败，也会有很多的不如意和困难。如果不具有压弹，人不可能在职业生涯中取得成功；如果具有压弹，就有可能在工作中取得成绩。压弹是一个人在职业成功之路上必备的心理品质。

压弹的操作层面包括：主观幸福感，乐观人格，认知调整，幽默功夫，问题解决技巧，主动求助技巧等。

（六）团队精神

所谓团队精神，简单来说就是大局意识、协作精神和服务精神的集中体现。团队精神强调的是组织内部成员间的合作态度，为了一个统一的目标，成员自觉地认同肩负的责任并愿意为此目标共同奉献。一个人可以做成一件自己希望做成的事，但社会的发展使更多的事、更重要的事需要很多人通力合作才能完成。因此，用人单位都希望招聘到具有团队精神的员工。

【案例直击】

大学生增强自信的十种方法

在大学校园生活中，人总会有失意的时候。当你在学习、生活上遭受挫折时，怎样才能重新建立自信心呢？英国心理学家克列尔·拉依涅尔提出了10条帮助你增强自信心的方法。

(1) 每天照三遍镜子。清晨走出宿舍之前，对着镜子修饰仪表，整理着装，务必使自己的外表处于最佳状态。午饭后，再照一遍镜子，修饰一下自己，保持整洁。晚上就寝前洗脸时再照照镜子，消除对自己仪表的不必要的担心，更有利于你将注意力集中到工作、学习上。

(2) 不要总想着自己的身体缺陷。每个人都有各自的身体缺陷，完美无缺的人是不存在的，对自身的缺陷不要念念不忘，其实，别人往往并不怎么在意你的缺陷。只要少想，自我感觉就会更好。

(3) 你感觉明显的事情，其他人不一定注意得到。当你在众人面前讲话感到面红耳赤时，你的听众可能只是看到你面色红润，令人兴奋而已。事实上你的窘态并没有那么容易被其他人发现。

(4) 不要过多地指责别人。如果你常在心里指责别人，这种毛病就可能成为习惯，应逐渐地克服这种缺点，总爱批评别人是缺乏自信的表现。

(5) 多数人喜欢的是听众。因此，当别人讲话时，你不要急于用机智幽默的插话来博得别人的好感。你只要认真地倾听别人的讲话，他们就一定会喜欢你。

(6) 对人坦诚，不要不懂装懂。对不懂的东西坦白地承认，这不仅不会损害你的形象，还会给人以诚实可信的感觉。对别人的魅力和取得的成就要勇于承认，并致以钦佩和赞赏。

(7) 在自己的身边找一个患难相助、荣辱与共的朋友。这样在任何情况下你都不会感到孤独。

(8) 不要试图用酒来壮胆提神。如果你害羞腼腆，那么就是喝干了酒瓶也无济于事。如果你潇洒大方，滴酒不沾也会受到大家的欢迎。

(9) 拘谨可能使某些人对你怀有敌意。如果某人不爱理你，不要总觉得自己有错。对有敌意的人，不讲话虽不是最好的方法，却是唯一的方法。

(10) 一定要避免使自己处于一种不利的环境中。当你处于这种不利情况时，虽然人们会对你表示同情，他们同时也会因你地位的卑微而在心里轻视你。

——摘自：人民网. 10条规则帮新生增强自信心. 2001. http://www.people.com.cn/GB/news/6056/20010829/547187.html [2001-08-29]

第二节　职业心理与职业的匹配

【资料链接】

典型气质的不同特征指标

现代心理学借用古希腊医生希波克拉底的“体液说”，把人分成多血质、胆汁质、黏液质和抑郁质。根据气质的心理特征指标(如感受性、耐受性、反应的敏捷性与情绪的兴奋性的高低、大小，以及可塑性、内外倾向性等)进行了严格科学的划分，确定了相应的内涵。

根据典型气质的不同特征指标，具体到个体身上的典型心理特征和稳定的行为表现如下：

气质类型	心理行为特征	气质类型	心理行为特征
胆汁质	①精力旺盛，反应迅速 ②情感体验强烈，情绪发生快而强，易冲动，但平息也快 ③直率爽快，开朗热情，外向，急躁易怒，往往缺乏自制力 ④有顽强拼劲和果敢性，但缺乏耐心	多血质	①活泼好动，反应迅速，动作敏捷、灵活 ②易动感情，富于生气、情绪发生快而多变，表情丰富，外向，但情感体验不深 ③容易适应新环境 ④兴趣广泛且易变化，注意力易转移
黏液质	①安静，沉着，稳重，反应较慢，思维、言语及行动迟缓，不灵活，不易转移注意力 ②心平气和，不易冲动 ③改变旧习惯去适应新环境 ④坚韧，执拗，淡漠	抑郁质	①有较高的感受性，观察精细，对外界刺激敏感，但反应缓慢，动作迟钝 ②多愁善感，体验深刻、持久，但外表很少流露，内向 ③谨慎小心，不善与人交往，胆小，孤僻，忸怩 ④遇困难或挫折易畏缩

——摘自：中国心理学专家网. 2010. 四种气质类型典型特征. http://www.cnpsy.net/ReadNews.asp? NewsID=8197 [2010-11-16]

【理论认知】

职业对我们大多数人来说，都是生活的重要组成部分。但是，职业不像家庭那样成为我们出生后固有的独特的社会结构，也不像货架上的商品，可以供我们随意挑选。它像一位朋友或一位合作伙伴，既存在，又不一定在眼前；与其结识不但需要机缘，但也需要我们的努力。我们有选择的余地，但也受到诸多限制，并不能想当然或一相情愿，关键要看某个人与某种职业是否适合。

决定这种“适合性”的，有多种因素，但主要是源于人们之间的千差万别和具体职业对人要求的各种各样。干体力活的应身强力壮，飞行员视力要好，化学校验员不能是色盲，如此等等，这都是我们有关职业选择的一般常识。随着职业的复杂化和专业化，人的更深层的心理因素对人、职匹配的影响越来越不容忽视。个性的作用日益受到关注。

个性，是指人的整个心理面貌，即在个人生理素质的基础上，在一定的社会生活条件的影响下，在个人与他人相互交往的实践活动中所形成的稳定的心理倾向与心理特征的独特统一的结构。它是支配人的行为的最本质、最核心的因素，包括个性倾向和个性特征两大方面。

个性倾向是个性结构中最活跃的因素，包括需要、动机、兴趣、态度、价值观和理想等。它们相互联系、相互制约，构成一个推动人行动的动机系统。它们主要是在后天的社会化过程中形成的，较少受生理素质影响。

个性特征则是个性结构中较稳定的部分，包括能力、气质和性格等。这些心理特征较早地先后形成，并不同程度受到先天素质的影响。它们对人的行为表现起着较持续、较稳定的影响。

个性影响人的行为，当然也包括人的职业行为。所以，作为一定个性的载体，我们要想在职业生活中充分地施展自己的个性特点，实现自己的个性要求，获得尽可能大的自由感、满意感和适应感，那么在培养职业素质之前，我们就该了解自己所属的个性类型及其职业适合性，培养现实、适宜和端正的心理倾向。这样，在职业素质培养时，既能有的放矢、方向清晰，又可树立一个良好的职业自我形象，寻求机遇，迎接挑战。这便是循着一条通往成功的人生之路了。

下面从职业需要、职业态度、职业气质、职业性格、职业兴趣、职业价值观与职业的匹配等方面进行介绍。

一、职业需要与职业的匹配

需要是人类维持自身生存和发展的要求在人脑中的反映，它表现为人在某方面既有不足之感，又有求足之愿，从而引发相关行为。职业需要是推动人从事职业活动的内部动力，是工作积极性的内部源泉。它在人的职业活动中具有重大的意义。

和人的其他需要一样，职业需要是一个多类型、多层次、多水平的复杂系统，是多种因素交织在一起，某些因素占主导的心理倾向。从人们对职业需要的因素来看，一般有下面几种。

(1) 维持生活的需要。人们为生存和延续后代，为满足基本的衣、食、住、行等方面的需求而工作。

(2) 发展自我的需要。为学习和从事适合自己的职业、发挥特长、培养能力、充实信心、建立成就而工作。

(3) 交往归属的需要。职业为人的社会生活开辟了另一片天地，另一个渠道。人们在职业生活中总可以结交一定的人，归属一定的群体，这也是职业需要的一种。

(4) 承担社会义务的需要。社会要求有劳动能力的公民从事一定的职业，通过职业活动来为社会尽职尽责。社会也通过职业赋予人们一定的形象和地位，使他们得到认可、受到尊重，感到自己是有能力、有用处的。

广义的职业需要还包括职业动机，它是人们从事一切职业活动的更为直接的动力。首先，它决定职业选择定向，指导我们择业时的思路；其次，在进入职业领域后，它可以发动、维持、激励或制止某种职业活动。人们的职业需要往往都不是单一的，而是多种需要的复合体。因此，人们在职业活动中总是追求多重满足。只是各种需要的强度在不同的人或同一个人的不同情况下，有所差异和区别。

二、职业态度与职业的匹配

19 世纪心理学家朗格在实验室进行有关反应研究时发现，如果被试者特别注意将要作出的反应，其反应时间，比集中注意将要来临的刺激要短。后来的实验都证明了被试者的心理准备状态支配了个人的判断、思考和选择等活动。这种心理上的准备状态，实际就是态度。态度是个人对某一对象所持有的评价和行为倾向。职业态度是个人对职业的较持久的、肯定或否定的内在反应倾向。

态度是个相对稳定的动态系统，它是外界刺激和个体反应之间的中介，具有对象性、持续性、复杂性、社会制约性和内在倾向性特征，由认知、情感和行为倾向三种成分组成。职业态度的评价是一个认知体系，核心是人们评判职业的好坏。职业态度的行为倾向主要表现在职业选择的倾向和职业劳动的积极性和忍耐力上。不论是职业评价还是职业行为倾向，都伴随着喜欢或厌恶、热情或消沉等情绪情感成分。个体对抱有积极态度的职业，评价较高，喜欢也愿意参与并为之克服困难，作出牺牲，并且往往会取得较高的效率和较好的成绩。

虽然有很多情况表明，职业态度和职业行为、工作效率间的关系呈多种取向，其中，既有相辅相成的关系，也存在相互脱节，甚至相互矛盾的方面。这只是说明，除了职业态度较为稳定的影响作用外，决定人们实际工作的积极性的，还有许多情境性因素。如主观方面的动机强度、兴趣爱好、心境、情绪和身体健康等，客观方面的工作的丰富性、新异性、难度强度，以及各种管理因素、环境因素等。但是，在上述诸多起作用的因素中，职业态度仍起着主要作用。

职业态度的形成和改变，是在家庭、职业教育、职业实践等环境中，在父母、老师、同伴、同学、同事等的影响和引导下，由量到质逐渐发展的。凯尔曼曾提出一种模式，即服从、认同和内化，实际上是态度形成和改变的三个不同层次。

(1) 服从。服从是在社会影响之下，个人态度在外部行为上表现得和别人一致。这种态度一般是受奖惩原则的支配的. 是在外因控制下的表面的、暂时的行为，易随情境的变化而变化。

(2) 认同。认同是自愿地接受他人的观点，使自己的态度与他人的相接近。这是受认同对象的吸引，而又主动积极地趋向于心中的榜样，其中包含着积极的情感成分。

(3) 内化。内化是真正从内心深处相信并接受他人的观点，并使之成为自己态度的一个有机组成部分。态度的内化，是使个人所认同的态度与自己原有态度、价值观等协调一致的过程，是认知的结果。

个体职业态度的形成，既与自己的内在需要有关，也同他人、团体、社会环境等对人的期待有关。职业态度是个体不断内化的结果。个体首先可以增加与态度对象的接触，在更深层次的理性认识中形成态度；其次要虚心听取说服意见，客观评判不同于自己的观点，然后择其善者而从之；最后要遵循社会规范及团体规定，这样有利于形成积极有效的态度体系，以引导职业方向。

三、职业气质与职业的匹配

“气质”这一概念，与我们平常说的“禀赋”、“脾气”相似。气质不是推动人进行活动的心理原因，而是使人的心理活动具有某种稳定的动力特征。它表现在心理过程的强度(如情绪体验的强度、意志努力的程度)、心理过程的速度和稳定性(如知觉的速度、思维的灵活程度、注意力集中时间的长短)，以及心理活动指向性特点(有的人倾向于外部事物，从外界获得新印象，有的人倾向于内心世界，经常体验自己的情绪，分析自己的思想和印象)等方面。个人的气质特点不以活动的内容为转移，表现出一个人生来就具有的自然特性。

根据感受性、耐受性、反应的敏捷性、可塑性、情绪兴奋性和指向性等特性的不同组合，一般把气质划分为四种类型，即多血质、胆汁质、黏液质和抑郁质。英国心理学家艾森克根据“内倾与外倾”和“情绪的稳定与不稳定”两个维度，把人划分为四种类型：稳定内倾型、稳定外倾型、不稳定内倾型和不稳定外倾型，并分别对应于四种气质类型。

气质会影响人活动的特点、方式和效率，所以一定的职业活动的顺利进行，要求从事者必须具有某些气质特征。军事指挥、外交人员要控制情绪的兴奋性、表情不外露。演员、营业员、推销员则更需热情奔放、神情舒展、面带笑容。气质使人在心理活动和行为方式上具有独特色彩，但它并不标志一个人智力发展水平和道德水平，更不能决定一个人的社会价值和成就前途。每种气质类型都各有优缺点，如多血质的人思维灵活、反应迅速、好交际、敏感，但易变浮动、急躁不稳；胆汁质的人热情、精力旺盛，但失之鲁莽、易于冲动、准确性差。黏液质的人安静沉稳、自制忍耐，但反应缓慢、朝气不足；抑郁质的人细腻深刻、踏实细致，但多愁善感、孤僻迟缓。每种气质类型也有其较为适应的职业范围。在适应性职业领域，每种气质类型的人都能发挥优点，避免缺点。

四、职业性格与职业的匹配

性格是一个人最重要、最显著的个性特征。它在人的个性当中起核心作用，是一个人区别于另一个人的集中表现。它不仅表现在人们“做什么”，即一个人追求什么、拒绝什么，对现实的态度怎样；也表现在人们“怎样做”，即如何去追求想要得到的东西，如何去拒绝要避免的东西，行为方式怎样。所以，性格是一个人对现实的稳定态度和习惯化了的行为方式中所表现出来的个性心理特征。性格是一个复杂的统一体，它主要表现在态度、意志、情感和理智四大方面。

不同的职业对人也有不同的性格要求，要适应这一职业，就必须具备或培养这一职业要求的性格特征。比如，作为医生，要有精益求精、一丝不苟的工作态度，有救死扶伤的人道主义品质，有高度的责任感并具有同情心；教师要热爱教育事业、富有爱心、为人师表、严于律己；工厂技术员要有创新精神、实干精神和刻苦耐劳、持之以恒的品质；管理干部要善于交往沟通、多角度思维、关心下属等。一方面，从事每一种职业都有一定的职业性格，好的职业性格有助于个体在相应职业中更好地完成工作；另一方面，在职业实践中，职业活动的要求也会让从业者巩固或改变原有的性格特征，形成许多新的性格特征。如商业活动中，营业员要求主动耐心的职业性格；现代化生产要求员工具有高度的组织性、计划性和坚强的毅力。所以，性格和职业是相互对应、相互作用的。

另外，除去直接的作用，性格对人的职业活动的影响还表现在通过对其他个性心理特征的作用的影响，间接地作用于职业行为。其一，优良的性格品质可以在某种程度上掩盖和改造气质，使它服从于职业的要求。例如，在严格的军事训练中造就侦察兵沉着冷静、机智勇敢等性格特征，可能掩盖或改造着胆汁质者易冲动和不可遏止的气质特征。其二，优良的性格特征也能促使能力的形成和发展。有观察表明，智力发展水平高的学生都与高水平的坚忍性和自制力相结合。其三，优良的性格特征也往往能补偿某种能力的相对弱点，如“勤能补拙”。另外，在多种职业能力形成和发展的过程中，相应的性格特征也发展起来。例如，科研工作者在发展观察力、思维力的同时，也逐渐形成严谨、细致的性格特征。

性格和职业是相辅相成的，所以，在职业选择中我们应考虑性格和职业的适合性，也要在职业实践中培养和强化相应的优良的职业性格品质，增进职业成效。

五、职业兴趣与职业的匹配

兴趣是一个人力求认识、喜爱某种事物，并经常参与该种活动的心理倾向。当一个人对某事物有兴趣时，会对它产生特别的注意力，对该事物感知敏锐、记忆牢固、思维活跃、情感浓厚、意志坚强。兴趣是活动的重要动力之一，是活动成功的重要条件，当其对象指向某职业时，就形成职业兴趣。职业兴趣在职业活动中起着重要的作用。

首先，兴趣可影响人们的职业定向和职业选择。在求职中，人们常会考虑到自己对某方面的工作是否有兴趣。兴趣发展一般经历有趣、乐趣、志趣三个阶段。从有趣开始，逐渐产生乐趣，进而与奋斗目标相结合，发展成为志趣，表现出方向性和意志性的特点，使人坚定地追求某种职业，并为之尽心竭力。

其次，兴趣还可以开发人的能力，激发人们探索和创造。一个人对某事物感兴趣，会激发起他对该事物的求知欲和探索热情，促使他充分调动整个身心的积极性，使情绪饱满，智能和体能进入最佳状态，最大限度地施展才华，挖掘潜力，发挥人的主动性和创造性，有助于成功。

最后，兴趣可以增强人的职业适应性。研究资料表明，如果一个人对一项工作有兴趣，能发挥他全部才能的 80%～90%，并且能长时间地保持高效率而不感到疲劳；相反，对某工作不感兴趣，在这方面只能发挥全部才能的 20%～30%，也容易感到疲劳、厌倦。广泛的兴趣可以使人善于应付多变的环境，即使变换工作性质，也能很快地熟悉和适应新的工作。

美国职业指导专家霍兰德 1973 年在《职业决策》中，提出人格—职业匹配理论，着重兴趣与职业的关系。他把人划分为六种类型：现实型、研究型、艺术型、社会型、企业型和常规型。认为这六种类型反映了对职业经历的总取向。霍兰德还研究了各种人格类型间的关系。他指出，除了大多数人可以主要地划分为某一种人格类型外，每一种人格类型又都有两种相似的人格类型，即个人也能适应这两种类型对应的职业，在该种条件下，也可以经过一定的努力做好工作。每种人格类型又都有一种相斥的人格类型，如果处于该种环境，个人对职业毫无乐趣，也不能胜任此项工作。

六、职业价值观与职业的匹配

价值观是人们用来区分好坏标准并指导行为的心理倾向系统。它不仅仅属于认知范畴，而且充满了情感和意志。价值观具有主观性，对客体意义的认识、对其好坏的评价是出于主体自身需要的。虽然同一时代、同一社会生活环境中人们的价值观有一定的共同特性，但人在各种类型的价值观中，又有相对独立的选择性，从而形成自己特有的价值观。

价值观是一种内心尺度。它浸透于整个个性当中，支配个人的行为、态度、观点、信念、理想等，支配人认识世界、明确事物对自己的意义和自我了解、自我定向、自我设计等，也为人们自认为正当的行为提供充足的理由。这里所考察的职业价值观，不是看人们如何看待“职业价值”的本质，而是注重探讨人们在职业选择和职业生活中，在众多的价值取向里优先考虑哪种价值。

由于个人的身心条件、年龄阅历、教育状况、家庭影响、兴趣爱好等方面的不同，人们对各种职业有着不同的主观评价。从社会的角度来讲，由于社会分工的发展和生产力水平的相对落后，各种职业在劳动性质和内容上，在劳动难度和强度上，在劳动条件和待遇上，在所有制形式和稳定性等诸多问题上，都存在差别。另外受传统的思想观念等的影响，各类职业在人们心目中的声望地位便也有好坏高低之别。这些评价都形成了人的职业价值观，并影响着人们对就业方向和具体职业岗位的选择。

由于各种主客观条件的限制，人们的职业价值观常常也会出现许多误区，影响人们的择业行为。

(1) 赶时髦，随大流。不少人择业时易受社会上一时舆论的支配，追求热门，盲目从众，而不考虑自身条件及职业特点，结果是在激烈的竞争中败北，或者在其位难尽其职，既影响工作，又压抑自己。

(2) 求体面，过分强调职业的社会地位。例如，2006 年有学者对上海几所中学学生的调查显示，把脑力劳动作为理想职业的占被调查者总数的 98.3%，没有一个选择农业和个体经营的，选择工业的仅占 0.3%，选择服务业的也不过 13%，这显然是和社会实际需要相悖的，是难以实现的。

(3) 图实惠，盲目寻求高薪高酬的职业。在商品经济迅速发展的当下，经济越来越成为人们价值判断中的一个突出的方面，所谓“下海潮”、“经商热”都是这一现象的反映。面对冲击，有的人便不能保持心理平衡，不顾是否能学以致用，也不管是否是自己兴趣能力所及，而优先考虑那些高薪高酬的职业和单位，这最终会给某些人带来迷茫和失落感，带来“除了钱什么也没有了”的错位和空虚感。

(4) 图轻松，缺乏事业心。有的人在择业时避重就轻，不愿迎接挑战，不愿劳心伤神，不想担责任，也不思求进取，只图轻闲自在，看似悠闲，实际上吊儿郎当，缺乏应有的事业心。

(5) 求发展，一味追求个人兴趣满足。职业是人们满足兴趣、发展自我的一个途径，但是，如果一味“随性而为”地择业，便会在实际面前遇到很多冲突和阻碍，甚至会屡屡受挫。另外，由于兴趣的转移，又可能引起工作的动荡，这也不利于人的发展。

(6) 要“专业对口”，狭隘地理解专业。在职业选择中，专业对口与否，历来是学习过一定专业知识和接受过一定职业训练的人所关注的一个问题。本来，学以致用，这是天经地义、无可厚非的要求，因为这既利于工作的效益，又利于个人的发展。但因为现实的种种限制，个人所学与社会所需并不能一一对应，所以若狭义地理解“专业对口”，就会使择业范围和发展空间大大缩小，易导致人的失意感和消极情绪。

【案例直击】

事半功倍与事倍功半

孙云、刘伟是同专业同班同学，平时学习与思想考评都比较优秀，毕业时孙云、刘伟同时接到一家外企营销部的面试通知。孙云和刘伟的面试被分在两个会议室，主考官问了孙云一系列关于专业和职业的问题，孙云对答如流，并不时提出自己的见解，受到主考官的赞赏。在另一个会议室刘伟的面试也进行得非常顺利，主考官对他也表示非常满意。在面试就要结束时，主考官向孙云和刘伟提出了同样的问题：“对不起，我们公司电脑出了故障，参加面试的名单里没有你，非常抱歉！”当然，这是在不同的会议室里面提出的问题。胜利在望的孙云听了主考官的话后，立即变得没有了风度，他生气地质问主考官为什么会出现这样的事，自己在学校时就非常优秀，总是前几名，这次居然不能进入面试，这是公司在诚心耍人！这时主考官对他说：“你先别生气，其实我们的电脑并没有出错，你以第一名的成绩进入了我们的面试名单，刚才的插曲是我们出的最后一道题。我们感到你的其他条件都不错，但心理承受能力有些问题。营销工作是要经历风险的，作为这个部门的高级人员，我们需要有良好心理素质的人才。我们希望你能找到更加合适的工作。”孙云愣住了，没想到因为这一道考题，就前功尽弃了。而在另一个会议室，刘伟听了同样的问题后，面带微笑，十分镇静地说：“我对贵公司发生这样的失误十分遗憾，但我今天既然来了，就说明我和贵公司有缘分。我想请您给我一次机会，这次计算机失误对我来说是个意外，对贵公司也是个意外，它或许意外地使你们选择了一个优秀的员工。”主考官露出满意的神态：“你是一个不错的小伙子，我愿意给你这个机会！”

第三节　职业心理素质培养

【资料链接】

人的职业类型

美国著名职业指导专家霍兰德以职业兴趣理论为基础，先后编制了职业偏好量表和自我导向搜寻表两种职业兴趣量表，作为职业兴趣的测查工具。霍兰德把人划分为六种类型，即现实型、研究型、艺术型、社会型、企业型和常规型，认为六种类型反映了对职业经历的总取向。

类型	共同特征	典型职业
现实型(realistic)	愿意使用工具从事操作性工作，动手能力强，做事手脚灵活，动作协调；偏好于具体任务，不善言辞，做事保守，较为谦虚；缺乏社交能力，通常喜欢独立做事	计算机硬件人员、摄影师、制图员、机械装配工、工匠、厨师、技工、修理工、农民
研究型(investigative)	思想家而非实干家，抽象思维能力强，求知欲强，肯动脑，善思考，不愿动手；喜欢独立的和富有创造性的工作；知识渊博，有学识才能，不善于领导他人；考虑问题理性，做事喜欢精确，喜欢逻辑分析和推理，不断探讨未知的领域	科学研究人员、教师、工程师、电脑编程人员、医生、系统分析员
艺术型(artistic)	有创造力，乐于创造新颖、与众不同的成果，渴望表现自己的个性，实现自身的价值；做事理想化，追求完美，不重实际；具有一定的艺术才能和个性；善于表达，怀旧，心态较为复杂	演员、导演、艺术设计师、雕刻家、建筑师、摄影家、广告制作人、歌唱家、作曲家、乐队指挥、小说家、诗人、剧作家
社会型(social)	喜欢与人交往，不断结交新的朋友，善言谈，愿意教导别人；关心社会问题，渴望发挥自己的社会作用；寻求广泛的人际关系，比较看重社会义务和社会道德	教师、教育行政人员、咨询人员、公关人员
企业型(enterprising)	追求权力、权威和物质财富，具有领导才能；喜欢竞争，敢冒风险，有野心、抱负；为人务实，习惯以利益得失，权利、地位、金钱等来衡量做事的价值，做事有较强的目的性	项目经理、销售人员，营销管理人员、政府官员、企业领导、法官、律师
常规型(conventional)	尊重权威和规章制度，喜欢按计划办事，细心、有条理，习惯接受他人的指挥和领导，自己不谋求领导职务；喜欢关注实际和细节情况，通常较为谨慎和保守，缺乏创造性，不喜欢冒险和竞争，富有自我牺牲精神	秘书、办公室人员、记事员、会计、行政助理、图书馆管理员、出纳员、打字员、投资分析员

——摘自：百度百科. 2010. 霍兰德职业兴趣理论. http://baike.baidu.com/view/1508701.htm[2010-11-16]

【理论认知】

一、职业心理素质培养的要求

心理素质是以自我意识发展为核心，由积极的、与社会的发展相统一的价值观所导致的，是由智力因素和非智力因素有机结合的复合整体，是人的素质结构的核心因素，是贯穿人的素质各部分，能动地发展主体自身的内部根据，是政治素质、思想道德素质的基础和核心。一个人各项素质的形成和发展，只有最终转化为心理素质，才具有稳定性和坚定性。学生职业心理素质应具备的标准是：有理想和抱负，有良好的自我意识，有较强的主体意识，有较好的群体意识，有敢于竞争的精神，有较好的创新精神，有健全的认知能力，有健康的情感，有良好的意志，有较好的适应能力。职业心理素质培养的要求有以下几点。

（一）注意积极心态的培养

美国心理学家詹姆斯指出，通过控制情绪可以改变生活。哈佛大学的一项研究表明，个人取得成就的原因中85%是因为有了积极健康的情绪，而只有15%是因为个人具备了专门技术。培养良好心态的办法有以下两种。

(1) 悦纳自己。悦纳自己的办法就是要了解自己的优点，并以此自豪。心理学家罗杰斯认为，一个人的“理想自我”与“真实自我”差距过大，会感到痛苦和郁闷，缩小差距的办法就是接受先天的不足（如容貌不佳等），发展自己的潜力，欣赏自己的优点，达到心理上的平衡。

(2) 克服消极情绪。人有喜怒哀乐、惊恐、忧惧，是再平常不过的事情，能否正确地调整自己的心态，却是一种重要的自控力。20世纪以来，人们把这种能力称为“情商”，并认为情商在心理素质中比智商更起决定作用。培养这种能力要做到以下几点。首先，让学生对生活充满热爱，有积极向上、开朗乐观的情绪；其次，对于性格急躁的人，要遇事冷静，做事讲究条理，注意控制情绪，把急脾气“磨慢”；最后，学会采用转移、宣泄、理性等方法，调节自己的情绪。

（二）加强抗挫折能力的培养

人生不顺十之八九，这是规律，但挫折和失败也是一种重要的财富。高职生在求职和以后的发展中，会遇到来自各个方面各种各样的挫折，在校学习期间就应该努力培养抗挫折能力，如在学习上，在同学、师生之间交往中，在做事失败时，被别人误解时，做错事被批评或谴责时能保持正常的心态。这些对培养良好的职业心理素质大有益处。

(1) 要敢于接受磨难。自古雄才多磨难，遭受挫折虽然使人感到烦恼和痛苦，但是它也可以激发人的进取心，促使人努力去改变境遇，在克服挫折中磨炼意志和性格。

(2) 要注意及时调整目标。学生要为自己树立明确的奋斗目标，要有“咬住不放”的劲头，但绝不是说，对不切实际的目标也咬住不放。事实上，在努力的过程中，遇到的挫折有时就来自于自己确立的目标不够科学或由于情况的变化而脱离实际，导致难以实现预期目标，心理上受到挫折。这时要及时调整目标，高了要降下来或分段实施，偏了要正过来，再去努力。

(3) 要学会释放能量。能量有正负之分，学习获得了新的知识，工作取得了成绩，实验获得了成功，受到了赞扬和表彰等是正能量，能使人心情愉悦，增强信心；而需要的知识没掌握，工作造成了损失，实验遭遇到失败，挨了批评或处分等是负能量，会使人感到急躁或郁闷。对于负能量要想办法释放出来，办法很多：找信任的老师、同学、朋友等把憋在心里的话一吐为快；到没人的地方大喊大叫一通，把心里的浊气释放出来；参加自己喜欢的活动冲淡或抵消掉不良情绪等。总之，以使自己轻松快乐起来为目的，但要注意时间、场合和地点，不能有破坏性的行为和造成不良的影响。

(4) 要学会心理升华。心理升华能使感情和需要向更高层次发展。当一个人受到某种挫折时，从情感和需要上升华，能达到心理上的平衡，催人上进，促使自我走向成功。比如，著名理论物理学家普朗克在研究量子力学理论时，家庭屡遭不幸：妻子去世，一个儿子在战争中牺牲。他加倍的工作来转移内心巨大的悲痛，最终提出了量子理论，获得了诺贝尔物理学奖。

(5) 要学会自我安慰。当遇到挫折时，要想到困难总是暂时的，只要坚持不懈的努力，总会成功的。但有时也需要"先退一步，海阔天空"，以解脱或减轻自己的烦恼，求得心理上的平衡。

(6) 要保持积极向上的心态。保持积极、乐观、向上的心态，对克服挫折会有很大的帮助。不论是成功还是失败，都要把事情看得淡一些。"有容德乃大，无欺心自安"，特别是个人的一些利益，看得轻了，压力也就小了。

(7) 要学会自我反省。当遇到挫折时，冷静客观地反思，敢于肯定自己的成绩，也敢于批评自己的错误，承认自己的不足，找出问题的原因和解决的办法，"静坐常思己过，闲谈莫论人非"，与此同时，自己的心态也会向积极的方向转化。

(三) 注意健全人格的塑造

健全人格是建立在个人对自己正确认识和评价的基础上的。可以说，一个人正确认识自己、接受自己的程度，决定着他适应社会能力的强弱，是职业心理素质最重要的综合标志。

(1) 要主动建立良好的人际关系。良好的人际关系是事业成功的重要基础。建立良好的人际关系要做到以下几点。首先，要学会主动与他人交往，这是建立和发展良好人际关系的桥梁和纽带；其次，要有爱心，在关爱他人时不但能体会到自身价值的实现，还能提高自己在人际关系中的威信和凝聚力；再次，要心胸大度，大事讲原则，小事不计较，以诚待人，能克服心胸狭窄、孤僻偏执的心理，提高交往的能力；最后，要具有娴熟的交往艺术，这是扩大交往范围，提高交际层次的重要手段。

(2) 要主动参与社会性活动。社会性活动对培养人的健康心理，提高多方面的职业素质水平起着潜移默化的作用。在参加社会性活动，特别是公益性社会活动时，积极担当某些角色，不但能开阔视野，还能使学习、娱乐、艺术等文化知识得到升华，受到锻炼。在向社会奉献出爱心的同时，灵魂得到净化，品格得到升华。

(3) 要正确评价自己。人贵有自知之明，对自己要客观评价，既不认为自己一切都好，唯我独尊，也不可把自己看得一无是处，心灰意冷。热爱真实是人的天性，能正确评价自己的人，对自己的兴趣、爱好、能力、性格、志向、适应自己的职业和自身的发展方向都有比较客观的基本估计，所以做事不盲从，知道自己适合做什么，能做什么。但有时真正准确地认识自己和客观地评价自己也不容易，这就需要借助"第三者"的力量，因为"旁观者清"。办法很多，如真诚地向老师、同学请教，进行心理测试等，都能起到全面了解和评价自己的作用。

(4) 要树立自信心。自信是职业获得成功的必备素质，没有自信将一事无成。有了自信，相信人生的目的只有成功，遇到困难能够克服，遇到危难能够自救，这是无数成功者的切身体验。培养自信的办法就是永远从没有希望中看到希望，从不可能中争取可能，面对没有把握或没有经历过的事情，要敢于以极大的耐心和毅力去尝试。

(5) 要学会超越孤独。孤独往往把自己封闭起来，在自己与外界竖起"一堵墙"，这会严重影响自己的职业性工作和自身的发展，所以必须学会把自己从孤独中解放出来，融入到开放的气氛中去，用真诚和热情去与人交往，去关心外界的事物。

（四）注意交往能力的培养

人际交往是现代人生存所必备的能力，是衡量一个人生存能力的重要指标。正常的人际交往和良好的人际关系，更是职业心理所必备的基本素质，也是事业成功的重要保证。然而据中国科学院心理研究所的一项研究表明，约有 1/3 的学生对自己的交往能力持怀疑态度，缺乏交往的信心。所以，高职生在校学习期间努力培养职业交往的能力，就显得更为重要。

培养积极交往的意识，主要包括群众意识、开放意识、参与意识、合作意识等。培养学生良好的交往道德，包括为人善良、正直、真诚、负责、守信、重感情、重友谊、自尊自重、互相帮助等。培养掌握交往的要领，如会赞美别人、能宽容大度、会说服别人、会尊重别人、会拒绝涉及隐私方面的问题等。在与老师、同学、父母、异性的交往中，各有不同的规律和要求，需要在交往的实践中去领会和掌握。培养人际适应能力，包括与不同背景、不同性格、不同气质、不同爱好、不同能力的人交往的能力，逐步学会积极适应不同的人际环境，既不孤傲清高，又不随波逐流。

（五）注意成功心理的培养

在人的职业生涯中，有成功，也有失败，但要认识到失败者不是因为摔倒而失败，而是因为摔倒不再爬起来才失败。

（1）要有成功的追求心理。需求心理是人的最基本的心理特征。如果只希望成功而不去努力追求，成功还是渺茫的。有计划而不去执行，使之烟消云散，会对自己的发展产生非常不良的影响。例如，一个作家脑海中闪入美丽生动的意象，就应立即提起笔来，否则这个形象会逐渐模糊、暗淡，最终消失。

（2）要有成功的敢为心理。要成功必须敢为，要主动地培养自己敢作敢为，克服困难，承受挫折的耐力和坚忍不拔的进取心。凡事业成功者，大都敢作敢为，在失败面前不沮丧，在责任面前不推诿，在挫折面前表现出坚忍不拔的耐力，同时，也给同事以巨大的鼓舞。那种想做不敢做，有责任就推给别人，见到成绩和利益就去抢的人，永远不会得到真正朋友的支持，做事也是很难成功的。

（3）要有成功的进取心理。成大事者必须激发自己的进取心，不甘落后，争求上进，合理竞争，力求取胜是良好的职业心理素质的重要特征。

（4）要有成功的自信心理。相信自己的能力和自己确定的目标一定会实现，并努力为之坚持不懈的奋斗直到成功。

（5）要有成功的创造性思维。成功的核心在于创造性思维，其关键是创造性突破，而不是过去的重复和再现。它没有可借鉴的经验和方法可以套用，要使学生敢于突发奇想，打破常规，主动接受新的思想和观念。

二、职业发展中关键的心理素质

（一）自我意识

自我意识是意识的一种形式，即主体对自身的意识。它包括三个层次：对自己肌体及其状态的意识；对自己肢体活动状态的意识；对自己的思维、情感、意志等心理活动的意识。自我意识包括自我观念、自我知觉、自我评价、自我体验、自尊心、自豪感、自我监督、自我调节、自我控制等。自我意识形成的前提条件是认识，主体把自己从客体中区分出来，分清我与物，我与非我的关系。自我意识的发展过程是个体不断社会化的过程，也是个性特征形成的过程，其成熟标志是个性的形成。自我意识是人的个性结构的重要组成部分，是个性结构中的自我调节系统。

从行为学的角度来说，积极的自我意识能使一个人的行为更加有效。首先，自身素质是行为发生的基础。积极的自我意识包含着对自身素质的清醒认识，对自身素质的有意识运用能促进自我的发展。其次，积极的动机对行为有推动作用。积极的自我意识也包含着“我将要成为怎样的人”的自我实现的目标，这是一种无形的动力。

（二）情绪控制

美国著名心理学家卡耐基说：“学会调节情绪是我们成功和快乐的要诀。”实际上没有任何东西比人的情绪，即心理感受更能影响我们的生活了。无论是心境、激情还是应激都需要调节。对自己的激情状态，则更需要扬长避短，培养并发扬积极的激情，避免或设法消除消极的激情。情绪调节中最难调节的是应消除的烦恼，并调节好自己的情绪。

(1) 要向好的方面想。有时，人们变得焦躁不安是由于碰到自己所无法控制的局面。此时，应该承认现实，然后设法创造条件，使之向着有利的方向转化，还可以把思路转向其他事情，如回忆一段令人愉快的往事。

(2) 不要把眼睛盯在“伤口”上。如果某些烦恼的事情已经发生，就应正视它，并努力寻找解决的办法。如果这件事已经过去，那就抛弃它，不要把它留在记忆里。有些不顺心的事，适当地向亲人或朋友吐露，可以减轻烦恼造成的压力，这样心情会好一些。

(3) 放弃不切实际的希望。做事情总要按实际情况循序渐进，不要总想一口吃成个胖子。有人为金钱、权力、荣誉奋斗，可是，这类东西获得越多，你的欲望也就会越大，这是一种无止境的追求。

(4) 悉心享受生活中每一次小小的喜悦。人是需要享受生活的，生活中到处都有小小的喜悦，也许只是一杯冰茶，一碗热汤，或是一轮美丽的落日。这许许多多、点点滴滴都值得去细细品味和咀嚼，也就是这些小小的快乐，使得生命更可亲，让人更眷恋。

（三）自我激励

自我激励被称为创业者的财富之源，它能激发起一个人身上的激情和热情。每个人心中都有一笔巨大的无形的财富，这笔财富就是潜伏于每个人内心深处的巨大核能——自我激励。这笔财富没有被人们所察觉的原因是它犹如一座矿藏，不是俯身可拾的，而是需要一个人通过自身挖掘才可以利用。成功者在为理想而斗争的过程中不断开采这座矿藏，这种内在的能源一旦与现实材料结合，便以财富的形式固定下来。虽然不同的成功者使用的材料不同，有的取材于政治，有的取材于经济，有的取材于文艺……但他们源源不断的财富之源都是自我激励。

人与人之间只有很小的差别，但这种差别却往往造成了人生结果的巨大差异。很小的差别就在于人生的态度是积极的还是消极的，巨大的差异则是最终的成功与失败。

（四）人际沟通

卡耐基指出：“一个人事业的成功，只有15%是基于他的专业技术，另外的85%要靠人际关系和处世技巧。”松下幸之助也说过，“没有人能够独自成功。”人际沟通是一个人成功的关键，在分工越来越细，综合性越来越强的现代社会里，只有借助众人的力量，才能最大限度地实现自己的人生价值，创造辉煌的人生。

人际沟通，其实是能更多地反映出个人情商水平高低的一个标准。如果一个人与别人缺乏沟通，甚至连与同事、邻居的关系也处理不好，很难预测他在事业上会取得成功；相反，成功人士都普遍具有一个特点：人缘好。人际沟通同心境和激情关系紧密。一个心境低沉、消极的人，很难得到别人的喜欢和信任，一个焦虑、悲观或是抑郁的人也不会有许多朋友，一个嫉妒、任性的人生活中必将缺少真挚的友情。相反，心境乐观、积极的人，自然能吸引人群的注目。心胸豁达、开朗和轻松的人身边必定有不少值得信赖的朋友。同样，人际沟通畅通、人际关系好，心境也会相应改善；人际沟通阻塞，人际关系不好，心境则容易忧郁难解。如果漠视交际的重要功能而采取自我封闭的态度，就会致使自我认识的盲目，以及对家庭和友谊的失望甚至是绝望，从而引发孤独无助的反社会意识行为，必然导致事业上的失败。

（五）挫折承受

挫折就是遇到困难或者失败。它使人的需要得不到满足，或者难以得到满足，因而挫折的感觉总是让人难受。对意志品质不同的人来说，挫折的意义却大不相同。挫折就是强者和弱者的一块试金石，强者可以越挫越奋，弱者则是一蹶不振。

青年学生在成功的道路上，随时都会碰到事业上的挫折及生活中的困难和不幸。青年学生不能把它作为退却的借口，只能在痛苦和不幸面前寻找复活和再生。只有那些不畏挫折和委屈，化不利为动力，能够在战胜困难和不幸中锤炼意志的人，才能有所作为，成就事业。只有勇敢地面对不幸，永葆青春的朝气和活力，用理智去战胜不幸，用奋斗去冲淡痛苦，青年学生才能真正成为自己命运的主宰者，成为生活和事业的强者。

【案例直击】

锲而不舍的求职精神

毕业于某交通职业技术学院土木工程系，高等级公路维护与管理专业的女大学生于某，到某高速公路管理公司应聘，遭遇了“红灯”。然而她没有气馁，经过一番准备之后又参加了该管理处的招聘会，竟然又遭到拒绝，怎么办？如果放弃，就意味着和这份工作失之交臂。小于冷静下来，通过认真的调查分析，了解到女生从事野外作业确有诸多不便，但女生做事心细，有条理，她有针对性地又做了充分准备，第三次敲响了这个单位的大门，提出要做内勤人员，可以先试用。招聘负责人被她的执著精神打动，在听取了她的第三次求职陈述后，答应先试用 3 个月。小于不惧挫折，积极争取，最终得到这份来之不易的工作机会。

第四节　高职生典型心理问题与调适

【资料链接】

秀才赶考的启发

有位秀才第三次进京赶考，住在一个经常住的店里。考试前两天他做了三个梦：第一个梦是梦到自己在墙上种白菜；第二个梦是下雨天，他戴了斗笠还打伞；第三个梦是梦到跟妻妹脱光了衣服睡在一起，妻妹背对着他。

这三个梦似乎有些深意，秀才第二天就赶紧去找算命先生解梦。算命先生一听，连拍大腿说："你还是回家吧，考不上了。你想想，墙上种菜不是白费劲吗？戴斗笠打雨伞不是多此一举吗？跟妻妹都脱光了睡在一起了，却背对你，那不是没戏吗？"

秀才一听，心灰意冷，回店收拾包袱准备回家。店主非常奇怪，问："不是明天就考试了吗？怎么你今天要回乡？"

秀才如此这般说了一番，店主乐了："哟，我也会解梦的，我倒觉得算命先生解的不对，你一定要留下来，能考上。你想想，墙上种菜不是高种(中)吗？戴斗笠打伞不是说明你这次有备无患吗？你妻妹脱光了背对着你，不是说明总有翻身的时候吗？"秀才一听，觉得更有道理，于是精神振奋地参加了考试，居然中了个探花。

——摘自：qzz678. 2012. 秀才赶考的启发. http://wenku. baidu. com/view/986c89c50c22590102029d77. html [2012-04-28]

【理论认知】

一、高职生学习心理问题及调适

高职生学习是整个人生学习的重要组成部分，是在特定的环境中，在较为集中的时间内，在教师的指导下，有目的、有计划、有组织、有步骤、系统地学习，是一种特殊的认识活动。因此，高职学习对人的一生是十分难得和宝贵的。每位高职生都应该珍惜这个机会，学好专业知识，掌握各种技能，健全人格品质，培养社会实践能力，为今后的学习和工作奠定坚实的基础。

（一）高职生学习的特点

高职生学习与中小学生学习相比，无论是在学习内容，还是在学习任务和学习方法上都有很大的变化。中小学学生主动性较差，主要依靠老师进行知识的灌输和反复的辅导，中小学教育是普通的基础教育。在高职院校，教师多半是扮演一个引导者的角色，对知识的掌握主要是依靠学生自己学习和独立思考，高职生教育主要是高等专业教育。

高职生学习具有以下特点。一是专业性。高职生学习是围绕具体专业而展开的学习活动过程。教学计划、课程设置、学时安排、编写教材及组织教学等，都始终围绕具体专业而展开，具有很强的专业性。二是独立性和创造性。中学生学习主要是接受前人和他人的间接经验与知识，一般没有独立创造性，而高职生学习是一种自主性学习，有较为充足的自学时间和较为广泛的自学内容，注重培养学生独立学习、独立工作和独立探索的能力。三是实践性。高职生学习的实践性与中小学生有本质区别，高职生处在认识的较高层次，中小学教育是为学生从具体知识上升到抽象知识提供支撑点，两者无论在内容、形式结果和意义上都有明显差异。

（二）高职生学习存在的心理问题

学习是人类生活中的永恒主题。高职生自我的发展、知识的获取、技能的培养、人格的完善都是通过学习来实现的，但在学习过程中，由于专业思想、考试压力、学习兴趣等方面的原因可能会造成高职生学习的心理问题和心理障碍。

1. 不喜欢所学专业，产生厌学心理

有相当一部分高职生入学后对自己专业不感兴趣。原因有很多，有被调剂录取的，有盲目趋从热门专业的。由于不感兴趣而丧失学习兴趣，产生厌学心理，逃课、睡懒觉、泡网吧，整天无精打采，对现实充满了空虚感，对未来充满迷茫、困惑和无奈，其结果是成绩一落千丈连毕业都很困难。

2. 考试压力产生的心理疾病

考试是学习过程的组成部分，它既是对学习效率的一种检验，也是对学生心理能力的一种考验。有些同学由于不能承受高职阶段的考试压力，一想到考试往往出现心跳加速、呼吸急促、坐立不安、出虚汗等现象，严重影响了考试水平的正常发挥，具体表现为以下三种情况。

(1) 焦虑症。考试焦虑症是比较典型的神经症，有些学生总是期望自己处于领先地位，害怕失败和落后，或是因为平时学习不够努力，复习准备不充分，考试时心里没有底，结果形成考试焦虑症。一般来说，考试过程有适度的焦虑是很正常的，能产生一定的激励作用，过度的焦虑则对学习不利，甚至对人的身心健康造成潜在的威胁。

(2) 神经衰弱。神经衰弱是由敏感多疑、思虑过多、心胸不开阔等不良性格和不良的心理及社会因素引起的。神经衰弱者晚上睡不着觉，特别紧张焦虑，白天上课也打不起精神，无法集中注意力，阅读、理解和记忆思维能力下降，对声音敏感，与人相处神情也比较紧张。

(3) 强迫症。明知有的观念和行为毫无意义，也没有必要，却不能自我控制和克服。有部分学生由于性格内向、谨小慎微、追求完美、过分注重他人的评价，再加上学习、考试的压力引起内心的激烈冲突而出现强迫症和强迫倾向。

3. 成绩排名下降产生自卑心理

能考上高职院校，特别是名牌学校的学生，在高中时一般都是班上乃至学校的佼佼者。他们是在老师的夸奖、家长的赞扬、同学的佩服中走过来的。可到了高职院校，学习成绩排名不再属于尖子行列，老师不再器重、同学不再佩服，加之学习上的竞争压力使他们心理失去平衡，甚至产生自卑心理。

4. 失去学习目标导致的困惑心理

在中学学习阶段，老师和父母最大的希望就是孩子们能考一个好的分数，上重点高职院校。一旦进人高职院校，好比船到码头，车到站，多年的愿望和理想终于实现了，对于不少同学来说，高职梦的实现就意味着理想目标的丢失。他们从此感到迷惘困惑，失去了努力的方向，不知道上高职院校究竟是为了什么，将来能干什么，所有一切都茫然，甚至觉得高职院校生活空虚无聊。

（三）学习心理问题的调适

对学习心理问题的调适，主要包括以下几点。

(1) 克服自卑孤独心理。自卑者往往一遇到挫折或遭受失败便垂头丧气，怨天尤人；一面临重任、挑战便退缩不前，甘愿失败；对前途悲观失望，对生活失去信心。要克服自卑，首先不要为自卑找任何理由，所谓“尺有所短，寸有所长”，每一个人都有自己的优点和缺点，长处和短处。要坚信自己在某一方面能够取得成功，但同时还要作好长期努力的心理准备，因为人的一生总有顺境和逆境，不可能事事如意，所谓“世间事不如意者十之八九”就是这个意思。其次，坚持就是胜利。自信是希望之光，力量之源。同时必须认识到，幻想不能出奇迹，只有通过脚踏实地、坚持不懈才能争取胜利。

(2) 激发学习兴趣和热情。高职生主要是通过听老师讲课和自学的方式来学习，学习内容大部分是抽象的、概括的，这常常会使高职生感到学习枯燥和空洞。但还必须认识到，这是走入社会之前必要的理论知识准备阶段。

(3) 调整学习方法。中学生教育与高职生教育在培养目的、教学内容、教学形式等方面都不相同，高职生应尽快调整学习方法，不断总结自己的经验和策略，学会学习，讲究效率，做到事半功倍。

(4) 培养学习动机。动机是行为的动力。明确学习目的、确立学习目标，有效地把外部的学习压力成功内化为内在的学习动力，真正把学习变成"自觉自愿"的日常行为。

(5) 正确看待考试。考试只是衡量学生学习效果的手段之一，成绩的优良并不能全面反映一个人的学习能力和知识水平，更不能决定一个人的前途和命运，所以大可不必把考试，尤其是一两次考试的结果看得过重。某种意义上说"60 分万岁"也并非没有道理，不要因为考试压力过大而产生心理疾病。

(6) 加强心理咨询工作，健全心理防御机制。高等院校要高度重视学生的心理咨询教育工作，培养和建设一支心理咨询骨干教师队伍，在学生中开展普及性的心理健康教育，使学生自觉形成理智、转移、升华等有利于主动调适心态的心理干预机制。

二、高职生人际关系心理问题及调适

人际关系是人生旅程的一项重要内容，友爱、和谐的人际关系可以使人感到温暖、安全、愉快，能激发人的积极性和创造性；相反，冷漠、排斥、充满敌意的人际关系则使人不快，甚至会产生焦虑、强迫症等症状。因此，探讨高职生人际关系的心理问题，帮助高职生进行自我心理问题的调适，建立良好的人际关系具有十分重要的现实意义。

（一）高职生人际关系的基本特点

人际关系是指在人际交往中建立和发展起来的人与人之间的关系。人际关系的变化与发展取决于人际交往中双方获得社会需要的满意程度。只有双方在相互交往中都获得了各自的社会需要的满足，相互之间才能产生并保持一种亲近、信赖、友好的关系；反之，双方的这种关系就会终止，甚至形成敌对关系。

高职生人际关系的特点是由高职生自身的条件决定的。高职生的人际关系，最主要的是同学关系、师生关系和家庭关系。同室关系则是高职生的一种特殊的人际关系，是高职生人际关系中最直接的形式之一。高职生人际关系的基本特点主要有以下几点。

(1) 平等性。高职生在选择朋友时，一般要求志同道合、互相帮助、互相尊重、真诚相待、富有同情心、有才智等，在人际交往中追求平等。

(2) 迫切性。由于高职生知识的扩展，成人感的增强，再加上远离亲人、朋友，来到新的环境，此时高职生渴望与人交往，得到他人的尊重和承认，获得安全感和荣誉感，建立良好的人际关系。

(3) 自主性。高职生在人际交往中往往凭自己的观点、个性、情趣、爱好来为人处世，自由地选择交往对象和交往方式，自主地开展交往活动，按照自己的意愿建立人际关系。

(4) 真诚性。在高职期间，同学之间没有根本性的利害冲突，生活的圈子就是学校，受社会上人际交往中消极因素的影响较少。

高职生的人际关系是高职生日常生活、学习和工作的基本条件，不同年级、不同性别的高职生，人际关系呈现出不同的特点。

（二）高职生人际关系心理问题

高职生人际关系的心理问题，主要表现在以下几个方面。

(1) 自卑心理。该心理问题多见于新入学的高职生中，由于学习、生活环境的变迁，中学时期学习成绩名列前茅的学生到了高职院校就可能很普通，没有了表扬和赞美，往往使他们产生自卑心理。另外，家庭经济状况、社会地位及自身的某些生理缺陷等主、客观原因，也会促使高职生感到自卑。自卑的人容易消极地、过低地评价自己，总觉得自己在容貌、身材、知识、能力、口才，甚至在衣着等方面不如别人，缺乏应有的自信，无法发挥自己的优势和特长。

(2) 猜疑心理。猜疑是指没有事实依据，凭借主观想象加以判断推测，总是怀疑他人、挑剔他人，只相信自己的一种不良心理。有猜疑心理的高职生，往往爱用不信任的眼光来审视对方和看待外界事物，当看到别人议论什么时，就误认为在讲自己的坏话。猜疑心过重者，常表现为性格孤僻、敏感多疑、戒备心强、对人冷淡，把自己完全封闭在小圈子里。猜疑者往往会感到有巨大的心理压力，在这种心理状态下，很难与别人进行正常的人际交往，既影响个人潜能的发挥，又影响朋友关系的建立和巩固。

(3) 孤独心理。孤独是因缺乏人际关系交往而产生的寂寞感与失落感，是一种宁可独处也不与别人交往的心理。高傲、冷僻、孤芳自赏的高职生容易产生孤独感。他们往往自命不凡，看不起其他人，总感觉别人腐俗、素质不高、知识结构差等，便不愿与人交往，也不想帮助别人，把自己局限在一个狭小的天地里。社会心理学家认为，孤独者主要是由于缺乏社交技巧，在社交场合不能适度表现自己，对人缺乏同情心，与人交往时过分患得患失，与人交往不能坦诚相待，不能很好地表现自己的特长，因而无法获得对方的欣赏与尊重。因此，正如一句英语谚语说的那样，“come out of your shell”，要有意识的突破平时活动范围和选择适合自己的交际圈子，逐步锻炼自己的交际能力，培养信心。

(4) 羞怯心理。它是指在面对新环境的交往活动中，害怕，害羞与别人交往的一种心理反应，这类高职生对人际交往特别敏感、腼腆、胆怯、拘谨，极力回避与人接触，在不得不与人交往时表现得不好意思、心跳加快，面红耳赤、难以自制，甚至颤抖、出虚汗。羞怯心理是人际交往中普遍存在的心理现象，产生的主要原因是个人对安全感的过分追求，缺乏自信，多虑。

(5) 网络依赖心理。根据研究发现，目前全球17亿多网民中，有5%的网民患有某种形式的网络依赖症状，这在西方国家被称为IAD(internet addictive disorder)。网络对于现代社会而言，已成为一种获取信息的基本工具。对高职生而言，一方面可以通过网络获取新的知识和信息；另一方面，可以通过网络形成新的人际关系。由于网络提供的是“虚拟”的环境，任何一个学生都可以以匿名的方式进行网络行为，学生在网上聊天、交朋友，甚至网恋。相当一部分高职生沉迷于网上交友，沉迷于聊QQ，导致对身边人与事的忽略，有的甚至无法与现实中的同学进行交往，建立正常的人际关系。

（三）人际关系心理问题及调试

良好的人际关系有利于高职生的学习和生活，有利于高职生的身心健康。因此高职生人际关系出现心理问题时，要及时地进行调适，以消除心理的冲突、障碍及问题，要进行有效沟通，学会解决交往中的冲突，以培养良好的人际交往艺术。

1. 进行有效的沟通

人际关系中许多问题并非不可化解，往往是由于双方缺乏充分、有效的沟通而引起的。例如，生活中很多矛盾冲突其实是很轻微的，矛盾双方却互不沟通，从而导致了矛盾的一步步升级，甚至导致人际关系的破裂。在遇到矛盾冲突时，不要冲动，要冷静，只有沟通才能消除误会，才能使人际关系向健康、和谐的方向发展。

2. 克服自卑、孤独、猜疑的心理

自卑、孤独和猜疑是人际关系心理问题的表现形式。克服以上心理问题，需要做到：第一，树立自信心，相信自己有能力处理好人际关系；第二，多参加社会活动，把自己融入到集体之中，正确处理好个人与社会的关系；第三，改正不良性格，养成慎独的习惯，将高傲、冷僻、刻薄等性格改掉，培养开朗、活泼、乐观的性格；第四，平等相待，真诚相处，合作协助，友好竞争。

3. 了解必要的人际交往技巧，建立和谐的人际关系

人际交往技巧是建立和谐人际关系必不可少的条件。具备以下能力的人在与他人接触时常居主导地位，容易打动别人，拥有丰富的人际关系，同时会具有很好的说服力和影响力。①要学会沉默，不应该说的话不要乱说；②自己肯定干不了的事情，要学会有礼貌地说“不”；③“伸手不打笑脸人”，多以笑脸待人就能赢得友谊、理解和支持；④“出门观天色，进门看面相”，要懂得察言观色，在别人心情不愉快的时候不要随意开玩笑；⑤容忍差异，以德报怨，得饶人处且饶人；⑥学会真诚而热情地鼓励和赞扬别人，展现你的胸襟和爱心；⑦自己犯错误应立即承认并大方地道歉，而不要固执己见；⑧要乐于帮助别人，尤其是在别人处于困境时，要主动伸出你的手。

4. 培养良好的人际交往品质

高职生在人际交往中首先应培养宽容待人的品质，宽容就是不斤斤计较、理解对方、体谅对方、设身处地为对方着想；其次要培养诚信待人的品质，与朋友相处要诚实守信、实事求是，言必信，行必果；再次要培养谦虚互让、礼貌待人的品质；最后要心理换位，把自己置于对方的位置上去认识、体验和思考问题，以求得心理上的沟通。

5. 建立自信心

人总会有失意的时候。当你在学习、生活上遭受挫折的时候，怎样才能重新建立自信心呢？应从以下几方面进行调节：

(1) 挑前面的位子坐；

(2) 练习正视别人；

(3) 把走路的速度加快 25%；

(4) 练习当众发言；

(5) 咧嘴大笑。

6. 正确认识校园内贫富差距

今天的高职院校已经不再是隔绝于社会的象牙塔，中国社会贫富两极分化的状况必然反映到高职校园之中。贫困生与普通学生之间消费等各方面有差异，和富裕生的差距更大。某高职院校的一项调查显示，贫困生月生活费有人不足 200 元，而富裕生月生活费高的超过千元，甚至有学生开着车上学。巨大的贫富差距对血气方刚的高职生的刺激是显而易见的。“别人下餐馆，穿名牌，玩手提电脑，而我们这些贫困的学生，吃饭捡最便宜的，穿衣只为保暖，贫富悬殊太大了，说心理平衡那是骗人的，但现实就是这样残酷，不平衡又能怎样呢？”在调查中，一位贫困生的一番话颇具代表性。

经济条件上的显著差异必然在学习、人际交往等诸多方面表现出来。调查显示，贫困生因为担心花较多的钱，一般较少参加同学聚会等活动，所以会刻意回避。日子一长，同学们就会对其产生"性格孤僻，自卑"等感觉，而贫困生也会产生一种被大家孤立，忽视的感觉。所以，他们更倾向于和自己经济条件相差无几的同学交往。类似的，富裕生的交往圈子也往往是与他经济水平差不多的。在统计"如果你是经济条件较好的学生，你眼中的贫困生是怎样的"时，大多数家境较好的学生认可贫困生的"学习刻苦努力、生活俭朴"，但是也有部分学生认为贫困生一般比较"内向"、"小气(吝啬)"、"自卑"、"性格孤僻"。总体而言，富裕生没有看不起贫困生，只是消费档次不同，无形中会刺伤个别贫困生的自尊心。

如果你是贫困生，应该说服自己：今天的贫困与富裕并非是自己的过错，不应该自怨自艾没有一个有钱有势的老爸，而应该告诉自己，贫困不是你自己的错，家庭能够在贫困之中供养你上高职院校，已经尽了最大努力，一味抱怨，也无济于事，不如面对现实，抓住读高职院校的宝贵机会改变自己的命运。尽管有一些纨绔子弟有莫名的优越感，但大多数老师、同学还是尊重和欣赏自尊自爱、坦诚、经济暂时有困难的学生和同学的。

三、高职生择业心理问题及调适

人生的发展是一个不断选择并推进的过程。择业是高职生人生道路上的一次重大抉择。在择业过程中，高职生不仅要具备一定的知识、能力，还应具备良好的心理素质，并保持良好的心态，做好充分的心理准备。

（一）高职生应具备良好的择业心理素质

心理素质的强弱和好坏可以从忍受挫折能力和抵抗心理冲突能力或选择能力两个方面来理解。从心理卫生学的角度看，挫折和冲突是造成心理紧张和心理障碍的两个主要原因。挫折是在某种动机的推动下，所要达到的目标受到阻碍，因无法克服而产生的紧张状态和情绪反应。心理素质良好，就是指能够忍受挫折，超越挫折或具有明智选择的能力。

良好择业心理素质的特征有以下几点。

(1) 了解自我，接受自我。"认识自己"，这是古希腊德尔斐神庙石碑上的一句铭文。法国16世纪著名思想家、文学家蒙田也认为，当一个人要做自己的事情时，他首先要做的就是认识自我，明确自己该做什么。认识自己就是要客观冷静地剖析自我，清楚自己的优势与特长、劣势与不足，知道自己适合做什么，弄清自己所追求的目标是什么，不对自己提出苛刻的、过激的期望与要求。

(2) 正视现实，接受现实。对现实社会和周围环境有清晰而正确的认识，能够面对现实，接受现实，不沉醉于过去或陷入不切实际的幻想之中，能主动适应现实，不随波逐流，积极地改造现实。

(3) 意志健全，人格统一。意志是实现人的活动目标过程中的心理素质。意志健全者表现为：行为目的明确而合理，自觉性高；意志顽强，能自觉克服前进道路中各种困难和挫折，善于冷静客观地分析情况，处事果断；自制力好，忍受力强，能有效地控制自己。人格结构的统一主要表现为：有较强的自我意识，能较正确的认识和评价自我，性格乐观开朗，待人接物能采取恰当灵活的方式，对外界刺激不会有极端的情绪和行为反应，能与社会、集体融为一体。

(4) 热爱生活，勇于挑战。心理素质好的人珍惜和热爱生活，积极投身于生活中，享受既有条件下的人生乐趣，而不会视生活为负担。

(5) 情绪适度，心境良好。心理素质良好的人能恰当地调控自己的情绪，虽然也会有沮丧、愤怒、悲伤、恐惧等消极的情绪体验，但以喜悦、愉快、乐观、开朗、自信等积极的情绪状态为主，沮丧、愤怒，悲伤、恐惧等消极的情绪体验一般不会长久，能较好地表达和控制自己的情绪，喜不狂、忧不绝、胜不骄、败不馁，控制情绪恰如其分，不会太过或不及。

(6) 接受他人，善于与人相处。心理素质良好的人，乐于与人交往，既能接受自我也能接受他人，能认可他人存在的重要性和价值，具有良好的人际关系。

(二) 择业心理问题

高职生择业心理很复杂，不同学校、年级、性别、区域、经济状况的高职生的就业心理也表现出不同的情况，根据表现形式，可从以下几个方面进行分析。

1. 择业心理冲突

面对择业，高职生的心理复杂而多变，很容易产生心理冲突，如果心理冲突得不到解决，将会对个体的适应和心理健康产生不良影响，就可能使他们处于紧张、焦虑、痛苦之中，严重的会导致心理障碍，甚至会走上极端，造成终身遗憾。

(1) 职业价值取向滞后产生的心理冲突。每个毕业生都会对职业进行一番判断而形成自己的价值取向，毕业生选择什么样的职业，是由职业价值取向决定的。当一个人的职业价值取向与社会职业现实不相符合时，就会产生强烈的择业心理冲突，形成巨大的心理压力，从而影响到职业的选择。

(2) 职业期望值过高产生的心理冲突。俗话说，人往高处走，水往低处流。每一位高职毕业生都希望找到一份理想的工作，这无可厚非，但毕业生在择业时不能只顾自己的理想，还要根据就业形势和自身的就业竞争力。超越了这些客观的条件，任何不切实际的就业理想都是不可能实现的。

(3) 想成就一番事业与缺乏艰苦创业精神的心理冲突。上学期间，很多高职生都准备干一番事业，实现自己的人生价值。但在择业时艰苦落后的地方往往不太愿去，想成就一番事业，又怕吃苦，缺乏艰苦创业的心理准备，这是不现实的。

2. 择业心理误区

择业是一个复杂的心理过程，受到家庭、社会、学生自身等诸多因素的影响，高职生择业常见的心理误区有以下几个。

(1) 鱼和熊掌不能兼得的矛盾心理。高职毕业生对未来社会往往充满好奇和憧憬，在择业过程中，单方面考虑自己的择业理想，既希望单位地理位置优越，又要求工资待遇丰厚，最好还要专业对口，有发展前途，可谓追求完美，导致不少学生与适合自己的用人单位失之交臂。

(2) 盲目的攀比心理。在选择单位时，不考虑自己的主客观条件，不深入了解单位的发展情况，而是盲目地与身边同学攀比，一心想找比别的同学好的工作。

(3) 盲目从众心理。从众心理是一种社会心理现象，指人们自觉不自觉以某种集团规范或多数人意见为准则，放弃了原有的观点的现象。在高职毕业生的求职过程中，从众心理是较普遍的，如校内举行招聘会，毕业生只要看到人多就去应聘，签协议的人多自己也就跟着签协议，表现得非常盲目，到后来要么毁约，要么就业的压力变成为从业的压力。

(4) 找个稳定职业，安安心心过一生的心理。认为找个稳定的职业，就可以安安心心过一生。其实，从主观而言，稳定因素在很大程度上取决于你的事业心和责任感；从客观而言，随着就业竞争与人事改革制度的深入，工作后不思上进，祈盼一份既轻松、挣钱又稳定的职业，安安稳稳过一辈子的想法是不现实的。

(5) 不平衡心理。部分高职生或因自身综合素质和能力不足,或因时机把握不准而找不到理想工作,见其他同学找的工作比自己找的好,心理就不平衡,怨天尤人,抱怨自己没有关系,没有背景,抱怨自己所学专业不好等。

(6) 有能力就行,何必表现自己的心理。在就业中,我们发现有的毕业生不善于表现和推荐自己,失去很多就业机会。人们常说光说不练的假把式多半被人瞧不起,但是这并不是说不应该积极的推销自己。在招聘时倘若你不积极表现自己的能力,很可能会错失良机。

(7) 依赖心理。尽管高职毕业生接受了几年的高职教育,他们的一些行为、言谈都表现出要求个性独立,不愿为父母所左右,如谈恋爱、交友等。但在择业中,单位是否适合自己,往往不是凭自身思考来决断,而是听取父母师长的意见,表现出较强的依赖性。

3. 择业中典型的心理障碍

近年来由于高校毕业生人数剧增,就业压力增大,高职生在择业过程中的心理问题加剧。常见的心理障碍问题有以下几个。

(1) 焦虑心理。毕业前夕,很多学生过度焦虑,轻者长吁短叹,重者神情紧张,血压升高,整天闷闷不乐、茶饭不思、无所适从、疲劳不堪。过分的焦虑会严重影响到人的身心健康,很有可能发展成为精神抑郁症。

(2) 抑郁心理。抑郁是一种过度忧愁的伤感情绪的体现。一些高职生在择业中受到挫折后感到无能为力,从而失去信心,表现为失落抑郁、不思进取、情绪低落、故意回避、意志消沉,并伴有失眠、食欲不振、疲劳、头昏、头痛等生理反应。严重者会导致抑郁症,表现为常常放弃努力,听天由命,一切都无所谓,从而影响正常的生活、学习和择业。

抑郁症的原因至今还没有被完全破解,一般认为由生物因素、遗传因素、社会心理因素三方面相互作用引起,人际关系疏远、离婚或分居者中的抑郁症发病率明显高于婚姻状态良好者。

可以通过积极参加各种体育运动,培养闲暇时间的兴趣爱好,与他人进行积极的交往,学会抒发情绪等方法预防抑郁障碍。锻炼和人际交往是避免抑郁的最好方法,提高睡眠质量、注意三餐饮食质量也是非常必要的,人的身体好了,就可以更好地抵抗抑郁情绪的产生。抑郁症与其他精神性疾病不同,在冬季发病率最高。因此,有抑郁倾向的人应该多到户外参加一些活动,晒晒太阳,不要独自“闷”在光线较差的房间里。

对抑郁症要有正确认识,可以从以下几方面做起。

一是抑郁症是严重的心理问题。实际上,抑郁症是每个人都可能得的心理疾病。著名心理学家马丁·塞利曼将抑郁症称为精神病学中的“感冒”。抑郁症是一种常见疾病,每十位男性中就有一位,女性则每五位中就有一位患有此项疾病。它不能说明你心胸狭窄,也不能说明你品质低劣或意志薄弱。抑郁症与感冒没有任何区别,它只是一种普通的疾病。中国人心理健康的观念比较淡薄,对健康的认识基本上还停留在生理健康的层次,所以会有这样的误解。如果你或你亲友得了抑郁症,千万不要感到见不得人或低人一等。

二是抑郁症可治不可怕。抑郁症患者常会感到自己无药可治了,因而更加悲观绝望,甚至企图自杀了之。抑郁完全可以治愈,如果你患抑郁症了,就告诉自己:“我的情绪感冒了,我的情绪现在正在发烧,还会打个大喷嚏。现在很痛苦,但只要吃点药就会好的。”

三是抑郁症与精神分裂是两回事。我国抑郁症病人往往心存顾虑,不愿到心理科或精神科就诊,怕被人轻视或怕被称为“精神病”。其实,抑郁症是可以治好的,抑郁症不会发展为精神分裂。

四是抑郁症对你的发展很可能是件好事。它让你陷入反思和内省，治愈后你的精神可能会达到一个更高的层次。所以，如果你抑郁了，不要认为自己是不幸的，塞翁失马，焉知非福。

(3) 自卑心理。自卑是个体由于某种生理或心理上的缺陷或其他原因所产生的对自我认识的态度体验。自卑者过低地评价自己，轻视自己或看不起自己，缺乏自信心，总是自惭形秽。高职生都有很强烈的自尊心，都比较爱面子，表现了高职生积极上进，不甘落后的内在动力。但高职生年龄偏小，人生观、价值观、世界观都还处在不断完善和形成过程中，强烈的自尊在特定的环境里未能体验，就可能对自身的价值产生怀疑，从自尊走向自卑。

(4) 急躁心理。择业时过于急躁，四面出击、东奔西跑，希望尽快找到适合的工作，但缺乏对就业形势的冷静思考和对用人单位的了解，匆匆签约。一旦发现实际情况与自己想象的不一样或发现了更好的单位，又后悔莫及甚至毁约。

(5) 自负心理。过高评价自己，自命不凡，不可一世，产生自满情绪。在择业中表现为好高骛远，期望值过高，对单位横挑鼻子竖挑眼，高不成低不就。自负心理是缺乏客观的自我分析和自我评价的表现。有的高职生在求职中自觉高人一等，自命不凡，四处吹嘘。一旦理想破灭，则情绪一落千丈，一蹶不振，从而产生自卑、自责、失落、烦躁等心理现象。

(三) 择业心理问题调控

在求职过程中，高职生遇到困难，甚至经过几次挫折才成功都是正常的。在择业中产生消极情绪是难免的，产生心理冲突、心理误区，甚至形成心理障碍也是正常的。关键是产生心理问题后，怎样调适这些心理问题，可从以下几个方面来进行。

(1) 适应市场，制订合理择业方案。对于单位的好坏，要辩证地去看，今天好的单位并不意味着将来也好，今天看起来不那么吸引人的单位，也不会是永远没有发展机会，要善于结合行业发展趋势、地理条件等因素综合判断。所以，择业时不要求全责备，期望值太高，可骑驴找马，先选择一个职业，增加一定工作经验，然后再凭借自己的努力，通过正当职业流动，来逐步实现自我价值。

(2) 客观评价自己。走出心理误区，做到客观评价和正视自我是需要勇气的，因为批评别人非常容易，但是自我批评就比较困难。

(3) 积极参与竞争，坦然面对挫折。双向选择的就业制度为高职毕业生和用人单位提供了双向选择的机会。高职毕业生应珍惜机遇，积极参与竞争，不怕挫折，在竞争中寻找自己的位置，实现理想，敢于竞争就要从实际出发，扬长避短、发挥特长。此外，还要有一定的实力，靠真才实学，而不能靠纸上谈兵。

在择业竞争中，成功与失败并存，参与竞争就难免遇到挫折。遇到失败挫折后，要保持冷静和坦然的心态，要认真分析失败的原因，是主观努力不够，还是客观条件不具备，只有认真分析才能做到心中有数，更好地调节心理，从而成为竞争中的强者。求职失败不一定就是因为自己能力不行，求职中“不以成败论英雄”，求职本身就是认识社会、适应社会、发展自我、实现自我的一个过程。毕业生应对择业中的挫折有充分的思想准备，要敢于面对现实，在正确评价自身实力的情况下，绝不能一遇到挫折就灰心丧气、消极退缩。

(4) 调整心态、完善人格。人的心态有积极和消极之分，积极的心态是一种进取的心态，消极心态是一种防卫的心态。积极心态有助于提高人的心理品质。在求职中，偶尔出现不健康的心态是正常的。成功者与失败者的区别之一在于，前者总能运用积极心态支配人生，始终用积极思考、乐观精神和坚强的意志控制自己。后者则总是受制于压力、困难及疑虑,其结果只能是失败。健全人格的培养不仅要依靠学校教育的力量,还应充分发挥高职生自我教育的力量,通过参加各种社会实践活动来实现。

(5) 适度宣泄。高职生面临毕业时,经常会因一些事情影响个人的情绪,比较容易出现情绪低落或性情暴躁等情况。适度的宣泄,是消除这种不良情绪最简单,也是最好的办法,选择适当的时间和地点,向朋友和老师倾诉,该哭就哭,该笑就笑,一吐为快,还可以去参加体育活动,如去打球、爬山,有意识的加大运动量来宣泄。

当然,运动要注意适度。生命固然在于运动,然而过度运动反而有害。据运动神经专家介绍,高强度运动可通过多种途径对大脑机能造成损害。运动过程中,肌体血液的重新分配、自由基的大量堆积及血流加速流动造成血管内皮损伤,造成脑的血液和氧供应量减少,局部酸性产物的堆积等,不仅影响脑的能量供应,而且直接遏制神经的活动,使脑机能下降。生活中人们常常在剧烈运动后感到,不仅身体的反应迟钝了,而且脑子有短暂的"跟不上"的现象。其表现的症状主要有注意力不集中、失眠、健忘等,长此以往将会对人体的健康造成极大的伤害。运动是否适量主要看心率,一般认为达到最大心率的60%～85%即可,还可以看运动后人体的相对反应,如参照运动状态下人的汗流量和轻松度,还可以留意自己的食欲、睡眠,以及次日是否还有参加运动的欲望。

(6) 寻求心理咨询帮助。目前国内越来越多高职院校开始设置心理咨询中心,帮助高职生解决心理问题。心理咨询往往只是"当局者迷",即高职生处于情绪波动的状态下,帮助他们看到自己阳光的一面,看到自己有能力的一面。心理咨询工作在绝大多数情况下并不是替咨询者作出决策,而是让他们看到,在面对困难时他们以前是怎么做的,有哪些经验,从而让他们自己去寻找解决问题的途径,培养独立处理困难的能力。有1/3～1/4的美国人,一生中需要接受专业的心理咨询。其实,每一个人在不同的人生阶段都有可能出现不同程度的心理问题。如果能够及时给予比较专业的心理咨询、精神支持或者积极适度的干预,就能调动当事人的潜在资源和能力,协助当事人度过危机、应付困境,以较有效的方式去处理所面对的困难或挫折。因此,高职生要摆脱精神病患者才去心理咨询的错误观念,积极寻求专业咨询帮助,尽快走出心理误区,以积极健康的心态投入学习生活中去。

【案例直击】

积极的心态

一个大学生在朋友的介绍下到贸易公司工作一年,由于不满意自己的工作,他非常生气地对朋友说:"我在公司的工资最低,上司总不把我看在眼里,如果这样下去,总有一天我要给他讲明白,然后我就辞职不干了。"这时他的朋友问他:"你把所干的贸易公司的业务弄清楚了吗?做贸易工作的特点和窍门弄懂了吗?"他说一年时间怎能学明白。朋友说道:"我建议你先静下心来,认认真真地安心工作,把贸易公司的业务、工作技巧、商业文书和公司管理机制、组织机构完全弄明白之后再走,你会有很大收获。"

这个大学生听取了朋友的建议,一改往日散漫的习惯,开始认真地工作,早来晚走,经常加班,积极研究公司业务,研究商业文书的书写,了解公司的管理与发展,从此,他的工作业绩非常突出。又过了一年,朋友见面说:"这时候你学到了真本领,可以辞职不干了。"他却说:"这段时间，领导对我刮目相看，最近又委以重任，又升职又加薪，公司很多人都羡慕我，我要继续努力！”

思 考 题

1. 如何看待高职大学生目前存在的心理问题？
2. 分析你的个性有哪些优势及限制，并提出在实践中改善的方法，制定相关计划。

第五章　职业形象设计

人有礼则安，无礼则危。

——《礼记·曲礼》

君子之修身，内正其心，外正其容。

——欧阳修

彬彬有礼的风度，主要是自我克制的表现。

——爱迪生

如果希望成为一个善于谈话的人，那就先做一个致意倾听的人。

——戴尔·卡耐基

第一节　职业形象概述

【资料链接】

"小处不可随便"

传说有人把于右任先生写的"不可随处小便"重新组合装裱，于是就有了"小处不可随便"的典故。其实，"小处不可随便"是中国人自古以来的一条处世原则。古语道："战战栗栗，日谨一日。人不踬于山，或踬于垤。"告诫人们时时提防被小事绊倒，这或许是"小处不可随便"最古老的出处。

不光是中国，在国外也有类似的观念。针眼大的窟窿斗大的风，小处随便的人往往不受欢迎，在某些特殊的场合甚至会造成致命的后果。这方面最典型的例子大概是18世纪的法国公爵奥古斯丁了。1786年，法国国王路易十六的王后玛丽·安东尼到巴黎戏剧院看戏，全场起立鼓掌。放荡不羁的奥古斯丁为了引起王后的注意，面向王后吹了两声很响的口哨。当时吹口哨被视为严重的调戏行为，国王大怒，把奥古斯丁投入监狱。而奥古斯丁入狱后似乎就被遗忘了，既不审讯，也不判刑，就日复一日地关着，后因时局变化，也曾有过再次出狱的机会，但阴差阳错，终究还是无人问津。直到1863年，老态龙钟的奥古斯丁才被释放，当时已经72岁。两声口哨换来50年的牢狱之灾，实在是天大的代价。

与此相反，一滴水可以折射太阳的光辉，小处端正的人往往能取得人们的信任。法国有个银行大王，名字叫恰科。但他年纪轻时并不顺利，52次应聘均遭拒绝。第53次他又来到了那家最好的银行，但又一次遭到拒绝，他礼貌地说完再见，转过身，低头向外走去。忽然，他看见地上有一枚大头针，横在离门口不远的地方。他知道大头针虽小，弄不好也能对人造成伤害，就弯腰把它捡了起来。第二天，他出乎意料地接到了这家银行的录用通知书。原来，他捡大头针的行为被董事长看见了，从这个不经意的小动作中，董事长发现了他品格中闪光的东西。这样精细的人是很适合做银行职员的，于是，董事长改变主意决定聘用他。恰科也因此得到了施展才华的机会，走向了成功之路。

——摘自：新华网. 2003. 小处不可随便. http://news.xinhuanet.com/comments/2003-06/05/content_904770.htm[2003-06-05]

【理论认知】

一、职业形象的内涵及特征

职业形象是指在职场中，公众面前树立的形象，具体包括外在形象、品德修养、专业能力和知识结构四大方面。它是通过衣着打扮、言谈举止反映出个人的专业态度、技术和技能等。

职业形象需要严格恪守一些原则性尺度。首先，最为关键的是，职业形象要尊重区域文化的要求，不同文化背景的公司肯定对个人的职业形象有不同的要求，绝对不能我行我素破坏文化的制约，否则受损的永远是职业人自己。其次，不同的行业、不同的企业，因为集体倾向性的存在，只有职业形象符合主流趋势，才能得到认可。

二、职业形象与职业气质

职业形象是个人职业气质的符号，有些人对深色调的一贯喜爱，体现了他沉稳的个性；经常性地身着艳丽颜色或对比强烈的服装，可以展现激情四溢的作风；浅浅的素色的衣着似乎在告诉人们，自己善于调节工作模式；一丝不苟的服装款式预示着严谨态度，层层装饰的外表揭示着求新求变的心态……

我们日常接触到的种种形象特点，就像标点符号写在每个职业人的脸上、身上，是个人职业生涯的标点，对职业成功有着重大意义。

职业形象要达到几个标准：与个人职业气质相契合、与个人年龄相契合、与办公室风格相契合、与工作特点相契合、与行业要求相契合。个人的举止还要在标准的基础上，在不同的场合采用不同的表现方式，在个人的装扮上也要做到在展现自我的同时，尊重他人。

职业形象就像个人职业生涯乐章上跳跃的音符，合着主旋律的奇异会给人创意的惊奇和美好的感觉，脱离主旋律的奇异会打破和谐，给自己的职业发展带来负面影响。

三、职业形象与职业成功

职业形象和个人的职业发展有着密切的关系。

(1) 个人的人性特征通过形象表达，并且容易形成令人难忘的第一印象。第一印象在个人求职、社交活动中会起到关键的作用。特别是许多人力资源部门在招聘员工时，对应聘者职业形象的关注程度要远远高于我们的估计，甚至许多公司在面试中对职业形象方面关注度也很大。因为他们认定，那些职业形象不合格、职业气质差的员工不可能在同事和客户面前获得高度认可，极有可能令工作效果打折扣。

(2) 职业形象极大地影响着个人业绩。首当其冲的就是业绩型职业人，如果自己的职业形象不能体现专业度，不能给客户带来信赖感，所有的技巧都是徒劳，特别是对一些进行非物质性销售工作的职业人，客户更多的认可的是人本身，因为产品对他们来说是虚的。即使是人力资源部门的人，如果在和政府机关、事业单位、合作伙伴打交道过程中，职业形象欠佳，极有可能把良好的合作破坏。

(3) 职业形象会影响个人晋升机会。获得上司的认可是晋升的核心要素之一,如果因为在上司面前职业形象问题导致误会、尴尬甚至引发上司厌恶,业绩再好也难有出头之日。如果在同事层面上因为职业形象问题导致离群、被孤立、被排斥,那么就葬送了晋升的希望。

【案例直击】

形象与销售

小张既老实又勤快,口头表达能力也不错,在公司员工中学历又高,老总对他抱有很高的期望。可是做了销售代表一年多了,业绩总是上不去。这是什么原因呢?原因是小张是个不怎么讲究的人,双手的手指都留着长指甲,里面看着黑乎乎的,衬衫皱皱的,衣领也带有颜色。平时他喜欢吃大蒜,吃完后,不知道除去异味的必要性。有的客户认为小张说话急促,风风火火的,好像每天都在忙忙碌碌,少有停下来的时候。

作为一名销售人员,个人的形象就代表企业的形象,销售人员的仪表、仪容及谈吐都能折射出一个人的素质,同时也反映出一个企业的管理水平。因此,小张应该改变自己形象中的这些不良习惯,才能做一个合格的企业员工。

第二节　个人形象设计

【资料链接】

打造形象名片

郑玫,一家企管顾问公司资深顾问,出生在香港,在英国读书,又在美国生活,最后来到内地,对于国内很多人可能还有些陌生的国外的职场文化,郑玫却有亲身的生活经历,"公司形象的提升,不仅是办公室面积大小和装修档次,或是花里胡哨的 logo,因为员工的形象比公司的装潢更能影响客户。有时候,一点点细节的忽略有可能影响一单大生意。"

打造形象名片

着装礼仪看似简单,实则包罗万象,郑玫认为,对于职业白领来说,关键在于打造自己的形象名片。在一个企业中,每个员工都需要为自己订制合适的个人形象,这个形象不是某一天穿了一件什么样的衣服就可以决定,要有一个长期积累的过程,是个人修养的体现。一个适合自己的形象名片会带来更多的机会。

"既优雅又专业"是郑玫对不少职业女性塑造个人形象时,提到的一个原则,"每个人都会有自己的个性特点,自己的形象当然也是有个性的,但是一些过于暴露或者过于可爱的服装是不适合上班时穿着的,那些服装不适合职业女性的定位。"

打造个性化的形象名片,很重要的一点就是要适合自己,不论是衣服还是发型、配饰,都应当与自己的气质相符,不要让别人觉得你拿错了别人的包包,"要相信自己,良好的个人形象塑造不是靠名牌衣服,最重要的是自信,只要是自信的就是美丽的。"

时髦与职业平衡

时髦和专业难道真的鱼与熊掌不可兼得？郑玫认为并不是这样的。适度的时髦能为形象加分，夸张的服饰和装扮会适得其反。

“并不是说为了专业的职业形象就一定要舍弃时髦，只是这当中有一个如何平衡的问题”，郑玫给记者举了一个例子，“如果说今年流行波希米亚，就全身从上到下被‘波希米亚风’包裹，这么穿着去上班，会是怎样的效果？”她认为，最好是摘取一些时尚元素，这样非但不失专业，还会给人留下深刻的印象，为个人形象加分。

郑玫特别强调了女性化妆和身上的配饰，不应过于夸张和繁杂。她认为，最好的妆容应该是最自然的妆容，这里的自然不是没有修饰，而是修饰后显得很自然，而不是夸张。更何况，过多的配饰还可能影响工作。

男人更不应忽略细节

“同女性的职业形象不同，男性在职场上更多的是要代表一种规则感和权威感，所以对男人来说，不需要过分花哨地打扮，重要的在于，传达给别人一种值得信赖的信号”。郑玫说道。

郑玫在对男士形象因素所列的顺序中，清洁度被列在首位。她专门为男士列了一些仪表细节，包括鼻孔、鼻头、耳背、齿缝、口气、嘴唇、脸部、皮肤、头发、胡子、指甲和体味，“男人需要给人一种更加专业的形象，如果连整洁都做不到，对细节毫不在意，又如何赢得信任？”

“细节非常重要。”郑玫反复的强调，“因为与你接触时间短的人，他们往往就会从细节中来认识你。”

企业管理中曾经有一句话叫“魔鬼隐藏在细节中”，其实，对于一个职业经理人来说，细节处同样潜伏着魔鬼。

——摘自：郎基. 2008. 职业之行，始于衣着. http://www.ceconline.com/internet_etrade/el/8800051247/01/? pa_art_7[2008-05-22]

【理论认知】

一、个人形象设计概述

随着社会的发展，人类文明的进步，形象作为个人内涵的外在表现方式，每时每刻都在展示着个人的品位修养，传达着个人的人生目标与发展方向。因此作为第一印象的重要组成部分，个人的形象设计已经受到越来越多人的关注，并且借由外在表现，充分展示内在修养，启发生命活力，这些都是可以通过服饰搭配与整体形象打造达成的。

俗话说得好“人靠衣装，佛靠金装”，随着经济的发展，生活节奏的加快，越来越多的人已经意识到个人形象设计成为生活中不可或缺的组成部分，那些为了拍摄艺术照片，甚至为了饰演影视角色而塑造的形象，都不是为了人的生活需要而设计出的形象，形象设计的真实目的应是为现实的工作和生活服务。因此，个人形象设计的内容包括外在形式，如服饰、化妆等，也包括内在修养的提升，如气质、举止、谈吐、生活习惯等。从这一高度出发的形象设计，决非化妆师或服装设计师的能力所能完成的。对外在的改造或重建可以在较短的时间内完成，但内涵的提升并非一朝一夕之事，是需要长期的积累才能实现的，西方有句谚语：“你可以先穿成那个样子，直到你成为那个样子。”

西方学者总结出形象沟通的"55387"定律:决定一个人的第一印象中55%体现在外表、穿着、打扮,38%的肢体语言及语气,而谈话内容只占到7%,可见注重第一印象,注重外表形象对我们整体的事业和生活来说是多么的重要。随着社会经济的发展,人们的生活质量也在不断提高,越来越多的人开始认识到,真正的形象美在于充分地展示自己的个性,创造一个属于自己的、有特色的个人整体形象才是更高的境界。人们对美的关注也不再仅仅局限于一张脸,而开始讲求从发式、化妆到服饰的整体和谐,以及个人气质的培养。个人形象设计艺术要素包括以下几个方面:仪容设计、服饰设计、饰品选择与搭配及仪态设计。

二、仪容设计

仪容,包括一个人头部的全部外观,如头发、脸庞、眼睛、鼻子、嘴巴、耳朵等,在个人整体形象中居显著地位。仪容传达出最直接、最生动的第一信息,反映着个人的精神面貌。个人仪容受两方面因素的影响和制约:一是个人的先天条件,自然形成;二是后天的修饰和保养。个人形象设计中对个人仪容的首要要求是仪容美,包括三个层面,即仪容自然美、仪容修饰美、仪容内在美。仪容内在美是美的最高境界,仪容自然美是人们的普遍愿望,而仪容的修饰美则是仪容设计关注的重点。

(一) 自然

自然美是美化仪容的最高境界,使人看起来真实而生动。失去自然的效果,那就是假的东西,是没有生命力的,就更别谈及美了。

化妆的最佳效果是"妆成有却无",即化好的妆面看起来却像没有化过妆的样子,面容俊美却不留化妆的痕迹,现在非常流行的"裸妆"就是这个效果。

美好的仪容依赖于正确的技巧、合适的化妆品;要讲究过渡,体现层次;要点面到位,浓淡相宜。这样才能使人感到自然、真实的美。

(二) 协调

(1) 妆面协调,即化妆部位色彩搭配、浓淡协调,所化的妆,针对脸部个性特点,整体设计协调。

(2) 全身协调,即脸部化妆、发型与服饰协调,力求取得完美的整体效果。

(3) 角色协调,针对自己在社交中扮演的不同角色,采用不同的化妆手法和化妆品。如作为国家公务人员,应注意化妆后体现端庄稳重的气质;如作为专门从事公关、礼仪、接待、服务等的人员,要表现出一定的人际吸引魅力就应浓淡相宜,适合人们共同的爱美之心。

(4) 场合协调,即化妆、发型要与所处的场合气氛要求一致。日常办公,略施淡妆;出入舞会、宴会,则需要浓妆修饰。不同场合的不同化妆方式、发型,不仅会使装扮者内心充满自信,也会使周围的人心理融洽。

(三) 美观

漂亮、魅力、端庄的外观仪容是形成优美良好的职业礼仪形象的基本要素之一。

美观是从效果来说的。要使仪容达到美观的效果,首先,必须了解自己的脸型及脸上各部位的特点;其次,要清楚怎样化妆,怎样修饰、校正才能扬长避短,使容貌更加迷人。这些是要在把握脸部个性特征和具备正确的审美观的指导下进行的。

三、服饰设计

服饰是一种文化的表征，不仅表现在人的外在美，还反映出人的审美情趣、精神面貌。在职场中，每一名员工的个人形象均代表其所在单位的形象及企业的规范化程度，也反映了个人的修养和见识。因此，职业人员的着装必须与其所在的单位形象、所从事的具体工作相称，做到男女有别、职级有别、身份有别、职业有别、岗位有别，“干什么，像什么”，才能使职场人的着装恰到好处地反映自身的素质，反映企业的形象。

（一）如何选择正确的服饰

1. TPO 原则

T、P、O 三个字母，分别是英文“时间（time）”、“地点（position）”、“目的（objective）”三个单词的首字母。

时间：在不同的时间里，着装的类别、式样、造型应有所变化，如白天职场的着装应合身、严谨。

地点：不同的地点对着装的要求不同，如户外、室内的着装应符合场景的要求。

目的：服装的款式在表达目的性方面发挥着一定的作用。例如，一个人身着款式庄重的服装前去应聘工作、洽谈业务，说明他郑重其事、渴望成功。

2. 场合的要求

在日常工作与生活中，从业人员的着装应当因场合不同而选择各异，以不变应万变的做法显然是行不通的。在不同的场合应该选择不同的服装，以此来体现自己的身份、教养与品位。一般而言，职场从业人员所涉及的场合主要有三个：公务场合、社交场合、休闲场合。

（1）公务场合。公务场合是指执行公务时所涉及的场合，一般包括在写字楼里、谈判时，以及外出执行公务等情况。

公务场合对于服装的基本要求是庄重而略显保守，适合的服装为制服、套装、套裙、工作服等，此外长裤、长裙、长袖衬衫等也可作为选择的参考。时装、便装等则不适宜选择。特别需要提醒的是，在非常重要的场合短袖衬衫是不能作为正装来穿着的。

（2）社交场合。社交场合是指工作之余在公众场合和同事、商务伙伴等进行交往应酬的场合。虽然这些场合不是工作场合，但往往面对的是自己的工作伙伴。

社交场合对于服装的基本要求是：时尚而个性，适合的服装为礼服、民族服装、时装和个性化服装等。必须强调的是，在社交场合不适合选择公务场合的着装，如果穿着制服去参加宴会、舞会等活动，就会显得与周边的环境太不协调，也会降低自己的品位。

（3）休闲场合。休闲场合并不等于简单的休息，而是指在工作之余一个人单独自处，或在公共场合与他人共处。

休闲场合对于服装的基本要求是：舒适而自然，适合的服装为牛仔装、运动装、家居服等各种非正式的便装。如在休闲场合穿着制服、礼服、西装等，往往会贻笑大方。

3. 适合原则

（1）选择服饰要适合穿戴者所处的环境。人置身于不同的环境、不同的场合就应该有不同的服饰穿戴，要注意所穿戴的服饰与周围环境的和谐，如身居家中，可以穿随意舒适的休闲服；办公上班，则需要身着端庄典雅的职业装；出席婚礼，服饰的色彩可鲜亮点；而参加吊唁活动，则以凝重为宜。

(2) 选择服饰要适合穿戴者的社会角色。在社会生活中,每个人都扮演着不同的角色。不同的社会角色必须有不同的社会行为规范,在服饰的穿戴方面自然也有规范。首先应弄明白自己扮演的角色是什么,然后再挑选一套适合这个角色的服饰来装扮自己。无论你出现在哪里,干什么,都会增强自信,更会使旁边的人对自己多几分好感。

(3) 选择服饰要适合穿戴者自身的条件。人们追求服饰美,就是要借助服饰之美来装扮自身,利用服饰的质地、色彩、图案、造型和工艺等因素的变化引起他人的错觉,从而美化自己。在了解服饰诸因素的同时,人们必须充分了解自己的身体特点,要明确只有适合自己的,才能达到扬长避短、扬美避丑的目的。

(4) 服饰的选择要适合穿戴的季节。注重了环境、场合、社会角色和自身条件而不顾气候、天气变化的服饰穿戴自然也是不可取的。比较理想的穿戴,不仅要考虑到服饰的保暖性和透气性,而且在色彩的选择上也应注意与季节相适宜。例如,春秋季宜穿中浅色调的服饰,如驼色、棕色、浅灰色等;冬季服饰色调以深色为宜,如咖啡、藏青、深褐等;夏装可选丝棉织物,色调以淡雅为宜。

(二) 职场着装礼仪规范

1. 制服的礼仪

制服是指由单位统一制作下发的,在工作岗位需按照规定穿着的,在面料、色彩、款式等方面整齐统一的服装。

统一穿着制服,可以体现穿着者的职业特征,表现职级差别,树立单位形象。制服制作应关注的问题是:①面料要好;②款式要雅,戒露、戒透、戒短、戒紧;③分类要准,可按季节、用途、职级分类;④做工要精,穿着忌脏、忌皱、忌破、忌乱。

2. 职场着装禁忌

职场着装有以下禁忌。

(1) 过于杂乱。过于杂乱是指不按照正式场合的规范化要求着装。杂乱的着装很容易给人留下不好的印象,使人对所在单位的规范化程度产生疑虑。

(2) 过于鲜艳。过于鲜艳是指在职场中的着装色彩较为耀眼,图案过分烦琐。

(3) 过于暴露。过于暴露职场着装通常要求不暴露胸部、肩部、大腿。

(4) 过于透视。过于透视职场穿着透视装对别人有失尊重,有失敬于对方的嫌疑。

(5) 过于短小。过于短小短裤、超短裙等服装不适合在工作场所穿着,特别需要强调的是,男士在正式场合身着短裤是绝对不允许的。

(6) 过于紧身。过于紧身在社交场合身着紧身衣是允许的,但工作场合和社交场合是有区别的,职场中使自己线条分明,难以显示出自己的庄重。

四、饰品选择与搭配

饰品,这里是指人们在着装的同时,所选用、佩戴的装饰性物品。佩戴首饰的风俗可以追溯到远古时期,时至今日,各种饰品与服装一起组成了服饰这一范畴。饰品对于人们的穿着打扮,尤其对于服装而言,如果使用得当,可以起到辅助、烘托、陪衬、美化,甚至画龙点睛的作用。与服装所不同的是,服装对于人类而言是须臾不可离开的,饰品则可以使用也可以不用。

(一) 饰品佩戴规则

饰品佩戴应遵循以下规划。

(1) 数量规则。佩戴饰品时,在数量上以少为佳,必要时,可以一件也不佩戴。若同时佩戴多种饰品,则要求在总量上不得超过三种。

(2) 色彩规则。佩戴饰品时,色彩上力求同色。若同时佩戴两件或者三件饰品,应使其色彩一致;戴镶嵌饰品时,应使其与主色调保持一致。

(3) 质地规则。佩戴饰品时,质地上争取同质。若同时佩戴两件或者三件饰品,应使其质地相同。需注意,高档饰品,尤其是珠宝饰品,多适合于隆重的社交场合,不适合在工作、休闲场合佩戴。

(4) 身份规则。佩戴饰品时,要符合身份,要与自己的性别、年龄、职业、工作环境保持一致。有碍于工作的饰品不戴,炫耀财力的饰品不戴,突出个人性别魅力的首饰不戴。

(5) 体型规则。佩戴饰品时,要使饰品能够弥补自己体型上的缺点,使饰品对自己起到扬长避短的作用。

(6) 季节规则。佩戴饰品时,应将其视为服装整体上的一个环节,要兼顾同服装的质地、色彩、款式,使之在风格上相互般配。

(7) 习俗规则。佩戴饰品时,要遵守习俗。不同地区、不同民族,佩戴饰品的习惯做法多有不同。

(8) 性别规则。除结婚戒指、手表等少数品种的首饰外,男性通常不宜在正式场合佩戴过多饰物。而被称为"女性首饰两大件"的戒指、项链是许多职业女性经常佩戴的。

(二) 饰品佩戴方法

饰品佩戴有以下几种方法可以借鉴。

(1) 项链。项链是女性最常佩戴饰品之一。它大致可以分为金属项链和珠宝项链两大类。职场女性在选择项链时,应选择庄重、雅致、不过分粗大的;若参加社交活动,则可选择色泽亮丽、造型美观的珠宝项链。

项链的佩戴要因人而异。脖子细长的人应选戴短项链,而脖子粗短的人,应选戴细长项链。中年人宜选择工艺性强、质地典雅的项链,青年人则宜选款式新颖的项链。此外,选择项链,还应与穿着的衣服般配。

(2) 挂件。挂件,又叫项链坠,多与项链配套使用,其形状、大小各异。

在选择挂件时,首先要考虑是否能与项链相配,并力求二者在整体上协调一致。在正式场合不可以选择过分怪异或容易使他人误解的图形、文字形状挂件。不可同时使用两个或两个以上的挂件。

(3) 戒指。戒指,也叫指环,佩戴于手指之上,男女老少皆可使用。佩戴戒指时一般戴在左手上,戒指的粗细要与手指成正比。

佩戴戒指时一般只戴一枚,如果想佩戴多枚,则最多可戴两枚。当佩戴两枚时,可在一只手上戴在两个相邻的手指上,也可分别戴在两只手对应的手指上。表示已婚的戒指,一般戴在左手无名指上,钻戒是最正规的结婚戒指,其他黄金、珠宝类戒指也可作为结婚戒指使用。在公务场合一般只可佩戴一枚结婚戒指。

(4) 耳环。耳环的选择主要考虑佩戴者的脸型。圆脸适合佩戴各种款式的长耳环或垂坠、耳珠;瓜子脸是最为可人的脸型,应该说几乎所有造型的耳环都适合选戴;方形脸的女性可选择富有弧线,线条流畅的圆形、纽形、鸡心形、螺旋形耳环,使得脸型显得具有曲线美;一般肤色白皙的女性适宜戴色彩较为鲜艳的耳环;皮肤偏黑的女性,宜选用色调柔和的颜色,金色耳环则适合于各种肤色的人佩戴。

(5) 手镯与手链。手镯，即佩戴于手腕上的环状饰物。手镯可以只戴一只，也可以同时戴两只。只戴一只时，通常应戴在左手；戴两只时，可一只手佩戴一只，也可都戴在左手上。不要在一只手上戴多只手镯，男士通常不戴手镯。手链，是一种佩戴于手腕上的链状饰物。与手镯不同的是，男女均可佩戴手链，但一只手仅可佩戴一只手链，并应戴在左手上。在一只手上戴多条手链、双手同时戴手链、手镯与手链同时佩戴、手镯或手链与手表同戴于一只手上都是不允许的。

(6) 领巾与围巾。领巾与围巾的式样有长方形、方形和三角形。其中，大的丝巾可作披肩，也可以用来包头，或围在脖子上，或搭在肩上，甚至可以同时围两条。一般而言，系围巾、领巾的基本原则，就是要与脖子相配合。脖子短的人最好避免系围巾或领巾。

(7) 腰带。腰带在佩戴时要注意质地与衣服质地相配合。通常金属质地的腰带与闪闪放光的腰带适合晚上使用。如果上衣与裙子或裤子的颜色有点冲突，只要系上与两个颜色都能配合的腰带，就能显得相当协调。

(8) 眼镜。随着时代的发展，眼镜已不仅仅是作为医疗保健用品出现在人们的日常工作生活中，在保护眼睛的同时还具备了一定的装饰功能。一副精美的金、银边眼镜，会使人平添几分斯文、儒雅；大框架的太阳镜则显示出潇洒帅气。

五、仪态设计

中国人讲究"站有站相，坐有坐相"，古人很早就对人的举止行为作过要求。随着人类文明的进步，人们对自身行为的认识也日益加深。温文尔雅、从容大方、彬彬有礼已成为现代人的一种文明标志。可以说，礼貌的举止行为是一种教养，更是无形的资产。

(一) 基本体姿礼仪规范

在日常生活中，人的身体可呈现出多种姿态，如站、躺、卧、屈膝、直立等。但一般而言，人在公众交往场合常用的是站、坐、走等。不同的姿势有不同的作用、不同的表现，反映着人的不同心态，也会给他人留下不同印象。

1. 站姿

站姿是人的静态造型动作，是其他人体动态造型的基础和起点。优美的站姿能显示个人的自信，并给他人留下美好而隽永的印象。

正确健康的站姿：从身体的侧面观察，人的脊椎骨是呈自然垂直的状态，身体重心应置于双足的后部；双膝并拢，收腹提臀，直腰挺胸，双肩稍后放平；双臂自然垂于身体两侧，或双手体前相搭放置小腹位。男士站立时，双脚可分开与肩同宽，双手亦可在后腰处交叉搭放，以体现男性的阳刚之气，其他部位要求不变。女子站立最优美的姿态为身体微侧，呈自然的45°斜对前方，面部朝向正前方。脚呈丁字步，即右(左)脚位于左(右)脚的中后部，人体重心落于双脚间，其余与男士相同。这样的站姿可使女性看上去体态修长、苗条，也能显出女子的阴柔之美。

无论男女，站立时要防止身体东倒西歪，重心不稳，不得倚靠墙壁，一副无精打采的样子。双手不可叉在腰间或环抱在胸前，显得盛气凌人，令人难以接受，更忌身体抖动，以免给人无聊、漫不经心的感觉。

2. 坐姿

与站姿一样，端正、优雅的坐姿也能表现出一个人的静态美感。

正确坐姿的基本要领：上体直挺，勿弯腰驼背，也不可前贴桌边，后靠椅背；上体与桌、椅均应保持一拳左右的距离；双膝并拢，不可两腿分开；双脚自然垂地，不可交叉地向前伸，或腿一前一后伸出，并呈内八字状。双手应掌心向下相叠或两手相握，放于身体的一边或膝盖之上，头、额、颈保持站立时的姿态不变。坐着谈话时，上体与两腿应同时转向对方，双目正视说话者。

总的来说，男女的坐姿大体相同，只是在细节上存在着一些差别。如女子就座时，双腿并拢，以斜放一侧为宜，双脚可稍有前后交叉，即若两腿斜向左方，则右脚放在左脚之后；若两腿斜向右方，则左脚放置右脚之后。这样从正面看来双脚交成一点，可拉长腿的长度，也显得颇为优雅。男子就座时，双脚可平踏于地，双膝亦可略微分开，双手可分置左右膝盖之上。另外，男女还可双腿交叉相叠而坐，但搭在上面的腿和脚不可向上跷“二郎腿”。最后，无论男女，就座时无意识地随意抖腿，在任何时候都是登不了大雅之堂的。

3. 步态

如果站姿和坐姿被称作是人体的静态造型的话，那么，步态则是人体的动态造型。步态，即行走的姿势，它产生的是运动之美。走路，我们每个人都会，但如果走出风度、走出优雅、走出美来，则要靠平日的练习与注意。

古人说“行如风”，要求人们走起路来像一阵风一样轻盈，应做到：两眼平视前方；抬头含颌梗脖；上体正直，收腹、挺胸、直腰；身体重心落于脚的中央，不可偏斜。迈步前进时，重心应从脚的中间移到脚的前部；双臂靠近身体随步伐前后自然摆动；手指自然弯曲朝向身体。行走路线尽可能保持平直，步幅适中，两步的间距以自己一只脚的长度为宜。

（二）手势

手势是一种重要的体态语，在社交场合，要大方得体，手势能够为人增添魅力。因此，应充分重视手势的运用，让其发挥应有的作用。

1. 正确地用手势传情达意

在社交中要善于用手来传情达意。例如，双手自然摊开，表明心情轻松.坦诚而无顾忌；紧攥双拳，表明怒不可遏或准备“决战到底”；以手支头，表明对方要么全神贯注，要么十分厌烦；迅速用手捂在嘴前，表示吃惊；用手成“八”字形托住下颚，是沉思的表现；用手挠后脑，抓耳垂，表明有些羞涩或不知所措；手无目的地乱动，说明很紧张，情绪难控；不自觉地摸嘴巴、擦眼睛，表明十有八九没说实话；双手相搓，如果不是天冷，就是在表达一种期待；咬手指或指甲，如果不是幼儿，则表明在心理上很不成熟，涉世不深；双手指尖相对，支着胸前或下巴，是自信的表现；与人说话时，双手插于口袋，则显示没把人放在眼里或表示不信任。

2. 日常交际中的几种手势

日常交际中通常有以下几种手势。

（1）直臂式。这种手势用来引领较远方向。手臂应穿过腰间线，切记不要高于腰间线，身体侧向宾客，眼睛要看着手指方向，同时加上礼貌用语。

（2）横摆式。这种手势用来指引较近的方向。大臂自然垂直，以臂肘为轴，小臂轻缓地向一旁摆出时，微弯曲，与腰间成45°左右，另一只手下垂或背在体后，面带微笑加上礼貌用语。

（3）双臂横摆式。这种手势用于业务繁忙或有较多宾客时。两手从身体两侧经过腹前抬起双手手掌向上，双手重叠，两肘弯曲，向两侧摆出，上身稍前倾，微笑施礼，加上礼貌用语。

（4）斜摆式。斜摆式亦称双手斜式，这种手势一般用来引领宾客坐在座位上。当椅子在引领者左方，左手在前，右手在后，双手手掌向上，以肘为轴向椅子方向摆出，双肘微弯曲，左肘弯曲度小于右肘的弯曲度，上体微微前倾，面带微笑。

3. 禁忌的手势

日常交际中不应使用的手势有以下几种。

(1) 不卫生的手势:当众挖鼻孔或掏耳朵。

(2) 欠稳重的手势:随意将手搭在他人肩部或触摸他人头部。

(3) 失敬于人的手势:用食指、中指等指点他人。

(4) 易误解的手势:"OK"、"V"形等手势在不同的国家、地区具有不同的含义,如使用错误会造成误解。

(三) 握手礼礼仪规范

握手是现代社会交际中一种最普通的礼仪,是世界上最通行的常用礼节。社交场合的握手礼,常常能折射出一个人的礼仪修养。行握手礼时,应距离受礼者约一步左右,上身稍向前倾,两脚以左脚稍迈向前一点,伸出右手,四指并齐,拇指张开与受礼者握手。手要上下略用力摆动,然后与对方的手松开。年轻者对年长者、身份低者向身份高者行握手礼时,则应稍稍欠身表示态度谦恭。

1. 握手的注意事项

握手时应注意以下几点。

(1) 握手要专心致志。和别人握手的时候,一定要认真地看着对方,面带笑容,附带问候语。

(2) 注意握手的停留时间和力度。一般来讲,两个人握手应该停留的时间为3～5秒,上下轻摇两三下,并稍稍用力。

(3) 注意伸手的前后顺序。在介绍双方时,如果先介绍地位低的,地位高的人先伸手;男士和女士握手时,女士先伸手;长辈和晚辈握手时,长辈先伸手;上级和下级握手时,上级先伸手。如果是客人和主人握手,客人到来时,一般主人先伸手,表示欢迎;而客人离开的时候,一般是客人先伸手,请主人留步。

2. 握手禁忌

握手时不可出现的行为有以下几个。

(1) 忌目光游移:握手时精神不集中,四处顾盼,心不在焉。

(2) 忌交叉握手:当两人握手时,跑上去与正握手的人相握,是失礼的。

(3) 忌敷衍了事:握手时漫不经心地应付对方。

(4) 忌该先伸手时不伸手。

(5) 忌出手时慢慢腾腾:对方伸出手后,自己应马上伸手相握。

(6) 忌握手时戴着手套,或与人握手后用毛巾擦手。

(四) 表情神态礼仪规范

表情是"面部表情"一词的简称,指的是人类在神经系统的控制之下,面部肌肉及其他各种器官所进行的运动、变化和调整,以及面部在外观上所呈现出的某种特定的形态。

1. 目光

眼睛是心灵的窗口,目光是面部表情的第一要素。一双眼睛能传递出喜、怒、哀、乐等不同的情感。因此懂礼仪、有教养的人往往注意控制自己的目光,使其在不同对象面前表达出不同的意义。例如,在长辈面前,晚辈目光应略微向下,以示恭敬谦虚;对待晚辈,长辈目光则温和亲切,以示自己的爱心;在朋友面前,自己目光应是热情洋溢,以示友好。在一般情况下,应尽力避免使用鄙夷或不屑的眼神，因为这常会伤害对方的自尊心，是一种无礼的表现。

目光的运用在工作、生活、社交，以至爱情生活中都是很重要的。例如，在谈恋爱中，一般开始不会长时间对视，只是偶尔偷偷地“瞟”一眼，又急速把目光移开，但如果双方长时间停留在这种状态而不敢突破，他们的关系就很难取得进展。如果真心相爱，就应在恰当的时间，大胆地用亲昵的目光注视对方，那么对方也自然会给予回报，随之两人的关系会越来越亲密。

2. 微笑

微笑，是交际活动中最富有吸引力、最有价值的面部表情。无论是在办公室，还是在周游世界的旅途中，如果你不吝惜微笑，往往能左右逢源、称心如意。这是因为，微笑表现出自己友善、谦恭、渴望友谊的美好感情意愿，是向他人发射出的理解、宽容、信任的信号。有人把微笑称为一种有效地“交际世界语”，这是十分恰当的。

微笑的要求有以下几个。

(1) 微笑要真诚，即是发自内心的。虚伪的假笑，牵强的冷笑会令宾客感到别扭和反感。

(2) 微笑要甜美。甜美的微笑由嘴巴、眼神及眉毛等器官来协调完成。

(3) 微笑要有尺度，即热情有度。在交际中突然哈哈大笑，表情过于夸张，会让客人感到不自然，甚至莫名其妙。另外，微笑加上得体的手势，会显得更为自然、大方、得体。

【案例直击】

细节决定成败

一次，一位老师带着三个毕业生同时应聘一家公司的业务员。面试前，老师担心学生面试时紧张，便与人事部主任商量让三位同学一起面试。三位同学进入人事部主任办公室时，主任上前请三位同学入座。当主任回到办公桌前，抬头一看，欲言又止，只见两位同学坐在沙发上，一个架起二郎腿，而且两腿不停地抖动；另一个则身子松懈地斜靠在沙发一角，两手攥握手指咯咯作响。只有一个同学端坐在椅子上等候面试，人事部主任起身非常客气地对两位坐在沙发上的同学说：“对不起，你们二位的面试已经结束了，请退出。”两位同学四目相对，不知何故。

对于一个陌生人来说，你给他的第一印象就是你的仪容、仪表，在你没有开口说话的时候，你的行为举止就可以把你的品格修养完全暴露出来。

对于面试者，最重要的一点就是要有较好的仪容、仪表形象，站有站相，坐有坐相，给人一种稳重、懂礼貌的好印象。面对两位没有坐相的应聘者，面试官很容易洞察到这两人的修养和素质。一个连最基本的素质都不具备的人，怎么会得到应聘的岗位？

良好的仪容、仪表形象直接反映出一个人的素质和修养，对一个人的发展起着重要的作用。

第三节　交往礼仪

【资料链接】

古代生活礼仪

1. 诞生礼。从妇女未孕时的求子到婴儿周岁，一切礼仪都围绕着长命的主题。高禖之祭,即是乞子礼仪。此时,设坛于南郊,后妃九嫔都参加。汉魏时皆有高禖之祭,唐宋时制定了高禖之祀的礼仪,金代高禖祭青帝,在皇城东永安门北建木制方台,台下设高禖神位。清代无高禖之祭,却有与之意义相同的“换索”仪式。诞生礼自古就有重男轻女的倾向。诞生礼还包括“三朝”、“满月”、“百日”、“周岁”等。“三朝”是婴儿降生三日时接受各方面的贺礼。“满月”在婴儿满一个月时剃胎发。“百日”时行认舅礼,命名礼。“周岁”时行抓周礼,以预测小儿一生命运、事业吉凶。

2. 成年礼,也叫冠礼,是跨入成年人行列的男子加冠礼仪。冠礼从氏族社会盛行的男女青年发育成熟时参加的成丁礼演变而来。汉代沿袭周代冠礼制度。魏晋时,加冠开始用音乐伴奏。唐宋元明都实行冠礼,清代废止。中国少数民族不少地区至今还保留着古老的成年礼,如拔牙、染牙、穿裙、穿裤、盘发髻等。

3. 燕飨饮食礼仪。飨在太庙举行,烹太牢以饮宾客,重点在礼仪往来而不在饮食。燕即宴,燕礼在寝宫举行,主宾可以开怀畅饮,燕礼对中国饮食文化形成有深远的影响。节日设宴在中国民间食俗上形成节日饮食礼仪。正月十五吃元宵,清明节吃冷饭寒食,五月端阳的粽子和雄黄酒,中秋月饼,腊八粥,辞岁饺子等都是节日礼仪的饮食。在特定的节日吃特定的食物,这也是一种饮食礼仪。宴席上的座次,上菜的顺序,劝酒、敬酒的礼节,也都有社会往来习俗中男女、尊卑、长幼关系和祈福、避讳上的要求。

4. 宾礼。主要是对客人的接待之礼。与客人往来的馈赠礼仪有等级差别:士相见,宾见主人要以雉为贽;下大夫相见,以雁为贽;上大夫相见,以羔为贽。

5. 五祀。五祀指祭门、户、井、灶、中(中室)。周代是春祀户,夏祀灶,六月祀中霤,秋祀门,冬祭井。汉魏时按季节行五祀,孟冬三月“腊五祀”,总祭一次。唐、宋、元时采用“天子七祀”之说,祀司命(宫中小神)、中、国门、国行、泰厉(野鬼)、户、灶。明清两代仍祭五祀,清康熙之后,罢去门、户、中、井的专祀,只在农历十二月二十三祭灶,与民间传说的灶王爷腊月二十四朝天言事的故事相合,国家祀典采用了民间形式。

6. 傩仪。傩仪滥觞于史前,盛行于商周。周代的傩仪是四季驱邪逐疫。周人认为自然的运转与人事的吉凶息息相通。四季转换,寒暑变异,瘟疫流行,鬼魂乘势作祟,所以必须适时行傩以逐邪恶。傩仪中的主神是方相氏。两汉,傩仪中出现了与方相氏相配的十二兽。魏晋南北朝、隋唐沿袭汉制,傩仪中加入了娱乐成分,方相氏和十二神兽角色,由乐人扮演,至今遗存的贵州土家族傩堂仪最为完整、典型。

——摘自:weinaidan. 2008. 中国古代礼仪简介. http://bbs. eblcu. cn/redirect. php? fid=170&tid=337129&goto=nextnewset[2008-08-12]

【理论认知】

一、馈赠礼仪

馈赠,也称赠送,是指人们为了向其他人表达友情、敬重和感激等个人意愿,而将某种物品不求报偿,毫无代价地送给对方。馈赠是人际交往中经常遇到的情况,其目的在于沟通感情和保持联系,它不仅仅是一种形式,更重要的是希望对方满意、愉悦,所以馈赠者的人品和诚意就显得尤为重要了。

(一) 礼品的选择

让礼品既能表达自己对对方的心意,又为对方所用,“送礼得当”是关键。如果不讲章法，敷衍了事，采取随意的态度，想使馈赠取得成功是不可能的。相互赠送的礼品，既是一种纪念品，又是一种宣传品。因此，选择礼品要依据对象、关系、场合、目的，有所为有所不为。

最好的礼品是能让对方感到意外惊喜的礼物，是能表示出幽默感的礼物，是可以流露出考究和思想且超出预期的礼物。

1. 注重真情

人们在选择礼品或是接受礼品时，都将其看做是友情和敬意的物化，通过赠送礼品表达对对方的情意和尊重。

送礼不是为了满足某个人的欲望，也不是为了显示富有，而是为了表达祝贺、感谢、慰问、友好的情感。礼品如能融入和体现送礼人的情感，就是最好的礼品。常言道“礼轻情义重”，真正好的礼品不是用价格能够衡量的，人们送礼的心意要重于礼品本身的价值。所以在选择礼品时，要着眼于礼品所代表的情感和心意。

2. 因人而异

所谓“宝剑赠侠士，红粉送佳人”，就是说送礼一定要看对象。无论是国际交流还是国内交往，是正式活动还是社交应酬，在选择礼品时，务必根据不同的对象选择不同的礼品，满足不同的需要。

(1) 根据双方不同的关系。决定赠送礼品前，要充分考虑自己与受赠者之间的关系，不同的关系要选择不同的礼品。要区分是公务交往还是私人应酬，是新朋友还是老朋友，是同性还是异性，是中国人还是外国人，是商务往来还是文化交流等。如果一位男士送一束红玫瑰给自己的夫人或者女朋友，浓浓的爱意可以表达得淋漓尽致；如果送给一位普通关系的异性朋友，则会引起误会。

(2) 根据对方的兴趣爱好，投其所好。选择礼品，要站在受赠者的立场，为受赠者考虑。如果礼品得到受赠者的喜欢，作用就会倍增；否则会成为包袱，要之无用，弃之可惜。例如，送一个电子记事本给刚参加工作的青年人，会让对方高兴不已；若将其送给已退休在家的老年人，则派不上什么用场。

(3) 根据不同的目的。目的不同，用途不同，选择的礼品也大不相同。例如，带一些滋补品去看望生病住院的病人，可以表示慰问和关心。而如果带滋补品去祝贺生日就太不合时宜了。所以，必须考虑选择的礼品是用来迎接客人还是告别远行，是慰问探望还是表示祝贺等。

3. 尊重禁忌

礼品选择不当是馈赠礼品的最大禁忌。送礼不当还不如不送。

(1) 尊重由于风俗习惯、民族差异和宗教信仰等形成的禁忌。选择礼物前应充分了解对方，要自觉地、有意识地避开对方的礼品禁忌，注意礼品的品种、色彩、图案、形状、数量和包装等问题。过时送礼、事后补礼都应避免。给年长者送钟，由于“钟”与“终”谐音，给年长者送乌龟，乌龟虽长寿，却有“王八”的俗名，因此都不宜作为礼品相送。例如，在西方参加舞会，绝不能送一束菊花给女主人，因为在西方的文化背景下，菊花和座钟有同样的寓意，都会令人想到死亡。

在我国港台风俗中，丧事后以毛巾送吊丧者，非丧事一律不能送毛巾；剪刀是利器，含有一刀两断之意，送人会使对方有威胁之感；甜果是祭祖拜神专用之物，送人会有不祥之感；港台话中“雨伞”音同“离散”，若送雨伞会引起对方误解；扇子是夏季用品，台湾俗语“送扇子无相见”，容易被误解；台湾的居丧之家习惯不买甜食、不包粽子，如果以粽子相送，会被对方误解，十分忌讳。

日本人忌“9”、“4”,因为“9”与“苦”音同,“4”与“死”音同;西方人喜欢单数,却忌“13”;对英国人不能送百合花,因为百合花有“死亡”之意;对荷兰人不能送食品;波兰人除爱人、情人外,不能给其他异性送红玫瑰;不能送日本人菊花,菊花是日本皇室专用;不能送美国女性香水、化妆品、衣物、首饰,那会被认为你看不起对方。

(2) 尊重个人禁忌。每个人由于经历、兴趣和习惯不同,可能会形成个人的禁忌。因此在选择礼物时,也要了解受赠人的个人忌讳。例如,送一对情侣表给一直单身的人,可能会勾起对方内心的伤感。

(3) 遵守国家的有关规定。许多国家对公务员接受礼品作了明确的规定,很多工商企业也有同样规定,接受礼品价值过高有收受贿赂之嫌。因此,不能选择过于昂贵或是违法、违规之物作为礼品。此外,其他不利于健康之物、粗制滥造之物或过季商品、药品、有广告宣传意味之物,以及容易引起误会的物品,均不应作为礼品来选择。

(4) 社会交往一般不用金钱作为馈赠礼物。

4. 选择礼品

选择礼品应考虑以下几个事项。

(1) 实用性。赠送他人的礼物,要符合对方的某种实际需要,或有助于对方的工作、学习与生活,或可满足对方的兴趣、爱好。只有这样,才能受到对方的欢迎和喜爱,从而达到送礼的目的和效果。

(2) 纪念性。选择的礼品,要突出纪念意义,如具有历史意义的纪念品、具有特色的城市纪念物或者具有民族特色的纪念物等。这样的礼物,可以使人见物如见人,产生美好的回忆,具有不可替代的价值。

(3) 独特性。好的礼物最忌讳“千篇一律”,大同小异,没有特色。礼品应独具匠心,具有新、奇、特等特点。如果选择的礼品别具一格,让人耳目一新,会让对方更深刻地体会到送礼者的一番情意。

(4) 时尚性。在选择礼品时,还要十分关注时尚,不要落后于时代。如果用过时的、落后的礼物赠送他人,不但说明自己的观念落后,更让受赠者产生被轻视和应付的感觉。

(5) 便携性。选择礼物,除实用性、纪念性、独特性、时尚性外,更要考虑便携性。赠送礼品,本是给他人送去快乐,如果礼品又大又重,不便搬运携带,就不是给他人送礼物,而是找麻烦。

(二) 礼品的赠送

选择一件满意的礼品,仅仅是馈赠活动的开始。如何把礼品合乎礼仪地赠送给对方,是整个馈赠行为取得成功的不可缺少的重要环节。

从礼仪角度讲,赠送礼品需要强调四个方面,即赠送礼品的时间、赠送礼品的地点、赠送礼品的具体方式,以及礼品的包装,四方面需要兼顾。

(1) 赠送时间。无论是国内还是国外,也不论是公务交往还是私人馈赠,赠送礼品如果选准了时机,会让双方皆大欢喜。国内馈赠礼品,一般要选择节假日、良辰喜庆之时,向对方表示祝贺、感谢和慰问之情。在涉外交往中,则应根据国际惯例和其风俗习惯,具体情况作具体安排。

赠送礼品,时间上应兼顾两点:具体时机和具体时间。一般而言,赠送礼品的最佳时机是节假日、节庆日、对方重要的纪念日等。关于具体时间,当人们作为客人拜访他人时,最好在双方见面之初向对方送上礼品,作为主方接待来访者时,则应该在客人离去前举行告别宴会时,把礼品赠送给对方。

(2) 赠送地点。考虑赠送礼品的具体地点时，要注意公私有别，公务交往中所赠送的礼品应在公务场合赠送，如办公室、会议厅等；工作之外的私人交往中赠送的礼品，则应在私人居所赠送，不适宜在公共场合赠送。

(3) 赠送方式。礼物最好当面赠送，这样做可以更好地畅谈友情，介绍礼品，加深感情。有时由于身处异地，或因种种原因本人不宜当面赠送，则也可委托他人赠送或者邮寄送达。在这种情况下，应附上一份礼笺，署上姓名，并说明赠送的缘由。

当面赠送，送礼人要神态自然、举止大方、双手将礼物送给对方，而不能是偷偷摸摸、手足无措，将礼物悄悄地放在一边，也不告诉对方。

赠送礼品时，要简短、热情、得体地加以说明，表明送礼的原因和态度，说明礼品的意义、具体用途及与众不同之处。

赠送礼品时，应由在场身份、地位最高者出面赠送，显示对受赠者的重视。

(4) 礼品的包装。很多中国人赠送礼物，只注重礼品的价值而不重视包装，常常是很高档的礼品用报纸一包了事，这是不符合礼仪要求的。包装是礼品的外衣，精美的包装不仅使礼品的外观更具有艺术性和高雅的情调，而且可以显现出赠礼人的情趣、心意和艺术品位。不重视包装，会导致礼品的价值“贬值”，甚至使受赠人有被轻视的感觉。在国际交往中，尤其要注意礼品的包装。

包装可以自己设计，也可以请礼品店代为包装。包装材料的色彩要选择受礼者喜欢的颜色。包装完毕后，再贴上写有祝福和签名的绸缎或者彩色卡片，以表达自己的情感和诚意。

(三) 礼品的接受

1. 受赠

接受礼品应尽量做到以下几点。

(1) 态度大方。当受赠者接受礼物时，应立刻中止自己正在做的事情，起身站立，双手接受礼品，并表示感谢。接受礼物时态度要从容大方、恭敬有礼，切不可忸怩失态，盯住礼物不放，过早伸手去接，或者推辞再三才接受礼品。

(2) 拆启包装。接受礼品后，如条件允许，受赠者可以当面拆开包装欣赏礼品。这种做法是符合国际惯例的，表示看重对方，更看重对方赠送的礼物。礼物拆启时，要注意动作文雅、文明有序、不要乱撕乱扯，随手乱扔包装用品。

(3) 欣赏礼品。礼物拆启后，受赠者可以采取适当动作对礼品表示欣赏之意，并加以称道，然后将礼物放在适当的位置，向赠送者再次道谢，切不可表示不敬之意或对礼物说三道四，吹毛求疵。

2. 拒绝

接受礼物，一定要把握好原则和分寸。拒收对方的礼品，要讲究方式方法，依礼而行，要给对方留有后路，不要使对方产生误会和令对方难堪。

(1) 拒收礼物，一般应当场进行，最好不要接受后再退还。的确因某些原因不便当场退还的，也可以采取收下后再退还的方式，但一定要及时，最好在 24 小时内将礼品退还本人。

(2) 说明拒绝的原因。可以说单位规定不允许或是身份不允许等，不问青红皂白一概拒绝是没有道理的，这样很容易引起别人误会。

(3) 表达谢意。虽然是拒绝了对方的礼品，也要感谢对方的好意。

(4) 需要拒绝别人的礼品时，态度要友善，不能给对方以质疑、谴责。

(5) 拒收或退还礼物时，一定要保证礼物的完整。不要拆启包装后再拒收或退还，更不要试用过后再退还。

3. 礼尚往来

“来而不往，非礼也”，在人际交往中要讲究礼尚往来。虽然赠送者送礼品时，没有期望回报，但受赠者收到他人礼品时适时回报或有所表示，才是合乎礼仪的做法。

(1) 受赠者要把握好还礼的时间。还礼时间过早，会给人以“等价交换”的感觉，但如果拖得时间过久，又显得没有诚意。因此，还礼要把握好时机，或对方有喜庆活动之时，或登门拜访、回访对方之时等。

(2) 受赠者要把握好还礼的形式。还礼的形式是很有讲究的，还礼不当，不如不还。在所还礼品的选择上，可以选用对方赠送的同类物品，也可以选择与对方所赠物品价值大致相同的物品。只要是能够促进双方友好交往作用的方式都是可以的。

二、通信礼仪

(一) 手机

携带手机时一般可以放在随身携带的公文包内，或者在不影响衣服的整体外观下，放在上衣口袋之内，但不要在不使用时将手机握在手里或是挂在上衣口袋外边。在特殊情况下，例如，在交谈时，可将其暂放在手边、身旁等不起眼的地方；参加会议发言时，可将其交由会务人员代管。

使用手机时应注意以下几点。

(1) 由于手机随时随地都可能响铃，因此，在听报告、讲座、音乐会时，一定要把铃声调成振动。

(2) 在餐厅、候机厅、酒吧等公共场合使用手机时，说话声音要小。比较合适的做法是，走到门外去接听电话，而且音量适中。

(3) 不在飞机上使用手机，以免干扰航行通信，影响到飞行安全。

(4) 如果借用别人的手机，不要打个没完没了。

(5) 不允许在上班期间，尤其是办公室、车间，因为私事使用自己的手机。

(6) 在开会、会见等聚会场合，不能当众使用手机，以免给别人留下不专心的印象。

(7) 在驾驶汽车的时候，不要接打手机或是查看手机短信息。

(8) 不要在加油站、面粉厂、油库、医院等地方使用手机，以免引发爆炸或是干扰仪器的正常使用。

(9) 涉及商业秘密、国家安全的事项，最好不要用手机进行沟通，以免出现信息外漏，引发不良事端。

(二) 网络

所谓网络礼仪，就是表示相互尊重、友好的网上行为和规范。网络礼仪对于开展网上交流起着十分重要的作用。由于网络传播具有交互性、针对性、个性化、直复性等特点，自由空间极大，因此，网络交流自律性也就成为网络礼仪的精髓。

1. 网络礼仪内容

网络礼仪一般包括以下内容。

(1) 注意网上礼貌用语，文字要准确、简洁，保障网络信息传输畅通。与人交流时，应确保用语文明、规范、准确、礼貌。在网上发表个人意见时应简明扼要，不可长篇大论，自以为是，不得使用攻击性、侮辱性语言。此外，还要注意上网交流的内容质量，尽量不要制造文字垃圾，以提高上网效率。

(2) 珍惜时间，要及时接收与回复。要养成每天查看电子邮箱的习惯，以免遗漏或耽误重要的事情。要及时回复邮件，避免发信人担心邮件是否抵达。如果是非常难办的事情，也要及时回复，告知下次能够答复的时间与程度，以此确保及时地交流信息，表达对交往人的尊重和友善的态度，加强彼此之间的联系。

(3) 助人为乐，尽可能帮助每一位需要帮助的人。如同在生活中的道理一样，助人为乐是做人的美德，网络交往也需要人们之间的相互帮助。由于网络的特殊性，当网友们有了困难急需援助时，尽可能伸出援助之手，不仅可以帮助网友解决一些具体技术问题，而且友爱也能创造人间的奇迹。

(4) 尽量使用表情网语。网络交往，不是面对面交流，若在行文中加入一些表情符号，不仅能表达当时的心情，更能增加交往魅力，提高交际层次。

2. 网络交往注意事项

网络交往应注意的事项包括以下内容。

(1) 保密原则。不要在网上散发任何需要或值得保密的信息，否则会引起不必要的麻烦。要注意不要把私人信息公开发表，如果收到他人的私人信件或照片，应自己保存，把照片送人或是公开都是非常不明智的行为。

(2) 小写原则。在书写英文时，不要全部使用大写字母。因为大写字母容易造成阅读困难，另外，大字母寓意大声喊叫，会造成别人的误会，甚至紧张。

(3) 勿扰他人原则。如果必须发送信件到不熟悉的人的信箱，请标明道歉的话语，以避免引起他人的厌恶。同时请注意，不要第二次发送同类信件，以免引起他人的不满，使自身形象受损。

(4) 尊重他人时间的原则。不要发表过于长篇的言论；不要重复某一句话；向他人询问问题时，要态度诚恳，每次尽量只询问一个问题，问题尽量具体不要笼统含混，令人摸不着头脑；不要在对方没有回复时，再次发送询问信件；每天检查新邮件，并尽快回复；每一封信都要注明一个主题。

(5) 尊重他人人格原则。不要发表污秽的言论；复制及引用有版权的文字及图片时，要与版权人联系，取得同意后方可引用；不要随意修改网络上不属于自己的资讯；要小心使用讽刺语，即使是在幽默中坦诚相见，也可能使人认为你非常不友好，而放弃与你的交往；在发表言论时，注意不要使用过火的词句，以免引起他人的不满。

(6) 遵守在网络上愉快生活的原则。在上网交流时，要彼此尊重，容许不同意见，宽以待人，保持平静，与人分享，帮助他人，保持幽默。

三、空间礼仪

任何职业活动都是在一定的时间和空间里进行的，在这种时空环境中，空间语的使用是非常重要的非语言交流方式，它在一定程度上影响着交往的成败。所以，掌握空间语的礼仪要求，处理好不同情境下的空间距离，是职场从业人员一项重要的礼仪修养。

（一）空间语的正确把握

既然空间在人际关系中表达着特定的语言内涵，那么空间处理的礼仪要求，实际上也是对空间语的正确把握和使用。

(1) 在人际交往中不可侵犯他人的空间。任何人在社会生活中都对空间存在着依赖性，都对个人的空间享有权利。侵犯他人的空间，实际上也就是侵犯他人的人格和尊严，这既不符合人际交往的礼仪要求，也会导致人际关系的恶化。

(2) 应根据人际交往的性质、目的的不同，选择和安排空间。人际交往的性质主要是指交往是在什么人之间进行，是亲属，是恋人，是商业伙伴，还是一般的陌生人？

人际交往的目的是指交往所实现的目标，是双方消除前嫌，是彼此达成共识，是实现谈判中的妥协，还是为了达到双方共同的目的？

人际交往的性质和目的可以作多方面列举，但是可以肯定的是，在一定的交际场景中，人际关系的性质和目的都是确定的，那么在空间安排上就应该服从这些性质和目的。

(3) 要注意观察交往对象的态度。当与陌生人初次打交道，且对他的空间距离需求不了解时，在交往或交谈过程中就要善于观察，观察对方的态度是冷还是热，他的情绪如何。如果他的态度傲慢，切记要与他保持远距离接触。在交谈中，他态度如有好转，可移动脚步以试探，假如对方不反感，原地未动，可能情况会变好。倘若谈几句话，对方保持拒人千里之外的态度，此次交往应告结束。一般来讲，这种情况是对方根本不想交往而摆出的不礼貌姿势，或对方是那种不容易交往的人，所以要先察言观色。

还有一种人，无论什么场合，不管别人的态度如何，他都很热乎，对这种过分亲热的人也要多观察，然后再决定对他的交往距离接受与否。一般来讲，此种人不懂得礼貌，很容易侵犯他人的空间范围，给人感觉轻浮不可信，不讨人喜欢。也许他的目的在于尽快缩短交往距离，却手段不当。如果他能灵活多变，调整交往方式，会很快掌握他人的空间距离，从而打破交往僵局。

总之，要善于观察，学会在实践中摸索、总结出既适合对方，又能适合场景、适合自己的交往空间的标准。只有这样，才能应酬于各种社交场合，在人际交往中达到沟通与礼仪的最高统一。

(二) 界域距离的规范

在社会交往中，如果与他人靠得太近，未免有“相处过密”之嫌，而情侣之间如果离得太远，就给人闹别扭之感。社交活动中，人与人之间保持距离的远近具有特定的含义。美国西北大学教授爱德华·赫尔提出了空间距离理论，将人们间的空间距离分为四类。例如，距离 75 厘米左右是“个人界域”，意为“亲切、友好、融洽”，适合于朋友、同志、同事谈心；距离在 45 厘米以内是“亲密界域”，意为“亲密无间、爱抚”，适合于恋人、夫妻、母女等最亲近者的交流。

(1) 亲密界域。亲密界域一般在 15 厘米以内，语义为“热烈、亲密”，只适宜至爱亲朋之间或外交场合的迎宾拥抱、接吻等。一般社交场合，保持此种距离，非但不受欢迎，甚至会因侵犯了他人空间而遭谴责和抗议。

(2) 个人界域。它的间隔在 15～75 厘米，语义为“亲切、友好”，这个距离为偶然相遇的人提供了隐蔽处，也是一般熟人交往的空间，在社交领域往往适用于简要会晤、促膝谈心或握手等。

(3) 社交界域。其距离间隔在 75～210 厘米，语义为“严肃、庄重”，在社交领域中，主要适宜与用户谈生意、接见来访者、企业之间的谈判等。社交界域体现了一种较为正式的非私人交往关系，双方很少有情感渗透。

(4) 大众界域。大众界域距离在210厘米以外,这是人们在较大的公共场合内所应保持的距离间隔,如作报告、发表学术性演讲等。因其空间大,所以在这个界域里并无特殊的心理联系及特定的语义。在这个界域里,人们可以"视而不见",不发生任何交往。

由于文化、习俗的影响,同一界域应保持的距离也不尽相同,甚至相距悬殊。但是,界域及其相应的距离是客观要求的。因此,在交往接触之前,必须了解双方的界域习惯,恰当地加以运用,从而使交往者处于一种和谐、协调的心理氛围。当别人"侵犯"了自己的界域时,应慎重处之,以礼相待;当我们因不慎(应尽量避免)而侵犯了别人的空间范围时,应立即表示歉意,说声"对不起"、"请原谅",这样有助于缓解或消除紧张和不快情绪。

(三) 影响空间距离的因素

影响空间距离的因素主要有以下六个。

(1) 民族差异。相比较而言,在相同的关系中,日本人要求的空间距离不要太大,而中国人则希望不要太小。同样是在欧洲,丹麦、挪威等国,人们要求人际交往的距离稍大一些,其他很多欧洲国家的人们要求人际交往的距离稍小一些。同是美洲,北美洲的人要求人际接触的距离应该大一些,南美洲的人认为这种距离应该近一些。

(2) 性别差异。男性之间相距的空间距离比女性之间相距的空间距离要大一点。当女性与陌生男性相遇时,要求空间距离必须大一些。女性讨厌陌生人,特别是陌生男人坐在自己的旁边,并把他们视为有意识的"侵犯者"。男性则比较反感陌生人,特别是同性的陌生人坐在自己对面,并把他们视为潜在的竞争者。

(3) 地位差异。社会地位较高的人总是有意识地与普通百姓保持较大的社交距离,以保证获得足够的权威感,也让对方感受到不可轻易接近和神秘感,不要"冒犯"他的威严和神秘。相反,如果我们与下属、雇员等打交道时,我们应该主动距离他们近一些,这样会让他们体会到尊重的感觉,他们也会加倍尊重我们。

(4) 年龄差异。年纪相差很大的人相处,双方都会有缩小空间距离的愿望和要求。当我们与老师、领导、长辈相处时,特别是希望得到他们的指导与帮助时,如果我们站在他们旁边,会显示我们的诚恳与迫切。当我们与同龄人之间洽谈生意、交流信息,我们应距离他们远些,否则,会引起他们的不快。

(5) 性格与情绪差异。性格外向、开朗的人容易突破空间界限,对对方的主动"侵入"也不会太反感,甚至在谈话时,你离他们越近,他们越会对你产生好感。性格内向、孤僻的人则总是严守交往的界限,不会主动缩小空间。人的情绪对交往空间距离影响最大,也是最容易发生变化的因素。人的情绪处在极度兴奋或极度压抑等状态时,则可能突破自己的性格因素,采取一种不合常规的空间界限与人交往。

(6) 环境差异。人所处环境空间的大小,也会成为影响空间距离的因素。

【案例直击】

案例一:来电吵醒邻床病友

刘先生到医院探访病人,公司的同事来电话,铃声让另一个正闭目养神的病人睁开了眼。刘先生接起电话,非常大声地谈起了工作。尽管电话时间不长,但那位被吵醒了的病人一直脸色不悦。

医院本来就是一个安静的地方，病人需要在安静的环境中静养，所以容不得半点喧闹。对于探访人员来说，注重应有的礼仪非常必要。探访人员在探访期间要轻声细语，注意其他病友的休息。如果有电话打入，要到室外接听，同时压低音量，以免影响其他病人的休息。打电话时，声音过大是对周围人和对方的不尊重，同时，也体现了自己修养的低下。

案例二：车门，不是这样关的

某男士在韩国打工的时候，交了一些韩国朋友，加班后一起喝酒，喝醉了，韩国朋友有时会开车把他送回家。下车时，这名男士照例道谢，把车门仔细关上，免得工友挪动身体，重新关门。

可是逐渐的，这些并不势力的韩国朋友不主动送他回家了，见了面还说话，但不像以前那么近乎。这位男士是个友善的人，在国内人缘非常好。这个突如其来的变化，实在让他百思不得其解。

后来，有个韩国朋友怯怯地问他："你为什么总是那么用力地关车门，是不是对我们有意见?"他这才明白，人的习惯在不同的地区意义就不同了。以前在国内坐车的时候，关门不使劲，车门就不容易关上，那就是对司机的不礼貌。

到了韩国，他才慢慢知道，车门要慢慢关，因为韩国人认为，用力关车门是透着不服气的心理。

这个误会，后来慢慢说开了，毕竟和素质无关。但他明白了一个道理：礼仪和素质会影响生活习惯。

同样的礼仪行为在不同的国家、不同的地区，意义可能完全不同。虽然，有时候并不是故意为之，但是到了别的国家和地区，就要熟悉当地的习俗并且融入其中，这样才会显示出自己的良好修养。

第四节　职 业 礼 仪

【资料链接】

绅 士 文 化

在维多利亚女王时期，英国的绅士文化就已经发展成熟，它的核心包括自由的思想、公平合理的竞争原则、勇敢的骑士气概、务实的精神、高雅的艺术修养和得体的举止。所以，在1912年4月15日凌晨，泰坦尼克号香消玉殒之时，很多英国人都唱着赞美诗，决定以绅士气质去面对死亡。富翁古根海姆穿上夜礼服，"即使死去，也要死得像个绅士"。在第二次世界大战中，德军空袭伦敦时炸掉了公共图书馆的屋顶，而书迷们照样衣着整齐地在瓦砾堆中翻阅书籍。如果没有这样的胆色和勇气，"绅士"派头便不足以享誉世界文明史。

但是这些古老而典雅的绅士做派逐渐没落也是不争的事实。牛仔裤开始入侵办公室，成衣西装开始大量贩卖，年轻人的奇装异服和颓废萎靡简直是绅士的毒药，我们如何能想象一个剃着鸡冠头、画着烟熏妆、身穿缀满铆钉的黑色皮衣的朋克青年看几本书，背诵几项礼仪，搞一身正式的行头，便成为一个彬彬有礼且深谙一切高雅艺术和运动的精髓的绅士呢?

2005年10月18号，路透社报道了苏格兰阿伯丁郡的利克利黑德古堡中的绅士专修班。那些"准绅士"们得学习钓鱼、打猎、跳苏格兰舞，甚至得头顶一本书，来回练习得体的行走。在英国的各大报刊也都可以看到编辑们颇有些忧心忡忡地开辟了各类大小专栏，告诉男人们如何穿正确的衣服，打正确的领带出席晚宴，如何开香槟、喝威士忌，当然也不忘讽刺当下种种伪绅士的虚弱嘴脸。

而我们所乐见的现代绅士正从历史的故纸堆中出走，带着优雅的魅力，呈现给我们以新时代的崭新面貌。如果说英国绅士文化是来源于贵族精神和中间阶层的价值观，那么现代绅士文化则是古典绅士与现代文化的结合体。现代绅士们大概不会像约翰·莫根那样去处理一只香蕉，把香蕉"横放在盘子上，用刀叉先将它的两头切去，然后再横向剖开香蕉皮，其后才将香蕉切成小块，优雅地送入口中"，如此大费周章，未免太过陈腐而显得娘娘腔，也不会为了享用方便之后洗手，有人递上一条洁白的亚麻布擦手巾的服务而拒绝办公楼里并不算糟糕的洗手间。价值取向的大转移注定了"最后一个绅士"的悲哀结局，却也让我们拥有了如今更从容、更写意、更注重精神内核与个性的现代绅士文化。

——摘自：OhCelestial. 2009. 英国绅士文化从何而来. http://zhidao.baidu.com/question/100866528.html[2009-06-10]

【理论认知】

一、职业礼仪的含义及功能

（一）职业礼仪的含义

职业礼仪是职业场合该遵循的礼仪规范，在交际中不断培养良好的礼仪规范，不仅能够提升个人形象价值，而且对个人的发展、事业的成功也有巨大的帮助。

职业礼仪是职业生涯中必须要遵循的礼仪规范。荀子曰："人无礼则不生，事无则不成，国无礼则不宁。"职业礼仪涉及穿着、住行、交往、沟通等多个方面，不仅是自我尊重和尊重他人的表现，更是衡量个人素质和企业形象的重要标准，可以说职业礼仪是一个人职业内在素质最为直观、形象的外在表现。

（二）职业礼仪的功能

职业礼仪具有以下几种功能。

（1）规范各种行为举止。社会角色不同，所要遵循的礼仪要求也就不同。上级与下级之间、亲朋好友之间、同事之间的交往活动都是有所差别的，并有约定俗成的礼仪规范。在职业场合，各种交往和沟通频繁，所要遵循的各种规范也很多。职业礼仪的最基本功能，就是规范各种职业场合的行为，使用一定的职业礼仪约束自己的行为。

（2）树立个人形象。现在单位之间的业务往来不断增加，交往的涉及面也越来越广，与人打交道的也会越来越多，因此职业礼仪的重要性也就越加凸显出来：一个人讲究礼仪，可树立良好的个人形象；一个单位的成员讲究礼仪，就会赢得公众的赞誉。

（3）协调人际关系。研究表明，并不是只有高智商的人才可以在工作中获得成功。还有另一种智，我们称之为情绪智力（即通常所说的情商），也对一个人的事业成功产生着重大影响。每个人都希望与别人愉快融洽地相处，一个成功的职业人，不仅要具备精湛的业务技能，而且要具备良好的沟通、协调能力，才能面对挑战、从容不迫。职业礼仪的功能，就是让你在社会交往中，运用艺术的手段促进人际间的交往，建立和谐的人际关系，并在这个和谐的人际环境下充分发挥自己的潜能，展示自身的才华。

(4) 促进事业成功。礼仪是现代人的处世根本，礼仪也是职业者的成功资本。经济高速发展和社会生活水平的不断提高，并没有带来道德水平的迅速提高，职业礼仪的培养，也成了推行素质教育的重要课题。在职业场合时时刻刻注重礼仪修养，既是个人和单位良好素质的体现，也是保持强大竞争力的需要。可以说，提高员工素质就等于改善企业形象和提高企业效益。全面系统地了解和正确运用职业礼仪有助于提升一个人的综合素质，更有助于适应社会，并最终走向成功。

二、职业礼仪的原则

尽管世界各国各地职业礼仪不同，但其基本原则是一致的。所谓职业礼仪原则就是人们在社会交往中处理人际关系的基本准则。熟悉职业礼仪的基本原则，有助于人们在具体职业礼仪活动中做到自觉、自然、主动、得体。

1. "尊重、真诚"原则

"尊重、真诚"原则是礼仪的首要原则。尊重是现代礼仪的实质。礼仪从内容到形式都是尊重他人的具体体现。尊重他人，才能赢得别人的尊重，所谓"敬人者恒敬之，爱人者恒爱之"，相互尊重，人与人之间的关系才会融洽和谐。尊重包括尊重他人的人格、自尊心和思想表达愿望。

尊重与诚信密切相关，诚信即真诚、守信。不诚实，缺乏信用就不会对他人尊重，可见，尊重的原则是待人真心实意的友善表现。真诚与尊重是相辅相成的，是为人处世的一种实事求是的科学态度，即对人不欺骗、不虚伪、不侮辱。

2. "平等、适度"原则

"平等、适度"原则是现代礼仪的基础。平等的原则是指以礼相待，有来有往，既不盛气凌人、自以为是，也不卑躬屈膝、厚此薄彼和以貌取人，更不以势压人，而是平等谦虚待人。心理学家经过研究证明，人都有友爱和受人尊敬的心理需求，人们渴望平等地同他人沟通，平等是人与人交往时建立情感的基础，是保持良好人际关系的诀窍。

适度原则要求应用礼仪时，必须注意技巧，合乎规范，掌握好社交中各种情况下的不同交往准则和彼此间的感情尺度，凡事适可而止，过犹不及。适度原则在日常交往中包括：感情适度，不宜过于热烈，也不应过于内敛；谈吐适度，应根据谈话对象不同，选择不同的节奏、音量及谈话内容与方式；举止适度，肢体语言要得当，表情与交际场合气氛相适应，动作应配合讲话内容，只有这样才能真正赢得对方的认同，达到沟通目的。

3. "自信、自律"原则

自信是一个人心理健康的标志，更是社交场合中一份可贵的心理素质。一个人具有自信，才能在与人交往时落落大方、不卑不亢；才能在顺境内不失态，于逆境中不气馁；遇强者不自惭，遇弱者不自傲。社交场合中唯有对自己充满信心，才会如鱼得水，得心应手；才会变被动为主动，使自身充满热情活力。自信是一个人内涵修养的一种体现，来源于人的文化修养和道德信念等内在素质。人必须在心中树立起一种高尚的信念或力量，并且能够用这种内在力量约束自己的行为，严于律己，才能摆正自信的天平，在社交礼仪中自然体现出一种吸引人的人格魅力。

讲求礼仪，一方面，自己要树立自尊自信的意识；另一方面，对他人要讲信誉、宽容。孔子曾说，"民无信不立，与朋友交，言而有信。"强调的便是守信用的原则。讲求信誉是中华民族的传统美德，具体到社交礼仪，体现在守时守约方面，即所谓“言必信，行必果”，说到做到。相信自己和对别人守信，是一个健全人格不可分割的两个方面。

自律原则就是要求自身树立良好的道德信念和行为准则，自我要求、自我约束、自我控制、自我对照、自我反省。自律就是自我约束，按照礼仪规范严格要求自己，知道自己该做什么，不该做什么，即古语云：“己所不欲，勿施于人”，同时“严于律己，宽以待人”，提高自律、自觉性。管理上的以身作则，身先士卒，也是一种自律要求，想要别人关心自己，首先自己要关怀别人。

4．“宽容、从俗”原则

运用礼仪时，既要严于律己，更要宽以待人。宽容就是说要豁达大度，有气量，不计较和不追究，具体表现为一种胸襟、一种容纳意识和自控能力。宽即宽待，容即相容、宽容，就是心胸坦荡、豁达大度，能设身处地为他人着想，谅解他人的过失，不计较个人的得失，有很强的容纳意识和自控能力。中国传统文化历来重视并提倡宽容的道德原则，并把宽以待人视为一种为人处世的基本美德。善解人意、体谅别人，才能正确对待和处理好各种关系与纷争。

由于国情、民族、文化背景的不同，必须坚持入乡随俗，与绝大多数人的习惯做法保持一致，切忌目中无人、自以为是。从俗就是指交往各方都应尊重相互之间的风俗、习惯，了解并尊重各自的禁忌，如果不注意禁忌，就会在交际中引起障碍和麻烦。

总之，掌握并遵行礼仪原则，在人际交往、各种活动中，就有可能成为待人诚恳、彬彬有礼之人，受到别人的尊敬和尊重。

三、职业礼仪修养的基本准则

修养是指个人在道德、学识、技艺等方面通过后天的刻苦学习、自我磨炼和不断熏陶，逐渐使自己具有某些素质和能力或者达到一定的境界。职业礼仪修养，指人们按照一定的礼仪准则和规范约束自己，并结合自身实际情况，在职业礼仪品质、意识等方面进行的自我锻炼和自我提高。

(1) 遵守公德。公德是指一个社会的公民为了维护整个社会生活的正常秩序而共同遵循的最简单、最起码的公共生活准则。公德是日常生活中的道德，是人们普遍应该做到，又不难做到的最低限度的行为要求，是道德体系中的最低层次，是文明公民应该具备的最基本的品质，内容包括爱护公物、遵守公共秩序、尊老爱幼、尊重女性、救死扶伤等。社会公德是礼仪的基础，是形成礼仪的前提，礼仪的内容基本涵盖了社会公德的全部。遵守公德，表现了人与人之间的互相尊重及对社会的责任感。遵守公德是文明公民应该具备的品质，也是礼仪修养的基本要求。

(2) 遵时守信。遵时，就是要遵守规定的时间和约定的时间，不得违时，不可失约。守信，就是要讲信用，对自己的承诺认真负责。遵时守信是人际交往中极为重要的礼貌。

在待人接物的过程中，与对方约定的时间或作出的承诺，一般不要轻易变更，因发生人为不可抗拒的因素不得已改动时，应及早打招呼，作好说明解释工作，尽量避免给对方造成麻烦或令人产生误会。凡是需要承诺的事情，要量力而行，不要因为顾及面子答应不能做到的事情，一旦失约，不仅会对别人造成损失，也会给自身形象和所在单位的声誉造成损失。

(3) 真诚友善。以诚待人，是礼仪的本质特征。在人际交往中，礼仪不是虚伪的客套，而是表达对人的尊重和友好，需要诚心待人，表里如一。“尊重，还是贬低”是人际交往中最敏感的问题。从善良的愿望出发，以诚相待，才能赢得别人的信赖和尊重，保证交往的顺利与成功。

(4) 谦虚随和。谦虚随和的人，待人处事自然大方。这样的人，待人态度亲切，善于听取他人的意见，有事能与他人商量，表现出虚怀若谷的胸襟，容易同他人建立亲近的关系。社会生活中常可以见到越是博学多识、品行高雅的人，越是平易近人，也更能得到人们的敬重；相反，若是自视高明，目中无人，或夸夸其谈，妄自尊大，卖弄学问，这种自以为是的言行，往往会被他人视为傲慢无理，并会对其敬而远之。当然谦虚也要适度。

(5) 理解宽容。理解，就是懂得别人的思想感情，意识到和理解别人的立场、观点和态度，能够根据具体的情况体谅别人、尊重别人，心领神会地理解别人心灵深处的喜、怒、哀、乐。在社会交往和人情往来中，最怕的就是互相缺乏理解，甚至产生误解。缺乏理解就无法沟通感情，产生误解则往往容易导致失礼，在交往者之间产生妨碍交流思想的隔膜，甚至会使关系僵化。宽容，就是大度、宽宏大量、容忍、体谅他人，尤其在非原则问题上，能够原谅别人的过失。谅解他人的过失，不仅可以化解矛盾，还能赢得他人的敬重，有利于大局的发展。

(6) 热情有度。热情会使人感到亲切、温暖，从而拉近他人与你的感情距离，愿意与你接近、交往。但热情过分，会使人感到虚情假意，或被认为别有用心，因而有所戒备，无意中筑起一道心理防线。

(7) 注意小节。细节体现教养，细节展示素质，从小节可以看出一个人的修养水平。在注重礼仪的社会交往场合，不注意小节的人是不受欢迎的。在公共场合、与人交往中，注意小节，彬彬有礼，是最起码的交往行为修养。

(8) 风度高雅。风度是一个人的内在素质、修养及其外在行为的总和，是人们在社会生活中逐步形成的，是人们对于人的形态、举止、谈吐、装扮的一种衡量尺度。风度不是单指人的某一个方面，而是指人的全部生活姿态所提供给人们的综合印象。风度不是表面上的穿着打扮，也不是简单地模仿别人的行为举止。风度是一个人深层次的精神状态、个性气质、品质修养、文化品位、生活情调的外在表现，以内在的气质为基础。

四、提高职业礼仪的途径

古往今来，大凡有所成就的人，无不注重个人的礼仪修养。提高个人礼仪修养，可从以下方面着手。

(1) 加强道德修养。道德品质，也称品德或德行，是社会道德现象在个人身上的具体体现，是指一定的社会道德原则和规范在个人思想行动中，所表现出的某种比较稳定的特征和倾向。道德品质的修养和礼仪行为的养成有着密切的联系，二者是相辅相成的统一过程。礼仪行为从广义上说就是一种道德行为，处处渗透和体现着一种道德精神。一个人想要在礼仪方面达到较高的造诣，离开道德品质方面的修养几乎是不可能的。一个人要形成一种高尚的道德品质，就应该从日常礼仪规范这一基础的层次做起。

(2) 提高文化素质。职业礼仪是一门综合性的学问，一个人只有具备了广博的文化知识，才能深刻理解礼仪的原则和规范。只有具备较高的文化层次，才能更加自如地在不同场合具体运用礼仪。因此要提高自己的礼仪修养，必须有意识地广泛涉猎多种科学文化知识，使自己具备见多识广的综合知识素养，增强文学、艺术欣赏能力，提高审美能力，这样就会有意无意地按照美的规律来认识生活和改造周围的环境，同时，在人际交往中，自己的言行也更具美感。

(3) 自觉学习礼仪知识，接受礼貌教育。世界各国的礼仪风俗多种多样，我国的各个民族礼节习俗也各不相同。在涉外交往中，如对其他国家或某一具体活动的礼仪知识不了解，只凭国内以往的经验办事，轻则闹笑话，重则影响工作效果，甚至造成误解，所以要善于学习涉外礼仪，“洋为中用”。我国拥有几千年的文明，各个历史阶段都有浩繁的有关礼仪的知识，我们应该注意吸收、学习和领会传统礼仪中的营养和精华，“古为今用”，不但自己在礼仪方面博闻多识，而且在礼仪修养的实践上也能提高到新的高度。

(4) 积极参加职业礼仪实践。实践是从动机到效果的桥梁。对礼仪知识的学习，停留在仅仅从理论上弄清礼仪的含义和内容，而不去实践中运用是远远不够的。在提高礼仪修养时，要以积极的态度，坚持理论联系实际，将自己学到的礼仪知识积极运用于社会实践的各个方面。积极投身到实践之中，在文明气氛较浓的环境里去接受熏陶，对增强自己的文明意识、培养礼貌的行为、涤荡各种粗俗不雅的不良习惯，提升礼仪修养水平大有裨益。在职业岗位上，时时处处自觉从大处着眼、小处着手，以礼仪的规范来要求自己的言谈举止，在社交场所多听、多看、多学，通过各种人际交往的接触强化，不断提高自己的礼仪修养。

(5) 养成良好的行为习惯。礼仪是人们交际活动中的一种行为模式。这种行为模式只有通过长期的自觉练习，变成自身一种自动的动作，形成习惯，才能在交际活动中更好地发挥作用。礼仪修养实际上就是人自觉用正确的思想战胜不正确的思想，用良好的行为习惯纠正不良行为习惯的过程。检验一个人的礼仪修养如何，很重要的一条标准就是看他是否已把交际礼仪规范变成自身个性中的稳定成分，是否能在各种交际场合自然而然地遵循交际礼仪要求。

【案例直击】

职场形象的5大杀手

任何使你显得不够职业化的表面现象，都会让人认为你只适合出入教室，而非办公室。因此，如果你想事业有成，最好先成熟起来而且要快些成熟起来，否则你可能就有得到幼稚的名声。

职业形象杀手1:脸红

虽然脸红让你看起来甜美、可爱，但它也传达了你不成熟和不坚定的心态。

因此，当你感到脸红的时候，“别太在意继续做你该做的事。”纽约大学私人语言顾问埃雷恩·斯尼德建议。你越是在意你发热的面颊，你就越容易给人留下不好的印象。

职业形象杀手2:哭泣

在工作时哭泣，不但使你显得脆弱、缺乏自制力，而且让人怀疑你会破坏公司形象。

在工作时玩哭泣游戏，输的永远是你。“在你的老板面前，如果你为与工作有关的事而哭泣，这表明你不具备对付工作压力的能力。”你一时在客户面前哭怎么办？所以，除非你甘愿老板把你当做一压即垮的弱者，而不是出色的员工，你应该学会控制情绪。

职业形象杀手3:不恰当的语气词

嗯、呵等语气词只能说明你犹豫不决,紧张而缺乏智慧。

"你的语言是他人判断你的重要依据之一。""你说话的方式告诉别人你的智力与整体能力。"

因此,你要知道,如果你说话时喜欢嗯、呵、这、那,你的语言会把你带出事业成功的圈子。

职业形象杀手4:不成功的着装

不成功的着装所传达给老板的唯一信息是:重要的任务不能放心交给你去做。

"你应该为你希望做的工作选择着装,而不是为你已有的工作着装。"一般来说,你在上班时应该配一套较为正式的服装,不要穿很多饰边的衣服。你希望你的同事们把注意力集中在你的想法上,而不是你那紧身背心的穗子上。但是要想树立完美的职业形象,只是穿上完美的衣服还远远不够,不合适的发型和化妆照样会损害你的职业形象。

职业形象杀手5:怯场

当你表现出怯场,就是在告诉老板,你缺乏最基本的职业技巧。

"摆脱怯场的关键是要意识到怯场只不过是多余的能量没处用,像早已经开了水的壶一样。"语音训练教师王平说:"你需要想法子重新支配过剩的精力,建议你在公开发言之前,做些体育活动,比如散散步,跳跳绳。"

专家认为,充分的准备是降低紧张情绪的有效措施。在作重要的会议发言前应该做什么呢?临阵磨枪,把你要讲的关键问题列下来。"在正式发言前作彩排应该是习惯成自然的事,但是你会吃惊地发现,有多少次这一必要的步骤被忽略了。"

摘自:搜狐女人. 5大职业形象杀手. 2005. http://women.sohu.com/20050324/n224840907.shtml[2005-03-24]

思 考 题

1. 职业礼仪修养的基本准则是什么?提高职业礼仪的途径有哪些?

2. 班级要举办一次新年晚会,这是你来到大学后最重要的一次活动,你既要给大家留下深刻的印象,又不能显得过分张扬做作,令人生厌,请问你会为自己设计什么样的形象?

第六章　职业生涯规划

成功就等于目标，其他的一切都是这句话的注解。

——博恩·崔西

眼睛所看到的地方就是你会到达的地方。伟人之所以伟大，是因为他们决心要做出伟大的事。

——夏尔·戴高乐

善于选择要点就意味着节约时间，而不得要领的瞎忙，却等于乱发空炮。

——弗朗西斯·培根

每个人的性格都有优点和缺点，一味去弥补性格缺点的人，只能将自己变得平凡；而发挥性格优点的人，却可以使自己出类拔萃。

——罗杰·安德生

每个人都应了解自己的兴趣、激情和能力，并在自己热爱的领域里充分发挥自己的潜力。

——李开复

光有奋斗精神是不够的，还需要脚踏实地一步一步地去做。要先分析自己的现状，分析自己现在处于什么位置，到底具备什么样的能力，这也是一种科学精神。你给自己定了目标，你还要知道怎么样去一步一步地实现这个目标。从某种意义上说，树立具体目标和脚踏实地地去做同等重要。

——俞敏洪

职业生涯规划对人的一生成长具有很大的指导意义。我们的一生都在为生存和需要而忙碌，怎样把忙碌变成我们生活中，乃至生命中最精彩、最有价值、最值得人生回味的部分，避免自己在人生道路上走弯路和回头路，着重解决和处理及选择好人生道路上关键的几步，那么就请你作好一生的职业规划。

第一节　职 业 生 涯

【资料链接】

五只毛毛虫的故事

第一只毛毛虫

话说第一只毛毛虫，有一天爬呀爬呀爬过山河，终于来到这棵苹果树下。他并不知道这是一棵苹果树，也不知树上长满了红红的苹果。当他看到同伴们往上爬时，不知所以的就跟着往上爬。没有目的，不知终点，更不知生为何求、死为何所。他的最后结局呢？也许找到了一个大苹果，幸福地过了一生；也可能在树叶中迷了路，颠沛流离糊涂一生。不过可以确定的是，大部分的虫都是这样活着的，也不去烦恼什么是生命意义，倒也轻松许多。

第二只毛毛虫

有一天，第二只毛毛虫也爬到了苹果树下。他知道这是一棵苹果树，也确定他的“虫生目标”就是找到一个大苹果。问题是他并不知道大苹果会长在什么地方？但他猜想：大苹果应该长在大枝叶上吧！于是他就慢慢地往上爬，遇到分支的时候，就选择较粗的树枝继续爬。当然在这个毛虫社会中，也存在考试制度，如果有许多毛毛虫同时选择同一个分支，就要举行联考来决定谁才有资格通过大树枝。幸运是这只毛毛虫一路过关斩将，每次都能如愿地选上最好的树枝，最后他从一枝名为“大学”的树枝上，找到了一个大苹果。不过他发现这个大苹果并不是全树上最大的，顶多只能称为局部最大。因为在它的上面还有一个更大的苹果，号称“老板”，是由另一只毛毛虫爬过一个名为“学徒”的树枝才找到的。令他泄气的是，这个“学徒”分支是他当年不屑于爬的一棵细小的树枝。

第三只毛毛虫

接着，第三只毛毛虫也来到了树下。这只毛毛虫相当难得，小小年纪，却自己研制了一副望远镜，在还未开始爬时，就先利用望远镜搜寻一番，找到了一棵超大苹果。同时，他发现当从下往上找路时，会遇到很多分支，有各种不同的爬法，但从上往下找路时，只有一种爬法。他很细心的从苹果的位置，由上往下反推至目前所处的位置，记下这条确定的路径。于是，他开始往上爬了，当遇到分支时，他一点也不慌张，因为他知道该往哪条路走，不必跟着一大堆虫去挤破头。譬如说，如果他的目标是一个名叫“教授”的苹果，那应该爬“升学”这条路；如果目标是“老板”，那应该爬“学徒”这分支。最后，这只毛毛虫应该会有一个很好的结局，因为他已具备了“先觉”的条件了。但也许会有一些意外的结局出现，因为毛毛虫的爬行相当缓慢，从预定苹果到抵达时，需要一段时间。当他抵达时，也许苹果已被其他毛毛虫捷足先登，也许苹果已熟透而烂掉了……

第四只毛毛虫

第四只毛毛虫可不是一只普通的虫。他不仅先觉——知道自己要何种苹果，更先知——知道未来苹果将如何成长。因此当他带着那“先觉”的望远镜时，他的目标并不是一个大苹果，而是一朵含苞待放的苹果花。他计算着自己的时程，并估计当他抵达时，这朵花正好长成一颗成熟的大苹果，而且他将是第一个钻入大快朵颐的虫。果其然，他获得所应得的，从此过着幸福快乐的日子。

第五只毛毛虫

毛毛虫的故事本来应该到此结束了。因为所有故事的结局都必须是正面的且富有教育意义。但仍有不少读者好奇：第五只毛毛虫到底怎么了？其实，他什么也没做，就在树下躺着纳凉，而一个个大苹果就从天而降在他的身边。因为树上某一大片树枝早就被他的家族占领了。他的爷爷、爸爸、哥哥们盘踞在某一树干上，禁止其他虫进入，然后苹果成熟时，就一颗颗的丢给底下的子孙们捡食。

——摘自：专家团. 2008. 管理盛宴：102 个最经典的管理故事. 北京：中国电子音像出版社.

【理论认知】

一、职业生涯的含义及特性

（一）职业生涯的含义

1. 生涯

“生涯”一词由来已久，“生”原意为活着，“涯”为边际，“生涯”连起来是一生的意思，即人生的发展道路，又可指人或事物所经历的途径，或指人一生的发展过程，也指人一生中所扮演的系列角色与职位。

"生涯"由三个层面构成：一是时间，即个人年龄或生命的历程；二是经历，即个人一生所扮演的不同角色；三是个人所扮演各种角色的程度。

"生涯"可以理解为介于"生命"和"职业"之间的概念，它的外延可以大到个体一生的经历，与"生命"等同，也可以小到与"职业"同义，其内容是比较宽泛的，具有丰富的内涵与特性。

2. 职业生涯

职业生涯指从踏入社会、从事工作之前的职业训练或职业学习开始，直至职业劳动最终结束、离开工作岗位为止，是一个人一生连续担负的工作职业和工作职务的发展道路。与职业不同，职业生涯是个发展的概念，是一个动态的过程，是一个人在一生中与工作相关的一系列活动、行为、态度、价值观、愿望等的有机整体。

职业生涯包含四个方面的含义：一是职业生涯主要由行为活动和态度价值两方面构成，要充分了解一个人的职业生涯，必须从主观（职业态度、职业价值观）和客观（职业行为活动）两方面理解；二是职业生涯是一种过程，是一生中所有与职业相关的连续活动和经历，不仅包括进入职业阶段，也包括从事职业前的职业准备阶段，如职业能力的获得、职业兴趣的培养、职业选择和定位等；三是职业选择受多方面因素影响，如社会客观环境、教育成长环境、个人发展需求等；四是职业生涯是一个动态概念，不仅表示工作时间的长短，也包括了职业发展、变更的经历和过程。

（二）职业生涯的特性

职业生涯有其自身的规律，综合起来，职业生涯主要有以下几个特性。

(1) 可规划性。不同人对其职业和职位的设想不同，职业生涯路径也不同。职业生涯的可规划性正是表现在对职业生涯发展过程中许多偶然因素的把握上，以克服在职业生涯发展中因偶然因素而导致的盲目性。

(2) 不可逆转性。一个人由幼年到老年，这是一个自然发展的过程。职业生涯发展也是一个连续不断的过程，职业经历不可能按照自己的想法从头再来一次，而只能在原来的基础上一步步地走下去。

(3) 独特性。每个人的成长环境、个性类型、价值观，以及能力、爱好等不尽相同，职业生涯就会有很大的差异性。由于多年所从事的专业岗位的历练，每个人无论在生理、心理、习惯，还是行为模式上都会打上这个岗位的烙印，从而形成不同的职业生涯状态。

(4) 阶段性。职业生涯在不同的阶段会表现出不同的特征。除了准备阶段以外，每个阶段都以岗位工作为中心展开，并在各阶段表现出不同。各阶段之间并不是并列关系，前一阶段的状态是后一阶段的基础，前一阶段的状态越好，后一阶段的状态才可能越好。前后阶段的接续关系无论是趋好还是趋坏，一般是递进的。

(5) 发展性。职业生涯是一个人一生连续不断的发展过程。随着时间的推移，不管自己是否愿意，每个人都会以不同的程度在这个过程中成熟起来。有明确目标和强烈进取精神的人会成熟得快一些、好一些，否则就成熟得慢一些、差一些。

二、职业生涯的发展阶段

职业生涯是一个长期的发展变化过程，在不同阶段，每个人都有不同的职业需求。对具体阶段的划分，不同专家学者提出了不同的理论观点。

（一）施恩职业生涯发展阶段理论

美国的施恩教授立足于人生不同年龄段面临的问题和职业工作主要任务，将职业生涯分为九个阶段。

(1) 成长、幻想、探索阶段(0～21岁)。这个阶段主要任务是，发展和发现自己的需要和兴趣、能力和才干，为进行实际的职业选择打好基础；学习职业方面的知识，寻找现实的角色模式，获取丰富信息，发展和发现自己的价值观、动机和抱负，作出合理的受教育决策，将幼年的职业幻想变为可操作的现实；接受教育和培训，学习工作中所需要的基本知识和技能。这一阶段所充当的角色是学生、职业工作的候选人、申请者。

(2) 查看工作世界(16～25岁)。这个阶段主要任务是，首先，查看劳动力市场，谋取可能成为一种职业基础的第一项工作；其次，个人和雇主之间达成正式可行的契约，个人成为一个组织或一个企业的成员。这一阶段所充当的角色是应聘者、新学员。

(3) 基础培训(16～25岁)。这个阶段主要任务是，一是了解、熟悉组织，接受组织文化，融入工作群体，尽快取得组织成员资格，成为一名有效的成员；二是适应日常的操作程序，应付工作。这一阶段所充当的角色是实习生、新手。

(4) 早期职业的正式成员资格(17～30岁)。这个阶段主要任务是，承担责任，成功的履行与第一次工作分配有关的任务；发展和展示自己的技能和专长，为提升或查看其他领域的横向职业成长打基础；根据自身才干和价值观，根据组织中的机会和约束，重估当初追求的职业，决定是否留在这个组织或职业中，或者在自己的需要、组织约束和机会之间寻找一种更好的配合。这个阶段所充当的角色是正式成员。

(5) 职业中期(25岁以上)。这个阶段主要任务是，选定一项专业或进入管理部门，保持技术竞争力，在自己选择的专业或管理领域内继续学习，力争成为一名专家或职业能手；承担较大责任，确定自己的地位；制订个人的长期职业计划。这个阶段所充当的角色是正式成员、任职者、终生成员、主管、经理等。

(6) 职业中期危险阶段(35～45岁)。这个阶段主要任务是，现实的估价自己的进步、职业抱负及个人前途；就接受现状或者争取看得见的前途作出具体选择；建立与他人的良好关系。这个阶段所充当的角色是正式成员、任职者、终生成员、主管、经理等。

(7) 职业后期(40岁以后直到退休)。这个阶段职业状况或任务是，成为一名良师，学会发挥影响，指导、指挥别人，对他人承担责任，扩大、发展、深化技能，或者提高才干，以担负更大范围、更重大的责任；如果求安稳，就此停滞，则要接受和正视自己影响力和挑战能力的下降。这个阶段所充当的角色是骨干成员、管理者、有效贡献者等。

(8) 衰退和离职阶段(40岁之后到退休)。这个阶段主要的任务是，一是学会接受权力、责任、地位的下降；二是基于竞争力和进取心下降，要学会接受和发展新的角色；三是评估自己的职业生涯，着手退休。

(9) 离开组织或职业——退休。这个阶段两大问题或任务是，保持一种认同感，适应角色、生活方式和生活标准的急剧变化；保持一种自我价值观，运用自己积累的经验和智慧，以各种资源角色，对他人进行传帮带。

（二）舒伯的生涯发展论

舒伯主要以职业发展为重点对生涯问题进行了系统研究。他认为，职业生涯是指从出生开始，到逐步踏入社会，通过职业训练或学习，培养职业兴趣，获得职业能力，进而选择职业、从事职业活动，直至推出职业活动、离开工作岗位完整的发展过程。主要包括以下几个阶段。

(1) 成长阶段(0～14 岁)。主要任务是，逐渐认识自己是什么样的人，同时对工作和工作的意义有初步的理解。阶段分期是：①幻想期(4～10 岁)，需要占统治地位，角色扮演在此阶段很重要；②兴趣期(11～12 岁)，以个人喜好为中心，理解、评价职业，开始作职业选择；③能力期(13～14 岁)，开始考虑自己的能力及工作要求。

(2) 探索阶段(15～24 岁)。主要任务是，探索各种可能的职业选择，对自己的能力和天资进行现实评价，并根据未来的职业选择作出相应的教育决策，完成择业及最初就业。阶段分期是：①尝试期(15～17 岁)，明确自己的职业偏好；②过渡期(18～21 岁)，明确自己的职业倾向；③初步承诺期(22～24 岁)，实现一种职业倾向，了解更多机会。

(3) 确立阶段(25～44 岁)。主要任务是：发现自己喜欢从事的工作机会；学会与他人相处；巩固已有地位并力争提升；使现有职位得到保障，在一个永久性职位上稳定下来。阶段分期是：①承诺和稳定期(25～30 岁)，确保一个相对稳定的位置；②提升期(31～44 岁)，好的业绩，资历加深。

(4) 维持阶段(45～64 岁)。主要任务是：接受自己的缺点；判断需要解决的问题；致力于最重要的活动；维持并巩固已获得的地位。

(5) 衰退阶段(65 岁以后)主要任务是：发现非职业角色；做自己期望做的事；缩减工作时间。阶段分期是指以下两个方面。①减速期(60～70 岁)，工作速度变慢，工作责任或性质也发生改变，以适应逐渐衰退的体力与心理。②退休期(71 岁至死亡)，有些人能很愉快的适应完全停止工作的情况；有些则适应困难、郁郁寡欢；有些人则老迈而死。

44 岁到退休前，属于中期危机阶段。这时，职业可能会偏离自己的职业目标或发现了新的目标，此时需要重新评价自己的需求，处于转折期。

（三）职业生涯的大致阶段

(1) 职业准备阶段。典型年龄为 0～18 岁，主要任务是职业想象力，评估不同的职业，选择第一份工作，接必需的教育。

(2) 进入组织(学校)阶段。典型年龄在 18～25 岁，主要任务是在一个理想的组织中，获得一份工作或学到足够的知识、技能、信息以后，选择一份合适的工作。

(3) 职业生涯初期阶段。典型年龄为 25～40 岁，主要任务是学习职业技术，提高工作能力，学习组织规范，学会协作与共处，逐步适应职业与组织，期望未来职业成功。

(4) 职业生涯中期阶段。典型年龄为 40～55 岁，主要任务是对早期职业生涯重新评估，强化或转变职业理想，对中年生活作适当选择，在工作中再接再厉。

(5) 职业生涯后期阶段。典型年龄为 55 岁到退休，主要任务是继续保持职业成就，维持自尊，准备光荣引退，特点是调整心态，作好退休后的打算。

三、树立人职和谐理念

党的十六届六中全会提出了构建社会主义和谐社会的奋斗目标,“人职和谐”也是和谐社会的重要体现。人的一生中,绝大部分时间是在职业生涯中度过,因而,职业生涯能否成功,直接决定了人生的质量。

(一) 人职和谐的含义

人职和谐理论最早由美国波士顿大学教授帕森斯提出,后由著名职业咨询专家威廉逊等进一步发展和定型,是用于职业选择、职业介绍和职业咨询的经典性理论。

1909年,帕森斯在《选择职业》一书中明确阐明谋职者选择职业的三大要素或步骤:①清楚地了解自己的价值观、能力、兴趣、性格、局限和其他特征;②清楚地了解职业成功的条件、所需知识,在不同职业工作岗位上所占有的优势、劣势、机会和前途;③上述两个条件的平衡。

帕森斯的理论内涵,即在清楚认识、了解个人的主观条件和社会职业岗位需求条件基础上,将主客观条件与社会职业岗位(对自己有一定可能性的)相对照、相匹配,最后选择一个与个人特点相匹配的职业。

人职匹配分为两种类型。①因素匹配(工作找人)。例如,需要有专门技术和专业知识的职业与掌握该种技能和专业知识的择业者相匹配;脏、累、苦劳动条件很差的职业,需要有吃苦耐劳、体格健壮的劳动者与之匹配。②特性匹配(人找工作)。例如,具有敏感、易动感情、不守常规、个性强、理想主义等人格特性的人,宜从事审美性、自我情感表达的艺术创作类型的职业。

美国职业指导专家霍兰德于20世纪60年代发展并完善了上述理论,基于人格心理学理论与他本人的职业咨询经验,霍兰德提出了人格与职业类型匹配的理论。有关人格与职业的关系,霍兰德提出了一系列的假设:在人类文化中,大多数人的人格都可以归入六种类型中的一种,即实际型(R)、研究型(I)、艺术性(A)、社会型(S)、企业型(E)与传统型(C)。工作环境也大抵可区分为上述六种类型。每一特定类型人格的人,往往会对相应职业类型中的工作或学习感兴趣。人们普遍愿意寻求能充分施展自己才能与满足自己价值观的职业环境。职业动力取决于个人特征与所处的工作环境之间的相互作用。

人职和谐,即人职匹配,是指个人的特性与职业的要求相匹配。人的个体差异是普遍存在的,每一个个体都有自己独特的个性特征,而每一种职业由于工作的性质、环境、条件、方式等不同,对工作者的能力、知识、技能、性格、气质和心理素质等也有着不同的要求。因此,在进行职业决策时,就要根据一个人的个性特征来选择与之相对应的职业种类,即进行人职匹配。如果个人的特性或人格与其所选职业环境能协调一致,工作效率和职业成功的可能性就会大大提高,反之,工作效率和职业成功的可能性就很低。所以,职业生涯规划就是要帮助个人寻找与其特性一致的职业,以达到人与职业之间的合理匹配。

(二) 人职和谐实现的路径

“人职和谐”是一种理念,它主张人应该去发现并从事自己喜欢、擅长,又有相对优势的职业,使自己的生命能量的积聚和消耗最大程度的满足自己由低到高的各种需要,提高个人和社会的生存质量。“人职和谐”是在对自己、对职业、对社会发展正确、客观认识的基础之上建立起来的,不能清醒地认识自己、认识职业,就无法实现“人职和谐”。高职生是劳动力后备大军的重要组成部分，要让他们就业后“人职和谐”，就必须在学校实施“职业生涯规划”教育，让学生在劳动力准备阶段就能按照自身的发展需求与目标，科学规划职业生涯道路，提高就业创业能力，实现个人与企业“人职和谐”的双赢目标。

(1) 促使学生形成就业紧迫感。尽管大学生就业难已成为社会关注的热点问题，在校大学生对这一现状也有所认识，但不少学生仍抱着“车到山前必有路”的心态，缺乏明确的就业紧迫感和就业意识，也没有科学的职业生涯发展规划。这样很可能导致毕业时盲目就业，人职不和谐，进而造成人才的浪费。因此，人职和谐要求高校职业指导工作从大学生入校时就随之启动，使大学生尽快形成就业的紧迫感，增强职业意识，形成人职和谐的思想认识，以促进人职和谐的完成。

(2) 帮助学生确定自己的职业锚。所谓职业锚，指当一个人不得不作出选择的时候，他或她无论如何都不会放弃的职业中的那种至关重要的东西或价值观。通俗地说，就是人们选择和发展自己的职业时所围绕的中心，是个人稳定的职业贡献区和成长区。个人如果能形成自己的职业锚，并围绕它来选择自己的职业，就可以避免因盲目择业而造成的职业资源和经验的浪费。因此，高校职业指导工作就要注重个性化，要指导学生依据自身的才干和能力、动机和需要、态度和价值观，对自己未来的职业进行现实选择和准确定位。

(3) 激励学生勇敢面对挑战。心理学告诉我们，人的潜力是很大的，只要我们勇于挖掘、善于挖掘，就有很大的发展空间。学生要勇于面对职业的挑战，不要局限于所学专业或自身素质，充分挖掘自身的潜力，争取获得满意的工作。

(4) 教育学生调整心态，树立大众化就业观。随着高等教育大众化的转型，大学毕业生的数量越来越多，而社会所提供的所谓精英岗位数量有限，大学生不可能都到精英岗位就业。另外，随着社会的发展，传统的岗位和新兴的产业、行业所产生的岗位对从业者的要求也在不断提高。社会上越来越多的岗位需要大批有知识、有文化、有技能的大学毕业生到生产服务的第一线工作，因此，人职匹配也要求大学生必须到相对大众化的就业岗位就业。

【案例直击】

著名大学毕业生调查

一、哈佛大学调查

有一年一群意气风发的天之骄子从美国哈佛大学毕业了，他们即将开始走向社会。他们的智力、学历、环境条件相差无几。在临出校门前，哈佛对他们进行了一次关于生涯规划和学习计划的调查。调查结果发现：

27％的人，没有目标；

60％的人，目标模糊；

10％的人，有清晰但比较短期的目标；

3％的人，有清晰而长远的目标。

25 年的跟踪调查发现，他们的生活状况及分布现象十分有意思。

那些 3％的人，25 年来几乎都不曾更改过自己的人生目标，他们朝着一个方向不懈地努力。25 年后，他们几乎都成为社会各界的顶尖成功人士，他们中不乏白手创业者、行业领袖、社会精英。

那些10%的人,大都生活在社会的中上层。他们的共同特点是,那些短期目标不断被达成,生活状态稳步上升,成为各行各业不可或缺的专业人士,如医生、律师、工程师、高级主管等。

那些60%的目标模糊者,几乎都生活在社会的中下层,他们能安稳的生活与工作,但都没有什么特别的成绩。

剩下的27%的人,他们几乎都生活在社会的最底层。他们的生活都过得不如意,常常失业,靠社会救济,常常在抱怨他人,抱怨社会,抱怨这个世界。

二、耶鲁大学调查

耶鲁大学在1953年对应届毕业生作了一个调查,发现3%的同学在未毕业时就拟定了人生目标。20年后,3%的同学比其他97%的同学更富裕。这些3%的同学究竟做了什么让他们与绝大多数人有所不同?

他们确实写下他们想做的事情;

列出了达到目标所得到的好处;

列出了达到目标所要克服的障碍;

列出了达到目标必备的知识与信息;

列出了达到目标需要共同协力的团队、人与组织;

列出了发展的行动计划;

写出了达到目标的具体时间。

【案例点评】

以上案例可以得出,目标对人生有巨大的导向作用。有什么样的诉求,就有什么样的人生,目标清(晰)长(远)大成功,目标清(晰)短(期)步步升,目标模糊无成就,目标缺失在底层。其实,成功在一开始仅仅是一个选择,你选择什么样的目标,就会有什么样的人生。人生在相当程度上是个体态度和实践的结果,而什么样的人生在很大意义上也在于自己追求什么样的生活,目标明确和持久的坚持,不一定成就非凡,但是一定可以将追求目标的全部或者部分变成现实。

第二节　职业生涯规划的个体及环境因素

【资料链接】

福尔摩斯的知识能力

(1) 文学知识——零。

(2) 哲学知识——零。

(3) 天文学知识——零。

(4) 政治知识——肤浅。

(5) 植物知识——不全面。熟知颠茄、鸦片及各种毒品,不懂园艺。

(6) 地质学知识——实用,有限。善于辨别土质。外出回来裤子上有泥迹,按颜色、浓淡即可告诉在伦敦何处所沾。

(7) 化学知识——精深。

(8) 解剖知识——精确,但无系统。

(9) 要案文献知识——极丰富。20世纪各类要案大案,离奇惊险,均了如指掌。

(10) 擅小提琴。

(11) 擅棒术、拳击、击剑。

(12) 精通英国法律司法。

——摘自:柯南道尔.2003.福尔摩斯探案全集.北京:中国少年儿童出版社

【理论认知】

一、职业生涯规划概述

职业生涯规划(career planning)是由早期职业辅导运动发展而来的,职业辅导运动起源于美国20世纪中叶,90年代中期从欧美国家传入中国。

职业生涯规划是指个人根据对自身的主观因素和客观环境的认知、分析、总结,协调平衡、科学抉择,从而确立自己的职业生涯发展目标,选择实现这一目标的职业,制订相应的学习、工作、培训计划,并按照一定的时间进度安排,采取必要的措施实施职业生涯目标的过程。它不是简单地帮助人们找到一份工作,它帮助人们更好地发现自我、挖掘自我、开发自我,最大限度地实现自我;它帮助人们客观分析内在素质和外在环境的优劣;它帮助人们科学地作出人生规划,使人生有目标、有方向,从而充实人生。

我国人事科学研究院考核评价技术研究室主任罗双平用一个精辟的公式总结出了职业生涯规划的三大要素,即职业生涯规划=知己+知彼+选择。"知己"就是自我认识与自我了解;"知彼"就是熟悉周围的环境,特别是与职业生涯发展有关的工作环境;"抉择"就是在获得内部、外部信息的基础上,进行正确的选择。职业世界知己知彼,如图6-1所示。

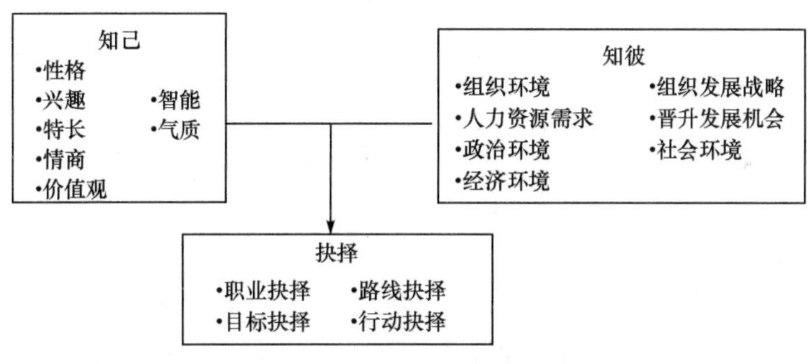

图6-1　职业生涯规划

大学生职业生涯规划是一种对学生以职业要求为目标的目标管理,通过让每一个学生明确预期的目标,使之自觉地按预期目标的要求开发潜能,提高综合素质,如图6-2所示。

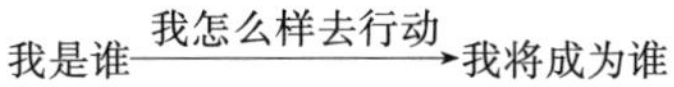

我是谁 —我怎么样去行动→ 我将成为谁

图6-2　大学生职业生涯规划线路图

二、职业生涯规划的个体因素

乌鸦学老鹰

一只老鹰从高峰顶上俯冲下来,将一只小羊抓走了。

一只乌鸦看见了,非常羡慕,心想:要是我也有这样的本领该多好啊!于是乌鸦模仿老鹰的俯冲姿势拼命练习。

一天,乌鸦觉得自己练得很棒了,便哇哇地从树上猛冲下来,扑到一个山羊的背上,想抓住山羊往上飞,可是他的身子太轻,爪子被羊毛缠住,无论怎样拍打翅膀也飞不起来。结果乌鸦被牧羊犬抓住了。

牧羊人的孩子看见了,问这是一只什么鸟。牧羊人说:“这是一只忘记自己是什么的鸟。”

孩子摸着乌鸦的羽毛说:“它也是很可爱啊!”

思考:“乌鸦学老鹰”故事说明了什么?

(一) 个体因素的内容

个体因素的内容,包括个体不可控因素和个体个性心理因素,如表 6-1 所示。

表 6-1　个体因素的内容

因素内容		自我评估
个体不可控因素	经济	
	家庭	
	生理条件	
	朋友、婚姻	
	性别	
个体个性心理因素	兴趣	
	价值观	
	潜能	
	能力	
	气质及个性	

(二) 认识个体因素的方法

认识个体因素的方法包括:橱窗分析法、360 度评估法、人才测评法等。

1. 橱窗分析法

橱窗分析法是进行自我认知的一种常用方法,是一种借助直角坐标不同象限来表示人的不同部分的分析方法,它以别人知道或不知道为横坐标,以自己知道或不知道为纵坐标。“窗”是指一个人的心就像一扇窗,如图 6-3 所示,普通的窗户分成四个部分,人的心理也是如此。

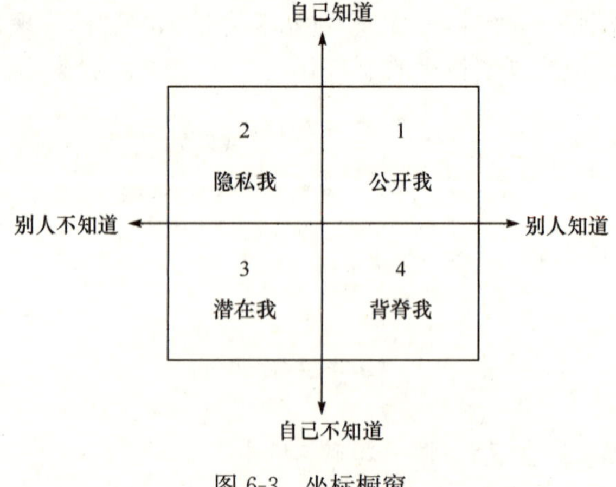

图 6-3　坐标橱窗

橱窗 1 为自己知道，别人知道的部分，称为“公开我”，属于个人展现在外，无所隐藏的部分，即当局者清旁观者亦清，如身高、肤色、年龄、婚姻状况、喜欢吃什么菜等。

橱窗 2 为自己知道，别人不知道的部分，称为“隐私我”，属于个人内在的私有秘密部分，即当局者清而旁观者迷，如自私、嫉妒是平常自己不肯坦露的缺点，心中的愿望、雄心、优点也是不愿告诉别人的部分。

橱窗 3 为自己不知道，别人也不知道的部分，称为“潜在我”，是有待开发的部分，即当局者迷而旁观者亦迷。人的潜能常是自己和别人不易发觉的。朋友之间如果相处久了，也就有互相开拓潜在领域的美好机会。

橱窗 4 为自己不知道，别人知道的部分，称为“背脊我”，犹如一个人的背部，自己看不到，别人却看得很清楚，即旁观者清当局者迷。口臭便是最好的例子，所以在外国有人称这部分为口臭区。其实一个人的优点，尤其是缺乏自信的人的优点，是自己不知道，而别人已发觉的领域，心理学家的任务便是帮助每个人积极发觉优缺点。

通过四个橱窗可知，须加强了解的是橱窗 3 和橱窗 4。橱窗 3 是“潜在我”。据科学家研究发现，每个人都有巨大的潜能，人类平常只发挥了极小的部分的大脑功能。如果一个人能发挥一半的大脑功能，将轻易地学会 40 种语言，背整套百科全书，拿十二个博士学位。由此可见，认识、了解“潜在我”，是自我认识的重点之一，把个人潜能开发出来，也是职场新人的头等大事。

橱窗 4 是“背脊我”。如果自己诚恳地真心实意地征询他人的意见和看法，就不难了解“背脊我”。我们可以采取同自己的家人、朋友、同事等交流的方式，可以借助录音、录像设备，尽量开诚布公，要做到这一点，需要开阔的胸怀，确实能够正确对待，有则改之，无则加勉，否则，别人是不会说实话的。

对于橱窗 2，我们可以采取撰写自传或 24 小时日记的方式来了解自我。撰写自传，可以了解我们自身成长的大致经历和自我计划情况等，而 24 小时日记对我们一个工作日和一个非工作日经历的对比，也可以了解一些侧面的信息。

2. 360 度评估法

360 度反馈评估技术又称多源反馈技术。它是由与被评价人有密切工作关系的人（包括被评价人的上级、同级、下级、自己）对被评价人进行匿名评价的综合评价系统，从而全面、客观地搜集被评价人工作表现的信息，了解被评价人的优势和不足，并可以通过对多次评价结果的连续跟踪和记录，帮助被评价人进行科学的自我评价，促进被评价人不断成长。

360 度评估法的操作步骤为“121”，即 1 个标准，2 个统一，1 个应用。

1 个标准：根据评价对象与评价目的，用最明确的语言形成 360 评价问卷，尽量采用可观察到的行为、结果类描述，杜绝思维类问题。此步骤应在问卷形成前进行综合考虑，并提前进行小范围试测，根据试测结果与访谈，修改问卷中不恰当的描述。

2 个统一：统一被评价人对问卷的理解，统一评分标准。

1 个应用：明确 360 度评价结果的应用范围，只能以 1 个目标为主导目标。其最适宜的是进行人员发展与职业规划，而非薪酬绩效。

3. 职业测评法

(1) 职业兴趣测评——我喜欢做什么？美国的一些心理学家曾经对哈佛大学的 MBA 毕业班学生作过一次调查。他们的问题是：你们就快毕业了，你们在即将进入职场的时候会根据什么来选择你的工作呢？结果，有七成人回答说，根据他们所学的专业来选择自己的职业。另外有三成的人说，他们会根据自己的兴趣来选择自己的职业。5 年后，这些心理学家在对他们进行跟踪调查，发现其中最成功、最出色的人都是当初说要根据自己兴趣去选择工作的人。

思考：这个资料说明了什么？

职业兴趣测评是美国著名职业指导专家霍兰德(Holland)制订，在几十年间经过无数次大规模的实验研究，形成了人格类型与职业类型的学说和测验。他认为，一个组织为了促进经济效益，必须促进人力资源充分运用，使个人的目标、兴趣、能力与倾向组织的目的要求一致。就个体而言，个人的心理特征必须与目标定位密切联系起来，选择有利于自身发展的职业。他将人分为现实型(realistic)、社会型(social)、研究型(investigative)、艺术型(artistic)、管理(或企业)型(enterprising)、常规型(conventional)6 种类型，如图 6-4 所示，并结合心理特征确定了与其相适应的职业，对目标职业的选择有较大的参考意义。

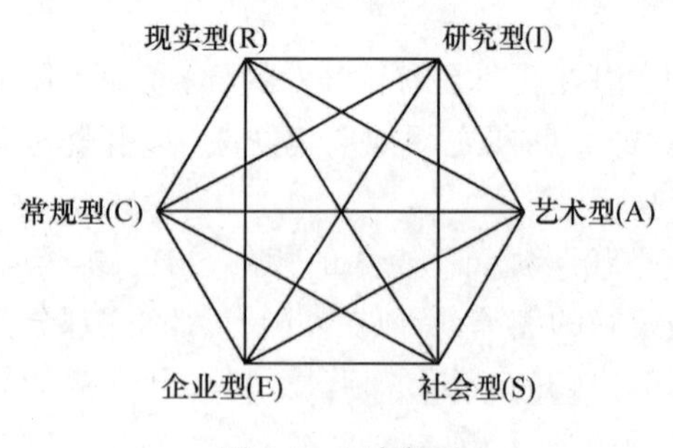

图 6-4　6 种类型

A. 现实型(R)——对规则敏感

行为特征：喜爱实际操作性质的职业或情境；拥有机械和运动能力，机械能力强；喜欢动手；做体力工作；喜欢使用工具在户外工作；偏爱工具；喜欢具体的任务；缺乏社会交往能力。

性格特点：顺从、坦率、谦虚、自然、坚毅、实际、有理、害羞、稳健、节俭等。

典型职业：工程师、机械员、制图员、工匠、司机等。

B. 研究型(I)——对信息敏感

行为特征：思想家而非实干家，抽象思维能力强，求知欲强，肯动脑，善思考，不愿动手；喜欢独立的和富有创造性的工作；知识渊博，有学识才能，不善于领导他人；理性，喜欢精确，喜欢逻辑分析和推理，不断探讨未知的领域。

性格特点：坚持性强，有韧性，喜欢钻研，为人好奇，独立性强。

典型职业：研究开发人员、教师、工程师、电脑编程人员、医生、系统分析员。

C. 艺术型(A)——对过程敏感

行为特征：有创造力，乐于创造新颖、与众不同的成果，喜欢表现个性；做事理想化，追求完美，不重实际；具有艺术才能和个性；善于表达、怀旧，心态较为复杂。

性格特点：有创造性，不传统的，敏感，容易情绪化，较易冲动，不服从指挥。

典型职业：艺术性工作——演员、导演、艺术设计师、雕刻家、建筑师、摄影家、广告制作人；音乐性工作——歌唱、作曲、指挥；文学性工作——小说家、诗人、剧作家等。

D. 社会型(S)——对人敏感

行为特征：喜欢与人交往、不断结交新的朋友、善言谈、愿意教导别人；关心社会问题，渴望发挥自己的社会作用；寻求广泛的人际关系，比较看重社会义务和社会道德。

性格特点：为人友好，热情，善解人意，乐于助人。

典型职业：教育工作者(教师、教育行政人员)，社会工作者(咨询人员、信访接待人员、福利人员)，服务行业人员，医护人员等。

E. 企业型(E)——对结果敏感

行为特征：追求权力、权威和物质财富，具有领导才能；喜欢竞争、敢冒风险、有野心、有抱负；为人务实，习惯以利益得失、权利、地位、金钱等来衡量做事的价值，做事有较强的目的性。

性格特点：善辩，精力旺盛，独断，乐观，自信，好交际，机敏，有支配愿望。

典型职业：项目经理，销售人员，营销管理人员，政府官员，企业领导，法官，律师。

另外，工作中通常要求管理人员和销售人员要有较强的企业兴趣，企业兴趣强则做事目的性强，务实，推动性也较强；若企业兴趣弱，则做事的推动性较弱，速度较慢。

F. 常规型(C)——对规矩敏感

行为特征：尊重权威和规章制度，喜欢按计划办事，细心、有条理，习惯接受他人的指挥和领导，自己不谋求领导职务；喜欢关注实际和细节情况，通常较为谨慎和保守，缺乏创造性，不喜欢冒险和竞争，富有自我牺牲精神。

性格特点：有责任心，依赖性强，高效率，稳重踏实，细致，有耐心。

典型职业：秘书，办公室人员，记事员，会计，行政助理，图书馆管理员，出纳员，打字员，投资分析员。

另外，常规型的人做事有耐心、细致。

(2) 职业价值观测评——什么对我最重要？美国麻省理工学院的埃德加·施恩教授领导的专门研究小组，根据该学院毕业生的职业生涯研究演绎成的。斯隆管理学院 44 名 MBA 毕业生，自愿形成一个小组接受施恩长达 12 年的职业生涯研究，包括面谈、跟踪调查、公司调查、人才测评、问卷等多种形式，最终分析总结出了职业锚(又称职业定位)理论，提出了八种职业锚。研究表明，职业锚是内心深处对自己的看法，它是自己才干、价值观、动机经过自省后形成的，对个人的职业生涯起到指导、约束或稳定作用。

A. 技术或功能型职业锚

其特点为自己热爱的专业的技术或职能工作，注重个人专业技能领域的进一步发展。具有较强的技术或功能型职业锚的人往往不愿意选择那些带有一般管理性质的职业。相反，他们总是倾向于选择那些能够保证自己在既定的技术或功能领域中不断发展的职业。

B. 管理型职业锚

他们能发展和提高自己的人际沟通、解决问题的能力，并能得到职位的提升。有些人则表现出成为管理人员的强烈动机，职业经历使其相信自己具备被提升到综合性管理职位上去所需要的各种必要能力，以及相关的价值倾向。必须承担较高责任的管理职位是这些人的最终目标。

C. 自主与独立型职业锚

他们希望在自由度高、少受约束的环境中，按自己的想法开展工作。他们一般不是到某一个企业中去追求这种职业导向，而是决定成为一位咨询专家，要么是自己独立开展工作，要么是作为一个相对小的企业中的合伙人来工作。具有这种职业锚的一些人则成为工商管理方面的教授、自由撰稿人、小型零售公司的所有者等。

D. 创造型职业锚

这些人都有这样一种需求，建立或创设某种完全属于自己的东西，一件署着他们名字的产品或工艺，一家他们自己的公司或一批反映他们的成就的个人财富等。

E. 安全型职业锚

这些人关注公司的稳定，工作的保障和收益的安全，极为重视长期的职业稳定和工作的保障，这些职业应当能够提供有保障的工作，体面的收入，以及可靠的未来生活。这种可靠的未来生活通常是由良好的退休计划和较高的退休金来保证的。

F. 服务型职业锚

希望用自己的知识和技能帮助别人，希望职业能够体现个人价值观，他们关注工作带来的价值，而不在意是否能够发挥自己的才能或能力。他们的职业决策通常基于能否让世界变得更美好。对他们来说，比金钱更重要的是，认可他们的贡献，给他们更多的权利和自由来体现自己的价值。他们需要来自同事及上司的认可和支持，并与他们共享自己的核心价值。

G. 挑战型职业锚

他们渴望超越自我，解决别人看来难以解决的问题，战胜强有力的竞争对手，认为他们可以征服任何事情或任何人，并将成功定义为克服不可能的障碍，解决不可能解决的问题或战胜非常强硬的对手。

H. 生活型职业锚

希望工作有足够的弹性，可以同时兼顾个人、家庭、职业的需要，职业与生活是整合的，他们愿意为提供灵活选择的组织工作，更关注组织文化是否尊重个人、家庭的需要，以及能否与组织之间建立真正的心理"契约"。

三、职业生涯规划的环境因素

（一）外部环境分析

外部环境主要包括以下几个方面。

(1) 家庭环境分析。家庭环境好坏对人的心态影响非常大，进而会影响到个人工作和事业的发展。对家庭环境的了解和分析主要包括以下几个方面：家庭关系，如夫妻关系、父子关系、婆媳关系等，家庭生活环境，家庭经济状况，孩子学业情况，家庭成员健康状况，家人期望，家族文化背景等。

(2) 学校环境分析。学校环境分析主要包括学校地位，办学特色，专业特点，就业情况等。

(3) 社会环境分析。人脱离不了社会，因此对社会环境进行了解和分析也是职业生涯规划的内容之一。对社会环境因素的了解主要包括以下几个方面。①经济环境，当经济发展非常景气时，百业兴旺，就业渠道、薪资提升和职业发展的机会就会大增；反之，就会使人的职业发展受阻。对经济环境的了解可以通过以下几个方面获得：经济改革状况，经济发展速度，通货膨胀率，经济建设状况，国际贸易状况等。②社会政策，主要是人事政策和劳动政策。③社会变迁，如知识经济和信息化社会的发展，就会对人的职业生涯发展产生较大的影响。④社会价值观，价值观会随着社会的不断发展和进步而发生不同程度的变化，从而会影响社会对人的认识和对职业的要求。⑤科学技术的发展，科技的发展会带来理论的更新、观念的转变、思维的变革、技能的补充等。

(4) 目标地域分析。目标地域分析主要包括目标城市、地区的经济发展状况及前景，生活习惯与气候水土、人脉关系等。在经济发展水平高的地区，企业相对集中，优秀企业也就比较多，个人职业选择的机会就比较多，因而有利于个人职业的发展；反之，在经济落后的地区，个人职业选择的机会相对较少，个人职业发展也会受到限制。

(5) 目标行业环境分析。目标行业分析是分析与该行业相关的产业结构、行业领域、职业岗位，以及现代劳动形态的变化状况与趋势等职业影响因素。

(6) 目标企业环境分析。目标企业分析包括对企业类型，企业实力与经营战略，企业特点和人力评估，企业领导人分析，人力资源管理制度与工作岗位分析等。

（二）目标职业分析

目标职业分析是对自己已经选定的职业进行多维度的分析，主要包括职业名称、岗位说明、工作内容、任职资格、工作条件、就业和发展前景等。

1. 职业的要素

职业一般包括以下几个要素。

(1) 职业名称。

(2) 职业主体:从事一定社会分工活动的劳动者,必须具有承担该职业活动所需要的资格和能力。

(3) 职业客体:职业活动的工作对象、内容、劳动方式和场所等。

(4) 职业报酬。

(5) 职业技术。

2. 职业描述

(1) 职业名称:照相器材维修工(4-07-10-03)。

(2) 受教育程度:高中。

(3)职业定义:使用专用工具,对摄影或冲印、放大等照相器材进行维护、修理的人员。

(4) 职业资格等级:初级(国家职业资格五级)。

(5) 职业能力特征:有一定的分析、判断能力及自学能力,眼、手准确协调,能够熟练、准确、稳定地运用手指完成既定操作的能力。

(6) 职业人格特征:注重细节,喜欢物质的、实际的、安定的,喜欢具有基本技能、有规则的具体劳动。

(7) 技术技能:掌握维修基本技能,能够进行照相器材故障的排除。

职业环境:室内、常温。

(三) 有关职业的一些基本事实

目前现存有超过二十万种职业,对于大多数人来说,就有数种职业适合他们。调查表明,各个经济收入阶层和各种行业领域的人都热爱自己的工作。没有哪一种工作能够完全满足你所有的需要。所有工作都有其局限性和令人失望之处,你需要通过其他活动来平衡生活,才有可能感觉到完满。

工作市场和经济形势都时常发生变化,甚至是急剧的变化。有的行业在目前可能充满了机会,却会在数年内饱和。变化是生活的一部分。我们的决定很可能不会持续一生,而需要不断调整和变化才能保持满意感。你需要学会如何应对工作的变动,而不是如何去避免它。

【案例直击】

每种性格都能成功

19 世纪末,一个男孩降生于布拉格一个贫穷的犹太人家里。随着男孩的一天天长大,人们发现他虽生为男儿身,却没有半点男子汉气概。他的性格十分内向、懦弱,也非常敏感、多虑,老是觉得周围的环境都在对他产生压迫和威胁,防范和躲避的心理在他心中可谓根深蒂固。

男孩的父亲竭力想把他培养成一个标准的男子汉,希望他具有风风火火、宁折不屈、刚毅勇敢的性格特征。在父亲那粗暴、严厉却又是很自负的斯巴达克式的培养下,他的性格不但没有变得刚烈勇敢,反而更加的懦弱自卑,并从根本上丧失了自信心,以至于生活每一个细节,每一件小事,对他来说都是一个不大不小的灾难。他在惶惑痛苦中长大,他整天都在察言观色,常独自躲在角落处悄悄咀嚼受到伤害的痛苦,小心翼翼地猜度着又会有什么样的伤害落到他的身上，看他那样子，简直就没出息到了极点。这样的孩子，你能够让他去当兵，去冲锋陷阵，去做元帅吗？不可能，部队还没有开拔，他也许就已当逃兵了。让他去从政，依靠他的智慧、勇气和决断力，从各种纷杂势力的矛盾冲突中寻找出一种平衡、妥当的解决方法，那更是可望而不可即的幻想。他也做不了律师，懦弱内向的他怎么可能在法庭上像斗鸡似的竖起雄冠来呢？做医生则会因太多的犹豫顾虑而不能果断行事，只会使很多的生命在他的犹豫中遗恨终生。看来，懦弱、内向的性格，确实是一场人生的悲剧，即使想要改变也改变不了，因为他的父亲已做过努力了。

你能想象这个男孩后来的命运吗？这个男孩后来成了世界上最伟大的文学家，他就是卡夫卡，给我们留下了许多不朽的文学巨著——《变形记》、《城堡》、《审判》、《美国》等。

【案例点评】

每个人都有自己的性格，每种性格都有其擅长的职业。有的人擅长这一行，有的人擅长那一行。无论是哪一种性格，你都应该接受它，并按照这一性格去寻找适合的职业。职业只有顺应了自己的天性才能肩负起上苍所赋予的使命，才能开启通往成功的大门。要知道，每一种性格都能成功，关键就在于性格是否选对了职业，人是否找准了位置。卡夫卡找到了上帝为他的性格安排的职业。性格内向、懦弱的人，他们的内心世界一定很丰富，他们能敏锐地感受到别人感受不到的东西，他们是外部世界的懦夫，却是精神世界的国王。这种性格的人如果选择了做军人、政客、律师，那么，他就选择了做懦夫；如果他选择了精神的领域，那么，他就选择了做国王。卡夫卡正是选择了后者，他在文学创作的领域里纵横驰骋。在这个他为自己营造的艺术王国中，在这个精神家园里，他的懦弱、悲观、消极等弱点，反倒使他对世界、生活、人生、命运，有了更尖锐、敏感、深刻的认识。他以自己在生活中受到的压抑、苦闷为题材，开创了一个文学史上全新的艺术流派——意识流。他在作品中把荒诞的世界、扭曲的观念、变形的人格，重新给我们解剖了一次，使我们对现代文明这种超级怪物，有了更深刻的认识，对人生和命运有了更沉重的反省。

第三节　职业决策

【资料链接】

不同的决策不同的未来

有三个人被关进监狱三年，监狱长给他们三个一人一个要求。

美国人爱抽雪茄，要了三箱雪茄。

法国人最浪漫，要一个美丽的女子相伴。

而犹太人说，他要一部与外界沟通的电话。

三年过后，第一个冲出来的是美国人，嘴里、鼻孔里塞满了雪茄，大喊道："给我火，给我火！"原来他忘记要火了。

接着出来的是法国人，只见他手里抱着一个小孩子，美丽女子手里牵着一个小孩子，肚子里还怀着第三个。

最后出来的是犹太人，他紧紧握住监狱长的手说："这三年来我每天与外界联系，我的生意不但没有停顿，反而增长了200%，为了表示感谢，我送你一辆劳斯莱斯！"

——摘自：东论微博. 2011. 我已不是老师. http://t.cnool.net/view/post=5309799 2011-10-19

【理论认知】

一、职业决策的含义

人的一生，过得是否幸福，与所从事的职业的满意度有相当大的关系。然而，选择一个适合自己的职业并非易事。人一生中可能会多次变更职业，面临多次选择，因此很多人都会感到职业决策困难，如在缺乏关于职业的信息或个人的职业特征信息时，在个人的喜好与社会供给不相一致时，在个人的愿意与父母的立场对立时，在面对多种冲突的情况时等。

职业决策是一个复杂的认知过程，通过此过程，决策者组织有关自我和职业环境的信息，仔细考虑各种可供选择的职业前景，作出职业行为的公开承诺。从这个概念我们可以看出：职业决策是一个过程，而不单单是一种结果。

二、职业决策的基本原则

“职业咨询之父”帕森斯对如何选择职业提出：第一，自我认知；第二，职业认知；第三，上述两条件平衡。一般来说，人们在职业选择中应做到以下几方面。

(1) 择己所爱。择己所爱是设计自己职业生涯的基础。兴趣与成功呈明显的正相关性。择业时不要被自己的所学专业所束缚，当自己兴趣相符的职业来临之时，不妨一试。从事一项你喜欢的工作，工作本身就能给你一种满足感，你的职业生涯也会从此变得妙趣横生。兴趣是最好的老师，是最初的动力，兴趣是成功之母。调查一再表明，兴趣与成功几率有着明显的正相关性。你在设计职业生涯时，务必注意：考虑自己的特点，珍惜自己的兴趣，择己所爱，选择自己喜欢的职业。比尔·盖茨也曾说过，“在你最感兴趣的领域中，隐藏着你人生的最大秘密。”

(2) 择己所长。择己所长是设计职业生涯的关键。求职中扬长避短是非常重要的，尽量选择自己拿手，别人却感到棘手的工作，在求职中要尽量表现自己的优势和特长。任何职业都要求从业者掌握一定的技能，具备一定的条件，难以想象让一名卡车司机驾驶一架民航班机会出现怎样的后果，也没有人会让文盲去操纵计算机——他们不具备那些职业能力。职业不同，对技能的要求也不一样。任何一种技能都是经过一定时间的训练后才被劳动者所掌握的，而每个人的一生都很短暂，任何人都不可能在一生中掌握所有的技能。尺有所短，寸有所长。你也许兴趣广泛，掌握多种技能，但所有技能中，总有你的长项，有些人善于与人打交道，有些人则更适于管理机器物品。你在设计自己的职业生涯中时，千万要注意：选择有利于发挥自己优势的职业，即择己所长。比较优势原理同样适用于职业生涯设计。当你长处较多时，不妨观察一下周围人群，研究一下别人的长处，如果你的长处也正是别人的长处，不妨放弃这个选择，尽量寻找一个你非常拿手，别人却感到棘手的职业，这种选择往往让你平步青云。因为在这一领域内，很少有人能和你竞争，只有你一枝独秀。

(3) 择世所需。择世所需是设计职业生涯的保证。社会的需求不断演化着，旧的需求不断消灭，同时新的需求不断产生，昨天的抢手货今天会变得无人问津，生活处于不断变化之中。毕业生要观察社会的发展动态，留心社会的需求变化。在设计自己的职业生涯时，毕业生一定要分析社会需求，择世之所需，否则，只会自食苦果。

(4) 择己所利。一个不得不承认的事实是，职业对你而言，依然是一种谋生手段，是谋取人生幸福的途径。你通过职业劳动，在谋取个人福利的同时，也为社会作出了贡献，创造了社会财富。但你谋取职业的第一动机却很简单，你的首要目标在于个人生活的幸福。谁都期望职业生涯能带给自己幸福，利益倾向支配着你的职业选择。

择业时，首先考虑的将是自己的预期收益，这种预期收益要求你的幸福实现最大化，也就是使收益最大化。马斯洛将这种需求按先后次序排列成五个层次：生理需求、安全需求、爱的需求、自尊需求，以及自我实现的需求。个人预期收益在于使这些由低到高的基本需求得到最大的满足，而衡量其满足程度的指标表现为收入、社会地位、职业生涯稳定感与挑战性等，不同的人有不同的偏好，每个人都会尽可能满足其所有的需求。每个人都渴望幸福，期望在自己的职业生涯中实现收益的最大化。你通过在职业领域内的奋斗造福社会，社会则赐给你由收入、地位、自我实现等调制而成、贴上幸福标签的美酒，只不过有人喜欢甘甜，有人偏爱甘洌，众口不一罢了。明智的人大都会在迎合与蔑视间有效地协调，以利益最大化原则权衡利弊，从一个社会人的角度出发，在一个由收入、地位等变量组成的函数中找到一个最大值，这就是你在选择职业生涯中的收益最大化原则。

(5) 追求卓越。成功没有捷径。你必须把卓越转变成身上的一个特质，最大限度的发挥你的天赋、才能、技巧，把其他人甩在你后面，高标准严格要求自己，把注意力集中在那些将会改变一切的细节上。变得卓越并不艰难，从现在开始尽自己最大能力去做，你会发现生活将给你惊人的回报。一个人如果能真正领悟到，自己喜欢做什么，如何最大限度地发挥自己的特质，只要自己在不断地做正确的事，保持很好的速度，一定能成为卓越的人才。

三、确定职业发展目标

(一) 目标设定的SMART法

SMART分析法是指在制定目标的时候，所应该遵循的五项原则。制定目标看似一件简单的事情，每个人都有过制定目标的经历，但是如果上升到技术的层面，就必须学习并掌握SMART原则。所谓SMART原则，即：

(1) 目标必须是具体的；
(2) 目标必须是可以衡量的；
(3) 目标必须是可以达到的；
(4) 目标必须和其他目标具有相关性；
(5) 目标必须具有明确的截止期限。

无论是制订团队的工作目标，还是员工的绩效目标都必须符合上述原则，五个原则缺一不可。制订的过程也是自身能力不断增长的过程，经理必须和员工一起在不断制订高绩效目标的过程中共同提高绩效能力。

(二) 确定职业目标常易犯的错误

确定职业目标时常犯的错误有以下几条。

(1) 定位分析不明。大多数人没有谈到选择该职业目标的原因，以及达到目标的途径，达到目标所需的能力、训练和教育，没有提到达到该目标可能得到的助力，没有提到达到该目标可能遇到的阻力。

(2) 专业与职业关联度小。部分学生在作职业定位时，并没有把专业与能力和企业职业所需能力一一对应起来，如专业是中文，职业目标是高级心理咨询师；专业是行政管理，但是职业是会计。抛开自己的专业，从事别的职业，不是不可以，但要具体分析自己所要从事的职业，自己在大学时期有没有这方面的知识储备，有没有这方面的社会实践，浪费三、四年所学，从事别的工作，要特别慎重考虑，不能仅凭个人喜好作出重大决定。

(3) 目标订立过于理想化。大学生缺乏对行业、职位详细信息的了解，体验不到真实的职业环境，目标的订立有些理想化，而具体行动计划又有脱离实际。80%以上的同学的目标是今后成为社会精英，如大学教授或总经理、董事长等。有些同学是专科生，选择的职业偏偏是大学教授，其理想的计划是专科毕业后考专升本，本科毕业后，参加考研，然后读硕士、博士，最后是大学教书，慢慢评上教授。当初只能考上专科，这说明自己在读书方面或考试方面就不是很有优势，现在竟然用自己不是特别擅长的方面，来与当初考上本科的同学来竞争，取得成功的机会不会大。只能说是理想化。这些专科生可以考虑自己的管理能力或人际交往能力，销售能力，往这方面的发展可能取得成绩会更快些。职业规划中有远大的理想固然是好，但一味追求速成，会导致择业中眼高手低，结果反而是欲速不达。学生最好根据自己的专业知识作出职业规划，最重要的是抱着积极而又务实的心态，从底层做起，积累经验。

【案例直击】

相似的经历不同的结果

大学生A和B比较相似，在学校的表现都属于优良的水平，毕业以后，分别进入了不同的单位工作。三年之后，两个人的命运却产生了差异，A已经成为公司的骨干，担任部门的主管，每月的收入也在5000之上；B还是公司的一般职员，收入只有2500，正准备寻找机会跳槽。在这三年期间，两个人都跳过槽，都换过3家公司，最后的结果却大相径庭。A毕业后进入一家卖电器的店做销售代理，工作中勤学好问，很快掌握了销售技巧，成为了卖场一名不错的销售员，第二年，跳槽到规模更大的电器连锁店做组长，第三年，跳槽到国内知名的电器销售连锁店做部门的主管。B毕业后进了一家卖电讯器材的公司做销售员，第二年，跳槽到一家网络公司做网管，第三年，换工作进了一家生产企业作办公室的文员。笔者认真分析了两个人的经历，发现A一直在自己熟悉的电器销售行业工作，期间跳槽也是为了有更好的工作，B却没有找准自己的发展方向，在不同的行业跳来跳去，最后还是只能从事低层岗位的工作。

【案例点评】

职业发展不仅仅是岗位变动，也是岗位从低到高的上升运动。只有在明确职业目标指引下，不断积蓄力量，使自己的每次经历和磨炼成为职业上升的必要条件，才能不断走向成功，实现自己的目标。

第四节　职业生涯规划的制订

【资料链接】

智慧取胜

1984年，在东京国际马拉松邀请赛中，名不见经传的日本选手山田本一出人意外地夺得了世界冠军。当记者问他凭什么取得如此惊人的成绩时，他说了这么一句话："凭智慧战胜对手。”

当时许多人都认为这个偶然跑到前面的矮个子选手是在故弄玄虚。马拉松赛是体力和耐力的运动，只要身体素质好又有耐性就有望夺冠，爆发力和速度都还在其次，说用智慧取胜确实有点勉强。

两年后，意大利国际马拉松邀请赛在意大利北部城市米兰举行，山田本一代表日本参加比赛，这一次，他又获得了世界冠军。记者又请他谈经验。山田本一性情木讷，不善言谈，回答的仍是上次那句话：“用智慧战胜对手。”这回记者在报纸上没再挖苦他，但对他所谓的智慧迷惑不解。

10年后，这个谜终于被解开了，他在自传中是这么说的，“每次比赛之前，我都要乘车把比赛的线路仔细地看一遍，并把沿途比较醒目的标志画下来，比如第一个标志是银行；第二个标志是一棵大树；第三个标志是一座红房子……这样一直画到赛程的终点。比赛开始后，我就以百米的速度奋力地向第一个目标冲去，等到达第一个目标后，我又以同样的速度向第二个目标冲去，40多公里的赛程，就被我分解成这么几个小目标轻松地跑完了。起初，我并不懂这样的道理，我把我的目标定在40多公里外终点线上的那面旗帜上，结果我跑到十几公里时就疲惫不堪了，我被前面那段遥远的路程给吓倒了。”

现实中，我们做事总是会半途而废，原因往往不是因为难度较大，而是觉得成功离我们太远。确切地说，我们不是因为失败而放弃，而是因为倦怠而失败。在人生的旅途中，只要我们稍微拿出一些山田本一的智慧，一生中也许就会少几分懊悔和惋惜。

摘自：http://www.jx.sgcc.com.cn/main/article/201001/article270640.shtml

【理论认知】

一、职业生涯规划制订的步骤及注意事项

（一）职业生涯规划制订的步骤

职业生涯规划的制订有以下几个步骤。

（1）自我评估。这是对自己作出全面的分析，主要包括对个人的需求、能力、兴趣、性格、气质等的分析，以确定什么样的职业比较适合自己和自己具备哪些能力。

（2）分析组织与社会环境。这是对自己所处的环境的分析，以确定自己是否适应组织环境或者社会环境的变化，以及怎样来调整自己以适应组织和社会的需要。短期的规划比较注重组织环境的分析，长期的规划要更多地注重社会环境的分析。

（3）评估生涯机会。它包括对长期的机会和短期的机会的评估。通过对社会环境的分析，结合本人的具体情况，评估有哪些长期的发展机会；通过对组织环境的分析，评估组织内有哪些短期的发展机会。通过职业生涯机会的评估可以确定职业和职业发展目标。

（4）确定职业生涯目标。它包括人生目标、长期目标、中期目标与短期目标的确定，它们分别与人生规划、长期规划、中期规划和短期规划相对应。一般，我们首先要根据个人的专业、性格、气质和价值观，以及社会的发展趋势确定自己的人生目标和长期目标，然后再把人生目标和长期目标进行分化，根据个人的经历和所处的组织环境制订相应的中期目标和短期目标。

（5）制订行动方案。在确定各种类型的职业生涯目标后，就要制订相应的行动方案来实现它们，把目标转化成具体的方案和措施。这一过程中比较重要的行动方案包括职业生涯发展路线的选择、职业的选择和相应的教育和培训计划的制定。

（6）评估与反馈。在人生的发展阶段，由于社会环境的巨大变化和一些不确定因素的存在，会使我们与原来制订的职业生涯目标与规划有所偏差，这时需要对职业生涯目标与规划进

行评估和作出适当的调整，以更好地符合自身发展和社会发展的需要。职业生涯规划的评估与反馈过程是个人对自己的不断认识过程，也是对社会的不断认识过程，是使职业生涯规划更加有效的有力手段。

（二）职业生涯规划实施中易出现的问题

职业生涯规划实施中常出现的问题有以下几个。

(1) 计划可操作性不强。一些学生的专业是非师范，但是选择的职业是师范类的工作，大学阶段的计划没有凸显达到该职位的社会实践和读书计划。大学毕业后的计划只是对未来职业的各个岗位的具体描述，而且多是从互联网搜索得来的，没有请教在职人员来描述职业的实际经历，执行计划模糊，即使有社会实践和读书计划，但是并没有制订出时间和地点，以及计划读的具体书籍。英语口语好也是一个模糊的目标，没有可操作性。计划应分为总体计划和阶段性计划。总体计划指一生总的职业目标。阶段性计划至少是两大部分，一部分是在校期间，另一部分是大学毕业后。大学期间应该具体详细，既要有年度计划，也要学期计划；既要有月计划，也有周计划，最好每天都要有计划。每天除了常规的上课外，应有自己的读书计划，双休日怎样度过，如何安排勤工助学与学习的时间，寒假准备去哪家企业调研，暑假准备去哪家公司参加社会实践活动等。计划中应包括采用什么措施来提高学习和工作效率，计划学习哪些专业知识，掌握哪些职业技能，提高哪些业务能力，采用什么方法来开发自己的潜能，如何提高自己的情商水平，如何坚持计划，计划遇到挫折怎么办等相应措施。

(2) 重考证，轻实践。大多数学生特别强调拿英语四级证书，有的还提到拿英语六级证书、商务英语证书，还有的学生提到拿计算机等级证书、计算机软件工程师证书。但是大多数学生很少提到与职业相关的社会实践。社会实践对在校大学生非常重要，通过寒暑假期参加社会实践才能知道自己所学是不是将来职业所需，自己能不能胜任工作。如果不能，那么在校应该尽快完善这方面的知识。这对今后的大学生活有极大的指导作用。

想当然的多，结合实际的少。未来职业是计算机行业方面的管理人员，如基层管理（一年）—初级管理（两年）—中级管理（三年）—高级管理（五年）。这个计划是如何制订出来的呢？是请教了在职人员，还是自己想当然的呢？大学生应该多和社会职场人士沟通、交流，获取足够的行业、企业和职位信息，就可以保证职业规划的社会性和可实施性。大学生应该结合自己的四项测评报告，发挥自己的长处，尽量使计划执行不再是凭想象。

(3) 评估、反馈与调整。影响职业生涯规划的因素很多，有的变化因素是可以预测的，有的变化因素难以预测。在此状态下，要使职业生涯规划行之有效，就必须不断地对职业生涯规划执行情况进行评估。首先，要对年度目标的执行情况进行总结，确定哪些目标已按计划完成，哪些目标未完成；其次，对未完成目标进行分析，找出未完成原因及存在的障碍，制订相应解决障碍的对策及方法；最后，依据评估结果对下一年的计划进行修订与完善。如果有必要，也可考虑对职业目标和路线进行修正，但一定要谨慎考虑。

二、高职生在校期间的职业生涯规划

（一）发达国家对高职生的技能要求

对于高职生应具有怎样的技能问题，国际职业技术教育界已普遍达成共识：职业技术学院学生应该拥有适应社会变化的技能，应掌握从事社会工作的专业技能、方法技能和社会技能，唯有如此才能使其在瞬息万变的职业变化中能够“以变应变”、“以不变应万变”。因此国际职教界要求：“教育应该帮助青年人在谋求职业时有最适度的流动性，便于他从一个职业转移到另一职业或从一个职业的一部分转移到另一部分。”

1. 德国职业技术教育的技能要求

德国职业技术教育以培养学生“关键技能(key skills)”为目的，该技能又被称为“核心技能(core skills)”、“基本技能(generic skills)”、“必要技能(essential skills)”、“共同技能(common skills)”或“可迁移技能(transferable skills)”，意指在具体的专业技能和专业知识以外的，从事任何一种职业都必不可少的基本技能。它强调的是，当职业发生变化时，从业人员所具备的这一技能依然起作用。从业者的这一基本素质能使他们在变化了的环境中重新获得新的职业和技能，所以有人形象地称它为“可携带的技能(portable skills)”，因为它在劳动者未来的发展中起关键作用，所以被称为“关键技能”。

(1) 专业技能。专业技能，即从事职业活动所需要的知识与技能，技能包括各专业和相应专业群的技术、工艺和运作技能；知识则包括科学文化知识和专业理论基础知识，即认知能力。专业技能还包括认知与操作过程中的质量意识、安全意识、经济意识、时间意识，工作完成后的卫生意识等。专业技能是从业者的核心技能。

(2) 方法技能。方法技能是从事职业活动所需要的工作方法和学习方法。它包括制订工作计划的步骤，解决实际问题的思路，独立学习新技术的方法，以及理解新事物的思维方法等。方法技能的深化还包括分析与综合、全局思维与系统思维、逻辑思维与抽象思维、决策与迁移技能等。方法技能是从业者今后发展的重要技能。

(3) 社会技能。社会技能是从事职业活动所需要的行为技能。它包括人际交往、公共关系、社会责任感，以及群体工作的协调与仲裁，参与意识、自信心、积极性、主动性、灵活性、语言文字表达技能等。社会技能是从业者的必备技能。

2. 关于美国职业技术的技能要求

美国劳工部在发表的 SCANS(Secretary's Commission for Achieving Necessary Skills)报告中提出了每一个进入劳动市场的人所必备的关键技能共有五个方面。

(1) 学习技能。学习技能要求学生在课程学习的过程中，能设计、监控和评价自己的学习活动；

(2) 思考技能。思考技能要求学生能够创造性地、批判性地和策略性地思考，作出有效决定，解决各种问题，实现个人学习目标；

(3) 交流技能。交流技能要求学生能够设计、参与、监控和评价在不同情境中的交流活动；

(4) 技术技能。技术技能要求学生能够在迅速变化的信息社会中，了解、使用、选择和评价各种技术，以及在工作中应用技术的技能；

(5) 人际交往技能。人际交往技能要求学生能够与他人一起有效地工作，并且在各种情境中积极参与群体互动。

3. 英国职业技术教育的技能要求

英国对职业技术教育的技能要求包括以下内容。

(1) 交流技能。交流技能，即以多种多样的形式提取、呈现、分析和评价信息的技能；

(2) 计算技能。计算技能，即解释、呈现和运用数字材料的技能；

(3) 信息技术技能。信息技术技能，即应用信息技术从事一系列日常工作(如文字信息处理、模型设计等)的技能；

(4) 他人合作技能。他人合作技能，即个人的认知能力和与他人交往、协作的技能；

(5) 改善自学与动手技能。改善自学与动手技能，即计划和评价自己的学习和行为，努力改善自学与自做的技能；

(6) 解决的技能。解决的技能，即确定问题、提出解决问题的方案并付诸实施，检查其实效的技能。

4. 澳大利亚的职业技能要求

澳大利亚提出了“为工作，为教育，为生活的关键技能”，具体定为七项技能。

(1) 收集、分析、组织信息的技能；

(2) 表达想法与分享信息的技能；

(3) 规划与组织活动的技能；

(4) 团队合作的技能；

(5) 使用数学概念与技巧的技能；

(6) 解决问题的技能；

(7) 运用科技的技能。

同样，这些技能也不是为了提高职业学校学生的某一项工作技能，而是为了提高全体民众一生的生存能力，是每一个公民不可缺少的生存技能。

尽管世界各国对职业技能的提法和要求不完全相同，但其基本的精神是一致的。

(1) 职业技能是各行各业的共同技能。关键技能所强调的并不是某个专业或某种职业领域所具有的专业知识和技能，而是所有职业共同具有的解决问题的技能和在社会中交往的技能，是对传统职业技术教育技能观的补充和发展。

(2) 职业技能是从业者的综合技能。关键技能所包含的内容并不仅仅是心理学意义上个体的一般智力技能(如日常生活中的观察、记忆、比较、分析、抽象、概括和解决问题等技能)和特殊智力技能(如学习活动中的阅读、写作、计算技能)，还包括与人交往的技能、组织管理的技能等，体现了现代社会对个体全面发展的要求。

(3) 职业技能反映了学习化社会的具体要求。随着知识的更新和技术进步速度的加快，很多人在一生的工作中不得不变换几种不同的职业或工作地点。因此，教育已不能以学习者已学到什么而感到满足和自豪，而是要注重培养学习者继续学习的意愿和能力。关键技能的目标是提高个体对职业流动的适应性，可以说，它是顺应学习化社会要求的新兴教育思想。

(4) 职业技能是对“能力本位”、“人格本位”教育思想的进一步发展。关键技能所关注的并不是一系列特殊的职业技能和知识，而是强调培养学生的事业心、开拓力、创新力，以及在组织中共同活动的技能。

(二) 我国高职生的成长与发展

1. 政治素质是高职生和谐发展的指南

政治素质是指“对我国的民族、阶级、政党、国家、政权、社会制度和国际关系具有正确的认识、立场、态度、情感，以及与此相适应的行为习惯”。坚持社会主义核心价值体系，是我国政治素质的集中要求。高职学生政治素质的构成包括:政治方向、政治观点、政治立场、政治责任和政治能力、政治方法等。合格的政治素质是高职生未来融入企业组织文化，企业道德价值认同的基本条件。企业员工政治素质水平的高低对一个组织文化价值观的实现程度有决定因素，对国家、民族、政权的认同度越强，政治信念越强，政治方向、政治观点、政治立场、政治责任度就越高，履行国家、民族、社会责任的意识也就越高。高职学生应以坚持社会主义核心价值体系为精神指南，努力使自己成为一个政治上合格的中国特色社会主义现代国家的建设者。

2. 专业技术素质是高职生和谐发展的基础

专业技术素质是指高职学生在学校这个组织中从事职业技术学习应具备的知识水平和业务技术能力，包括：高职生的专业理论知识、专业实践能力，以及专业知识能力的表达、沟通、运用和创新。随着科学技术的日益进步和产业结构调整，企业技术改造升级的步伐越来越快，企业的发展、技术含量的提高与员工技术素质的矛盾仍不协调。高职学生技术素质的奠定和提高已成为加入企业组织，推动企业发展的突出问题。

3. 个性品质是高职生和谐发展、道德认同的内化

个性品质指个人的整体精神面貌，是个体在遗传的基础上，受社会生活环境影响而形成的独特而稳定的具有一定倾向性和动力性的各种生理、心理特征的总和。个性品质是在所处的社会环境中逐渐形成的。优良的个性品质，体现在工作中的是积极向上的心理特征，如勤劳勇敢、真诚热情、情操高尚、事业心强、意志坚韧、有创造能力等。高职生的个性品质是在职业院校学习和企业、社会实践锻炼中感悟和磨炼出来的。优良的个性品质，对社会、组织文化提升，组织道德的认同，组织发展战略目标的实现，组织价值观内化于自心，与组织行为的协调一致等都起着重要的作用。

4. 心理素质是高职生和谐发展意志品质的体现

心理素质，是在长期社会生活中形成的心理活动在个体身上的积淀，是个人在思想和行为上表现出来的比较稳定的心理倾向、特征和能动性。高职生的非智力因素、智力和能力因素、心理现状因素、社会适应因素是学生个体通过和社会、组织的相互作用，随着心理活动的定型与概括产生的高级的心理潜势。高职学生是在职业院校文化价值观的熏陶、培育下，基本形成理性的认知观念、恰当的情感调控、良好的性格特征，以及健全的自我意识，对履行社会责任、践行组织意志打下了良好的基础。良好的学习心理、责任心理、竞争心理、角色心理、事业心理的积淀、发扬和传承，是促进高职生自身和谐发展，意志、品质的具体彰显。

5. 团队合作是高职生和谐发展的条件

团队合作意识是团队成员间相互依存、自愿合作和协同努力的精神。它可以调动团队成员的所有资源，使成员之间互敬互重，紧密合作、遵守承诺，尊重个性的差异，共同提高，利益和成就共享，责任共担。从发展角度来说，团队合作精神是组织可持续发展的内在动力之一，对于组织的健康运行发挥着至关重要的作用。在明确的战略目标指引和文化价值认同的培育下，在组织成员良好的合作意识驱动下，组织发展才有足够的动力和强大的后发力。团队合作使组织的文化得以弘扬，团队合作意识浸润组织成员的价值观和行为导向，团队合作意识的养成，对提升团队的整体素质、道德品质都起着重要的作用。

6. 责任意识是高职生和谐发展的命脉

责任意识是指处于社会关系中的人，根据自己的社会地位和社会角色，主动承担相应的义务和职责。它包括对自然关系、社会关系的义务和责任，具体表现为自己的行为不伤害自然、不伤害社会和他人的利益。高职学生在发展中要达到人与自然、社会的和谐，与组织内部的和谐，坚持持续学习，发展、履行社会责任，都离不开社会责任意识，离不开社会责任的担当。

7. 沟通协调是高职生和谐提升的前提

沟通是人与人之间、组织与组织之间的信息交流，是满足人和组织本身的需要，实现其目标的交往形式。协调是使人们的行为趋于和谐，其行为导向趋向共同目标的一种管理活动。高职学生的沟通协调是指为了不断学习、历练能力，满足社会需要的职业人才要求而进行的彼此之间的信息交换。对成长中的高职学生而言，沟通是团队合作、共赢的基本前提，构建高效

的组织团队,团队成员一定要学会、善用沟通。团队如果没有交流和沟通,就不可能达成共识,团队成员之间就不可能协调一致。在沟通协调的基础上,团队内人力资源的凝聚力得以拓展,战胜困难的意志力得以提升,资源运用效率得以达到最佳状态。

8. 持续学习是高职生和谐发展的力量之源

学习是人们在阅读、听讲、研究、实践中获得知识和技能,是对事物的感性认知和理性反思。持续学习是个人和组织在社会、经济、文化发展过程中,拓展知识、不断提升能力的行为方式。彼得·圣吉在《第五项修炼》中详细地阐述了企业组织建立共同愿景,转变心智模式,团队学习,坚持系统思考的学习型组织的理念。善于学习的组织才是大有希望的组织,善于学习的民族才是大有希望的民族。随着知识经济时代的到来,学习型团队已成为各个组织做好管理工作和提高竞争能力的必要条件。成为学习型的个人,已是适应社会经济发展要求的基本前提。持续学习、终身学习、团队学习、激发智能、实现超越,是当今组织的特征。在认知过程中,学会发展自己的学习能力,是高职学生应具备的素质。所以,持续学习是高职学生的责任,是高职学生的素质表现。随着经济的全球化、知识经济时代的到来,持续学习也是高职学生个人提升资源能力和社会贡献水平的重要保证。

9. 执行力是高职生和谐发展的重要保证

执行力指的是贯彻战略意图,完成预定目标,落实行动的实际能力。它是体现组织竞争力的核心部分,是把组织发展战略、规划转化成为效益、成果的关键,是组织决策在实施过程中原则性和灵活性相互结合的重要体现。一个组织的执行力就是它的战略实施能力,是对这个组织的各种资源经过有效整合而形成的成功实现组织战略的综合能力。组织执行力的强弱直接决定了组织战略的实现程度、实现速度。组织执行力与组织发展战略是相辅相成的,一个组织发展战略目标的实现,执行力是根本。在职业准备阶段,培养高职学生的执行力,养成良好的实干作风,对高职学生的行为养成大有裨益。

10. 创新意识是高职生和谐发展的不竭动力

创新意识是指对创新的价值、能力和方法的根本看法和态度,是不断探索开创新事物的兴趣和欲望。创新意识是创新情感、创新兴趣、创新意志的心理过程的总和。作为高职学生的创新意识是学生个体改变现存事物的意愿,是潜意识和显意识的有机结合。它是学生在学习、积累知识,能力培养中形成的创造愿望、动机、信念,是高职学生在社会实践、未来就业进行创造活动的动力。勤于思考、善于发现、求新求异、敢于创新是高职学生重要的素质之一。具有创新意识的高职学生,是社会经济发展、企业发展的动力资源。在学习、探究、实践、总结中,通过积累的知识技能,大胆地设想,勇敢地践行,能够在前人、同行的思维和经验的平台上,开出一片自己创造的天地。当代工人的杰出代表许振超的"绝活",就是在实践中,不断学习、大胆创新的结果。

【案例直击】

比尔·拉福:商业领袖的生涯轨迹

一个美国小伙子立志做一名优秀的商人,中学毕业后考入麻省理工学院,没有去读贸易专业,而是选择了工科中最普通、最基础的专业——机械专业。大学毕业后,他没有马上投入商海,而是考入芝加哥大学,攻读为期三年的经济学硕士学位。更出人意料的是,获得硕士学位后,他还是没有从事商业活动,而是考了公务员。在政府部门工作了五年后,他辞职下海经商。

又过了两年,他开办了自己的商贸公司。20 年后,他的公司资产从最初的 20 万美元发展到 2 亿美元。这位小伙子就是美国知名企业家比尔·拉福。

1994 年 10 月,比尔·拉福率团来中国进行商业考察,在接受《中国青年报》记者采访时,他说他的成功应感激他的父亲指导他制订了一个重要的生涯规划,最终这个生涯设计方案使他功成名就。

【案例点评】

比尔·拉福成功的简图是:

工科学习→工学学士→经济学学习→经济学硕士→政府部门工作→锻炼处世能力,建立广泛的人际关系→大公司工作→熟悉商务环境→开公司→事业成功

第一阶段:工科学习

选择:中学时代,比尔·拉福就立志经商。他的父亲是洛克菲勒集团的一名高级职员,他发现儿子有商业天赋,机敏果断,敢于创新,但经历的磨难太少,没有经验,更缺乏必要的知识。于是,父子俩进行了一次长谈,并描绘出职业生涯的蓝图。因此,升学时他没有像其他人一样直接去读贸易专业,而是选择了工科中最基础最普通的机械制造专业。

点评: 做商贸必须具备一定的专业知识。在商品贸易中,工业品占绝对多数,不了解产品的性能、生产制造情况,就很难保证在贸易中得到收益。工科学习不仅是知识技能的培养,而且能帮助建立一套严谨求实的思维体系、清楚的推理分析能力和脚踏实地的工作态度,正是经商所需要的。

收获:比尔·拉福在麻省理工学院的四年,除了本专业,还广泛接触了其他课程,如化工、建筑、电子等,这些知识在他后来的商业活动中发挥了举足轻重的作用。

第二阶段:经济学学习

选择:大学毕业后,比尔·拉福没有立即进入商海,而是考进芝加哥大学,开始了为期三年的经济学硕士课程。

点评: 在市场经济下,一切经济活动都通过商业活动来实现的,不了解经济规律,不学习经济学知识,就很难在商场立足。

收获:比尔·拉福掌握了经济学的基本知识,搞清了影响商业活动的众多因素,还认真学习了有关法律和微观经济活动的管理知识。几年下来,他对会计、财务管理也较为精通,在知识上已完全具备了经商的素质。

第三阶段:政府部门工作

选择:比尔·拉福拿到经济学硕士学位后考取了公务员,在政府部门工作了五年。

点评: 经商必须有很强的人际交往能力,要想在商业上获得成功,必须深知处世规则,善于与人交往,建立诚信合作关系。这种开拓人际关系的能力只有在社会工作中才能得到提高。

收获:在环境的压迫下养成了强烈的自我保护意识,由稚嫩的热血青年成长为一名老成、处事不惊的公务员,并结识了各界人士,建立起一套关系网络,为后来的发展提供大量的信息和便利条件。

第四阶段:通用公司锻炼

选择:五年的政府工作结束之后,比尔·拉福完全具备了成功商人所需的各种素质,于是辞职下海,去了通用公司。

点评: 通过各种学习获得足够的知识,但知识要通过实践的锻炼才能转化为技能。

收获:在国际著名的通用公司进行锻炼,比尔·拉福不仅为实践所学的理论找到了一个强大平台,而且学习到了丰富的管理经验,完成了原始的资本积累。这也是大学生创业应该借鉴

的地方，除了激情还应该考虑到更多的现实。

第五阶段：自创公司，大展拳脚

选择：两年后，他已熟练掌握了商情与商务技巧，便婉言谢绝了通用公司的高薪挽留，开办了拉福商贸公司，开始了梦寐以求的商人生涯，实现多年前的计划。

点评：时机成熟后，应果断决策，切忌浪费时间，应抓住契机实现计划。

收获：比尔·拉福的准备工作，几乎考虑到了每个细节。拉福公司的成长速度出奇的快，二十年后，拉福公司的资产从最初的20万美元发展为2亿美元，而比尔·拉福本人也成为一个奇迹。

总结点评：对待成功，不同的人有完全不同的做法。一种人是永远活在梦幻里，另一种则是一步一个脚印为自己的成功砍着荆棘、劈着顽石、架着桥梁、修着道路。比尔·拉福就是这样的人，他的生涯设计脉络清晰，步骤合理，充分考虑了个人兴趣、个人素质，并着重职业生涯技能的培养，这种生涯设计在他坚持不懈的努力下，终于变为现实。也许他的这套生涯方案并不完全适合我们每一个人，却带给我们一个重要的信息：人生是可以设计的！只要你有信心、恒心，加上科学的规划和设计，案例的主角也许就是明天的你。

思考题

1. 影响职业生涯规划的个体及环境因素有哪些？
2. 根据自己的个性特点，结合专业学习，请制定一个较为合理的职业生涯规划。

参考文献

曹鸣岐. 2012. 职业生涯规划. 北京：高等教育出版社

陈社育. 2003. 大学生职业心理辅导. 北京：北京出版社

郭强. 2011. 职业道德与职业生涯. 上海：上海人民出版社

李萍. 2008. 经营自己：高职生职业生涯设计. 浙江：浙江大学出版社

李雪，饶静安. 2010. 职业形象礼仪. 成都：西南交通大学出版社

林洁. 2009. 职业形象塑造. 北京：中国水利水电出版社

林曼华. 2005. 高职生心理健康教育. 长春：吉林人民出版社

刘厚钧. 2009. 高职生职业能力自我培养模式的研究. 职业教育研究，(11)：68-69

刘艳. 2012. 我的第一本职场礼仪书. 呼和浩特：内蒙古文化音像出版社

刘远我. 2004. 职业心理健康：自测与调节. 北京：经济管理出版社

龙宇峰. 2006. 高职院校学生职业能力培养的思考. 益阳职业技术学院学报，(3)：45-47

马树超，郭扬. 2008. 高等职业教育跨越·转型·提升. 北京：高等教育出版社

钱安国. 2003. 职业道德修养教程. 北京：北京工业大学出版社

沈剑光. 2010. 高职院校学生综合职业能力培养. 北京：人民出版社

石建勋. 2012. 职业生涯规划与管理. 北京：清华大学出版社

王春明，杨建宏，罗尤海. 2011. 大学生职业发展与就业指导. 北京：中国农业大学出版社

王海燕. 2005. 高职高专学生心理健康指导. 北京：高等教育出版社

王玉霞，佟怡. 2011. 实用职业礼仪. 北京：清华大学出版社

吴凤友. 2011. 职业素养与就业指导. 北京：机械工业出版社

徐国庆. 2007. 职业教育原理. 上海：上海教育出版社

薛铭，李琦. 2009. 高职院校学生职业能力的探讨. 重庆电子工程职业学院学报，(9)：53-54

俞文钊，吕建国，孟慧. 2007. 职业心理学. 大连：东北财经大学出版社

周友秀. 2010. 个人形象设计. 长沙：湖南美术出版社

DuBrin A J. 2008. 职业心理学：平衡你的工作与生活. 7版. 姚翔，陆昌勤译. 北京：中国轻工业出版社

附录1 江苏建筑职业技术学院专业(群)职业岗位认知

职业岗位认知可以帮助学生正确认识就业环境和就业方向,确定合理的就业目标,并在大学阶段培养职业意识,学习知识,有针对性地训练就业岗位所需的技能,提高自己的就业能力和可持续发展能力。江苏建筑职业技术学院现有土建类、机电类、电子信息类、经贸类、人文类等专业群。学生对所学专业和就业岗位有清晰的认识,熟悉岗位工作过程,并明确实际工作领域中职业和岗位对自身的知识、素质和能力的要求,方可对今后的个人职业发展有一个基本的规划方案,从而对大学三年的学习和训练制订切实可行的计划。

一、土建类专业群

(一)人才培养规格

随着我国城市建设的快速发展,土建类专业毕业生的就业形势近年持续走高,尤其是需求大量的现场施工、安装技术人才,同时各中小设计院和钢结构企业对工程设计人员的需求也在持续增长,此外,规划和工程造价人员的需求也在持续增长,这为土建类专业发展带来广阔的前景。

建筑业从业人员的岗位有数十种,一个专业可以对应有若干个岗位组成的岗位群,同一个专业可以有满足不同层次的多个岗位的需求。土建类毕业生可以从事总工程师、副总工程师岗位和工程部、技术科、商务部等纵向层次的工程技术和管理岗位,也可以从事企业经理、分公司经理、项目经理、施工员等企业和项目管理岗位的工作,还可以从事工程监理、勘察设计、科研、教学培训等工作。高职土建类专业群毕业生就业职业岗位群包括施工员、造价员、质检员、监理员、测量员、试验员、质检员、材料员、测量员、安全员、设计员、建筑模型制作员、三维动画设计师、景观设计师、室内设计师、平面设计员、房地产经纪协理、房地产估价员、房地产营销人员等具体工作岗位。

建筑业的发展肩负着促进国民经济发展和提高人民生活水平的重任,而建筑工程质量的好坏直接关系着人民生命财产的安危。因此每一个工程都要经过可行性分析、立项、工程设计、招投标、工程施工、工程监理、竣工验收等许多阶段才能完成。这就对建筑业从业人员的知识、素质、能力提出了更高的要求,而不同层次的从业人员,必须要求具有不同层次的专业知识结构、能力结构和素质结构。高等职业教育主要培养中、初级一线项目管理和工程技术人员,并为日后个人发展和岗位技能提升夯实基础。

高职土建类专业群人才培养目标和培养规格为:培养拥护党的基本路线,适应建设行业生产第一线需要的,德、智、体、美等方面全面发展的高技能人才。学生应具有必备的基础理论知识,掌握专业领域实际工作的基本能力和基本技能,具有良好职业道德和敬业精神。毕业后主要是到建设施工企业和建设管理部门从事工程施工、工程管理、工程造价、钢结构工程设计、工程质量检查、建设监理、房地产开发等方面的工作。

(二)岗位能力标准

1. 知识结构

(1) 人文、社会科学基础知识。随着科技的发展,学科分类的细化,知识要求的全面,各专业将既相互竞争，又相互依赖。今后的人才要求将以个人素质全面发展为基础，衡量人才质量的标准也不仅仅注重人才是否具有扎实的专业知识与技能，还在于人才是否具有健康的价值观、人生观、良好的职业道德、高尚的人文修养等方面的和谐发展。因此，加强人文素养的培养成为今后高等教育改革的重点，而作为理工类的土建类专业人才更需要通过学习一定的人文、社科知识来提高综合素质。同时，各门学科都有自己的思维方式和知识构建模式，通过学习这些学科的知识，可以拓展思路，获得更为多样的解决问题的方法，有助于知识迁移与创新。

(2) 掌握本专业的技术基础知识。土建类专业群涉及的具体专业很多，如建筑设计技术、建筑工程技术、建筑钢结构工程技术、给水排水工程技术、建筑设备工程技术、工程测量技术、市政工程技术等。各专业都有相近的岗位基础知识，这些基础知识是相关专业学生今后从事本行业所需具备的基本知识，是整个专业课程群的基础，是从事本行业相关岗位基本操作的理论支撑。因此，在学校培养过程中，通过专业群岗位平台课的学习，夯实职业基础，为专业的学习和拓展打下坚实的基础。

(3) 熟练掌握本专业群职业岗位知识。学生的就业与发展在于对专业技能的强化与积累，因此，在强化职业基础通识教育的基础上，学生还需要学习本专业岗位的理论知识，强化岗位技能训练，使自身的专业技能体系更为完备，也使学生的就业途径和就业范围得到相应的扩展。具体而言，包括了解中外建筑的发展历史，掌握人与建筑之间的关系，以及与建筑有关的经济、文化、社会习俗的基本知识，掌握建筑设计的基本原理，熟悉与建筑物理、结构、构造、材料、设备等相关的理论知识。为此，学校利用土建类专业建设长期积累的优势，综合多个土建类专业的理论知识，形成交叉，使学生能够在理论知识上达到“一专多能”的要求。

(4) 具有专业群职业岗位拓展的知识。伴随着土建类专业领域的拓展和知识不断更新，学生的可持续发展也是目前高职土建类专业教育的一个侧重点，因此，在强基础、高技能的基础上，我们引入学生发展的职业拓展知识。

建筑行业作为一个发展相对完备和全面的行业，必然会涉及经济管理的问题，尤其是在控制建筑成本、完成建筑预决算等方面，经济管理知识显得尤为重要，其中工程造价、建筑工程管理、工程监理等专业则完全以这类知识为专业的核心。管理，是人类组织社会活动的基本手段，是计划、组织、指挥、协调和控制等一系列管理活动的总称，是一种重要的生产力。因此，在所有的建筑类专业中都开设了包含经济管理知识的课程，为学生的可持续发展奠定基础。

土建类专业毕业生需要全面提高自身综合能力，不仅要熟悉电脑基础操作，还要熟练掌握一些绘图软件，如能熟练运用CAD绘制各种工程图，如果是建筑设计类和城市规划类的专业还要学习Photoshop、3DMAX。同时城市规划还需要考虑到人们的欣赏习惯和水平，这些都需要在工作中不断积累探索。

2. 能力结构

(1) 掌握本专业群的单项技能，具有本专业的基本实践能力。除了具备与今后所从事的岗位相关的知识之外，更重要的是要具备与之匹配的专业能力，首先应具有基本的操作技能。这些技能包括具有独立进行建筑设计和运用多种方式表达设计意图的能力，以及具有初步的计算机文字、图形的处理能力，合理选用、综合应用建筑材料的能力等。学生可以通过对这类课程的理论学习和实训，较为全面的了解各项基本技能，在不断的实践中积累经验，逐步过渡到能够独立实践,形成基本的实践能力。

(2) 熟练掌握本专业群的综合专业技能,具有本专业的技术应用能力。学生培养中的知识结构和能力结构之间有着一定的对应关系,在获得专业知识的同时,强化与之对应的各类基础施工技能,如工程测量与施工放线能力、工程施工设计与技术管理能力、工程成本控制和结算能力,通过单项技能训练和交替的综合技能训练,然后通过独立的顶岗实训,逐渐培养和强化学生的综合专业技能,最后经过多层次的训练,获得此类技能,并将这些技能应用到实际的生产活动中,达到熟练应用的程度。

(3) 具有独立获取知识、运用知识的能力。随着各门学科的深入发展,专业知识将一直保持着高速增加的趋势,这就要求学生必须具备不断学习、独立获取知识、运用知识的能力。学校作为学生综合能力养成的机构,在学生自主学习能力的培养过程中,将时刻注意学生这方面能力的养成,使学生在毕业之后,在整个从业过程中能不断吸取新知识、新技术和新工艺,具备获得信息、拓展知识领域、继续学习与研究,并提高业务水平的能力。只有这样,培养才是全面的、成功的,才能够在行业竞争中始终保持领先,才能引领行业的发展和实现自身终生学习的目标。

(4) 具有一定的语言、文字表达能力。在传统观念中,建筑业属于技术性要求很高的专业,似乎与语言表达、文字表达关系不密切,但作为一个需要各个部门高度协调的行业,建筑业更需要从业者有着准确无误的语言表述,实现各类信息的无障碍传送。同时,较好的语言表达能力也是个人的财富,如果你不能恰当地表达自己的想法,那么会导致整个作业流程的断裂,尤其是对于事关人民生命安全的建筑业。土建类专业都将十分注重学生这方面能力的培养,主要通过人文基础类课程的开设,各类学生活动的锻炼,以及各类专业策划或计划的写作来锻炼。

(5) 具有一定的组织、管理和团队协作能力。组织管理能力是指为了有效地实现目标,灵活地运用各种方法,把各种力量合理地组织和有效地协调起来的能力,是一个人的知识、素质等基础条件的外在综合表现。建筑行业是一个庞大的、错综复杂的行业,几乎所有的工作都需要多个人的协作才能完成,因此,需要参与工作的每个人承担着一定的组织管理任务。这就需要参与者了解整个组织管理活动的具体内涵,具备基本的组织管理能力,尤其是建筑工程管理等以管理为主要内容的专业。学校为此通过专业课程的教育、组织各类社团活动、社会实践活动、文体活动,从课内到课外,全程增强学生的组织、管理能力,并取得了一定成效。

(6) 具有一定的创新能力。创新能力是土建类专业学生的重要培养能力,是其获得全面发展,适应行业发展,甚至是推动行业发展的动力。培养学生创新能力的前提是培养学生的创新精神,基础是综合实践能力,其中综合实践能力可以通过不断的专业学习和专业实践获得,而创新精神则需要贯穿于整个学习过程中,通过多种途径的教学活动来潜移默化。通过实验、实习、实训的自主性,课程教学的质疑性和作业的研究型,培养学生的质疑精神和思维方式,以创新精神的养成为重点,积极鼓励、组织、倡导和辅助学生参加各种创新活动或具有创造性问题的解决,最终形成创新的习惯,进而在综合实践的基础上实现该能力。该项能力的培养无需通过专门的课程,主要蕴涵在各门课程和各类课后活动之中。

3. 素质结构

(1) 具有良好的思想道德素质和法制观念,热爱建筑行业。作为土建类专业学生首要具备的素质就是对建筑行业的热爱,因为只有你热爱一项工作,你才有可能以兴趣为导向,将全部的身心都投入到该项工作或学习中。因此，专业认知类课程成为影响学生兴趣的重要因素。

建筑行业是事关生命的行业，从业者的思想道德素质和法律观念直接影响着建筑的质量和人民的生命安全。因此，学校十分重视学生这方面基本素养的培养，重视和加强德育，建立较为完备的思想政治教育体系，使学生熟悉我国建筑业的方针政策及有关法律法规，能正确按照国家规范、地方标准和图集施工，建造符合标准的优质工程。

(2) 具有一定的文化和美学修养。文化素质是思想道德素质的基础，学校通过开设贴近学生生活、关注学生所想的文化类课程，举办丰富多彩的课外活动，设计新颖的校内讲座等，尽可能满足学生的个性需求，如学校开设的“中国古典文学鉴赏”、“音乐鉴赏”、“影视鉴赏”等丰富多彩的选修课程，并组织学生参加各类人文知识竞赛，通过多种途径提高学生的文化和美学修养，实现人的全面发展。学校还重视环境的熏陶，通过人文校园的布置和教师贯穿于教学之中的潜教育，多途径强化学生的文化修养。

(3) 具有良好的身体和心理素质，有坚强的意志，吃苦耐劳的精神，有健康的体魄，能适应未来艰苦的工作。建筑行业是一个比较艰苦的行业，这就需要从业者必须具有良好的身体和心理素质，坚强的意志和吃苦耐劳的精神，这些在学校的培养体系中都有所体现。从制度层面上对学生的基本体育锻炼作出了规定，并与素质考核结合，为学生具备良好的身体和心理素质提供了保证。同时，通过各类专题讲座、主题班会等形式开展精神教育，努力提升学生的思想认识水平，坚定学生扎根艰苦行业的决心。

二、机电类专业群

(一) 人才培养规格

进入 21 世纪以来，我国工业发展的速度飞快，特别是近几年来制造业的迅猛崛起，使得机电方面的人才缺口大幅攀升，这为机电行业的发展带来十分广阔的前景。目前，沿海地区的模具制造和电气自动化企业对机电类专业毕业生需求量很大。中部振兴也为中部发展创造了一些良好的条件，机械制造业逐渐回升，部分企业已开始从沿海向中部进行战略性转移。随着西部大开发的展开，作为国家经济支柱的制造业就业率迅速回升。机械、汽车、材料等方向的机电类专业毕业生就业形势普遍被看好。

根据市场的需求和对各企事业单位调研，机电类专业毕业生主要就业方向为：机电产品设计、制造和加工工作，机电设备安装、调试和维护修理工作，自动化生产线的操作与维护工作，与机电技术有关的各种高新技术产品的科技开发工作，机电产品营销与售后服务工作。

机电类专业主要就业岗位群：

(1) 从事机电设备的安装、调试、生产运行、维护等方面的技术工作；

(2) 从事数控设备(数控车床、数控铣床、加工中心和其他数控设备)的编程与操作工作；

(3) 从事数控设备的技术改造、技术革新，电气维修、销售和售后服务工作；

(4) 在各类工厂从事自动化控制，工业过程控制，电力电子技术，检测与自动化仪表等方向的研发工作；

(5) 从事计算机控制技术领域的控制系统运行、安装、调试、维护、技术改造等方面的工作。

根据就业方向和岗位确定人才培养规格为：培养拥护党的基本路线，具有本专业必备的基础理论知识和专业知识，具备较强的从事机械加工工艺编制与加工质量控制、数控机床的操作与维护、数控机床的编程与加工等实际工作能力，具备较强的从事机电设备运行、安装与调试、管理与维护和机电产品质量检验等实际工作能力，适应于生产、管理、服务第一线需要的德、智、体等方面全面发展的高技能应用型专门人才。

（二）岗位能力标准

1. 知识结构

(1) 较系统地掌握机械制图与AUTOCAD、电工与电子技术、Protel电子线路设计、公差配合与技术测量等专业基础知识和基本理论。

(2) 掌握一般专用设备设计应具备的机械设计、机械制造技术、CAD/CAM等专业知识和专业技能。

(3) 掌握金属工艺学、金工操作等基本知识与技能，并取得劳动部门颁发的车工、钳工、铣工、电焊等中级或高级证书。

(4) 掌握各种普通机床维护与管理，以及电控线路设计应具备的电工与电子技术、机床电器控制等，并取得劳动部门颁发的中级电工证或高级证书。

(5) 掌握数控机床加工和操作基本技能，并取得劳动部门颁发的数控机床中级操作证书。

(6) 熟悉工厂、车间生产管理特点，掌握企业管理、机电产品营销的基本知识。

2. 能力结构

(1) 具有娴熟的机械识图和电气识图能力。在现代化生产中，各类机电设备的设计、制造、使用及维修等方面都会涉及图纸的识别，这些图纸都是按照一定的投影方法和技术要求，用图形来表达各类形状、大小及其制造的要求。这需要经过专业的课程学习和实践学习来达到基本要求，并在不断的实践中积累经验，达到岗位能力要求。

(2) 能熟练使用标准手册。在行业发展越来越趋于完善的过程中，每个行业都需要有与之相匹配的行业制度和标准，熟练使用标准手册是从事此行业的所有人员必须具备的基本能力。

机电类专业的学生通过学习各种行业标准，了解行业的各项专业规定，使其在今后的工作中能够通过不断的记忆和练习达到熟练使用标准手册，熟记基本标准，迅速准确地检索出所需标准的要求，使机电产品达到国家的要求。

(3) 具有娴熟的计算机绘图能力。机电类专业的学生还应学会利用专业软件完成绘图的技能。通过专业教师的指导，学习制图基本理论、投影原理的作图方法、机械产品三维建模、计算机辅助制造和以计算机为载体完成各种构思，培养自我的形象思维能力，掌握符合现代工业生产所需的绘图能力。

(4) 能设计较合理的工艺流程方案和编写一般零件的数控加工程序。学生可以通过对典型工艺流程方案的研习，了解整个方案制订的工艺和注意事项，能够独立编制工艺流程方案。此外，编写一般零件数控加工程序，也是学生今后从事的岗位所需的核心技能之一。

(5) 熟练操作普通机加工设备(车床或铣床)和数控加工设备(车床或铣床)。作为企业生产中的一线操作人员，机电类专业学生除了具备基本的设计、研发技能之外，其核心技能则是对各类设备的操作技能，这也是我校的培养重点和课程建设的难点，需要在学生了解各类设备的工作原理、程序编制、操作标准等理论知识的基础上，通过实践环节实训掌握设备的操作。

(6) 具有钳工、车(或铣)工和维修电工技能操作中级证书。随着职业资格认证制度的不断完善,作为具有高等教育学历的新生代技术人员,机电类专业学生应通过对系统知识的学习,参加切合自身今后发展的各类资格证书的认定,包括钳工、车(或铣)工和维修电工等操作技能中级或高级职业资格证书,以及机床维护、数控机床编程及操作工中级或高级职业资格证书。这既是对三年学习的认可,也是今后进入该行业的基本资格认同。学校将为学生提供各种便利条件,使学生能够顺利获得该类资格证书。学生在整个学习过程中,需要在专业教师的指导下,对各个阶段的学习有一定的规划,分阶段完成任务,最终实现证书认定的目标。该能力需要建立在各类课程的学习基础上,是对学生综合专业能力的确认。

(7) 能正确使用各种测量器具和各种常见装配工具。任何复杂的专业技能都是建立在简单的技能基础上,作为精密制造行业的重要组成部分,机电类专业所培养的学生应该具备缜密的思维、严谨的工作态度。这些能力的锻炼可以通过对精确测绘能力的培养获得,同时对各种测量器具和常见工具的使用也是专业技能提升的前提。

(8) 能正确阅读专业资料。学生需要在学校学习期间通过专业教师的帮助,逐步形成对专业资料阅读、分析能力,在继承的基础上分辨专业知识的优劣,并有所思考、有所创新,使自己成为创新型研发人才。

(9) 具有机电设备安装、调试、运行和维护的基本技能和一般维修工作。随着现代化工业生产的发展,由机械技术、液压气动技术、传感器技术、自动编程技术、网络及通信技术等学科的强烈相互渗透而形成的机电设备组装、调试、运行和维护的技能,已成为当今机电类专业学生必备的技能之一。

(10) 能进行生产组织管理。现代企业的竞争重心逐步转向管理水平的竞争,具体而言,对生产组织管理能力的培养需要通过专业认知、企业顶岗实习、模拟企业流水线生产管理等措施锻炼学生,同时注重以公选课等形式实现与管理等专业的学科交叉,实现一专多能的培养目标。

(11) 能与顾客进行良好的语言沟通。能与客户进行良好的语言沟通是保证各项工作顺利进行的基本能力,包括提高理解别人的能力,以及增加别人理解自己的可能性两个方面,可以通过相关课程或活动的开展来拓展这种素质,与专业技能同等重要的观念。在此过程中,辅导员在日常管理中可以起到重要的推进作用。

(12) 具有良好的质量意识与职业道德。所谓质量意识是指人们在生产经营活动中对产品质量、服务质量,以及与之相关的各种活动的客观看法和态度,是保证产品或服务质量的前提。很难想象一个不具备良好质量意识的人能够生产出高质量的产品。而作为今后机电行业生力军的高等学校学生,应在学习各种专业技能的同时,有意识的培养质量意识,领悟质量就是企业的生命。此外,从事任何行业都需要具备基本的职业道德,良好的职业道德素质是推进事业顺利发展的重要保证。因此学生应在学习的过程中注重职业道德人格塑造、职业道德情感培养。

(13) 具有团队合作精神、创新精神和较强的自学能力。团队合作是企业获得强大竞争力的根源,团队精神的形成并非一日之功,而是日积月累的沉淀,只有团队成员都具备团队合作的意识和能力,团队精神才能得以形成。学生可以依托素质拓展、日常的管理等方式来形成这种意识。同样,创新精神和自学能力也是现代社会中获得成功的重要基本技能,创新精神是以团结合作、相互交流、学习前人的知识和经验为基础。创新精神的培养过程中,提倡学生的质疑精神,培养求异思维,不迷信书本,不墨守成规,学生可通过开放式的课题学习,建立起探索本学科前沿知识的信心。而较好的自学能力则是学生今后持续发展的不竭动力,是学生在高校中需要养成的最核心的能力，也是学生终身学习的途径之一。自学能力的培养需要专业教师给予学生更多的自主学习空间，通过不断的锻炼形成。

(14) 具有企业生产活动所必需的相关法律知识和社会交往能力。对法律知识的学习有助于学生在认识上树立正确的价值观，同时对企业生产活动有一个总体的认识，能够在法律允许的前提下，充分发挥自己的主观能动性，创造性地开展生产活动，同时了解行业中需要避免的违法行为，消除企业生产遭受不必要的损失。此外，社会交往能力也是高级技能人才获得发展的基本技能，培养交往能力首先要有积极的心态，理解他人，关心他人，日常交往活动中，要主动与他人交往，不要消极回避，要敢于接触，尤其是要敢于面对不同的人，做到以诚交友、以诚办事，真诚才能换来与别人的合作和沟通。这些基本技能的获得需要通过基本素质能力模块课程训练来实现。

(15) 具有科学的思维方法和较强的分析问题、解决问题的能力。没有正确的思维方法，在工作中往往会四处碰壁，众所周知，无论做任何事情都要讲究方法，方法正确才能事半功倍。科学的思维方法可以帮助人们自觉地掌握正确的工作方法，也可以指导我们怎样运用自己的智慧，去创造性地开展工作。

分析问题是把整体事物分解为各个部分、研究各部分之间关系的过程。在实际生活中，很多问题是纷繁复杂的，因此，需要全面感知问题的有关信息，才能对问题作出进一步的分析与思考，继而得出解决问题的正确方法。因此学生在学习的过程中，要善于猜想、勤于思考，珍惜能够获得表述思维过程的机会。

3. 素质结构

毕业生应具有毛泽东思想、邓小平理论、“三个代表”的基础知识，能初步运用邓小平建设有中国特色社会主义理论的立场、观点、方法来认识、分析问题；拥护党和国家的路线、方针、政策，热爱社会主义祖国；树立振兴中华的理想；树立社会主义法制观念，遵纪守法；具有理论联系实际、实事求是、言行一致的思想作风；具有踏实肯干、任劳任怨的工作态度；具有不断追求知识、独立思考、勇于创新的科学精神。

毕业生应具有适应职业岗位所必需的前提性知识，掌握适应职业岗位所必需的专业常规技术知识和最新科技知识，掌握适应产业结构调整、技术结构提升所需的相关的专业知识、行业知识、产业知识。

毕业生应具有健康的体魄和良好的心理，具有接受新技术的能力、开发新技术的能力、现场组织与技术管理的能力，具有合作能力、创业能力、信息处理与加工能力。此外，毕业生应具有一定的美学知识，对自然、社会生活和艺术具有一定的美学鉴赏能力，注意培养高尚的情操和美的心灵。

三、电子信息类专业群

(一) 人才培养规格

电子信息产业是我国知识和技术高度密集的支柱产业之一，社会经济越来越离不开电子工程与信息产业。它已经成为决定社会或企业竞争能力与生产活力的重要影响因素，相关专业群人才的地位和作用也极其重要。随着电子信息技术的迅猛发展，市场对相关专业群人才的要求也出现了新的变化，主要表现在人才的综合素质和专业技术水平与现代企业对岗位(群)职业能力的新要求存在一定的差距，即人才培养滞后于科学的迅猛发展及生产技术的变革，技术人才总量严重不足。21 世纪以来，我国电子信息产品制造业以 3 倍于 GDP 增长的速度高速发展，电话、DVD、彩电等产品，以及电子元器件的生产量均位居世界第一，所需劳动力数量，尤其是一线技术员数量却严重不足，加上与IT应用相关的行业技术人员比例偏低，与发达国家存在较大差距，远不能满足电子信息产业快速发展的需要。这为电子信息专业群毕业生的发展带来广阔的前景。

电子信息工程技术专业是一个宽口径的专业，以模拟电子技术和数字电子技术基本理论为基础，应用专业技能与工程技术方法进行系统开发、技术应用、系统管理和维护，市场非常广泛。电子信息工程技术人才将是社会所需的一项热门专业人才，社会各阶层、各企业、事业等部门对电子信息技术人才的需求也将急剧增加。

电子产业的迅速发展，必然需要基本素质好、业务能力高、专业技能强，具备综合职业能力和创造能力的人才充实到企业职工队伍中。这些人员既能从事生产操作，又能从事电子设备与信息系统的设计、研究、开发与技术应用等工作，也可在各机关、部门、院校从事系统开发、产品设计与技术维护工作。

本专业群毕业生调查信息表明：企业对高职电子信息类毕业生的要求主要集中在专业技能、敬业精神、学习能力、沟通协调能力、创新能力等方面，此外，还有对实习经验、学生干部经历、吃苦耐劳精神等方面的考察。

本专业毕业生主要面向电子信息设备或系统的生产及应用企业，从事企业电子产品工艺与管理、EDA技术应用、电子系统的集成、调试、运行、维护维修等技术工作，也可以在相关企事业单位从事相关产品的安装、调试、运行、维护维修等技术工作。

本专业群毕业生就业范围主要是：电子产品加工、电子系统集成等企业的生产技术人员、工艺管理人员、产品质检人员、设备的调试、运行、维护维修人员，单片机应用与开发技术人员，嵌入式系统设计与技术应用人员，FPGA技术开发人员等。主要工作岗位类型有维修电工，电子产品维修，质量检验，营销与采购，产品设计，技术主管等。不同的就业岗位对人才的素质要求是不同的，具体表现如下。

(1) 维修电工岗位。维修电工岗位要求毕业生具有电工职业资格证书，能直接顶岗操作，既熟悉电器性能和安全用电的知识，掌握配电线路和控制电路的安装、维护技术，又具有各种电工仪表(包括智能仪表)的使用和电路测试技能，还具有对常用供电线路的设计、安装与维修等能力。

(2) 电子产品维修岗位。电子产品维修岗位要求毕业生具有家用电子产品维修中级工以上的职业技能证书，熟悉电子电路理论，掌握家用电子产品的工作原理，具有较强的检测设备的使用能力和家用电子产品的维修技能。

(3) 质检岗位。质检岗位要求毕业生熟悉电子电路理论，熟悉电子产品生产工艺流程和有关的国家或国际标准，掌握电子产品检验规程，懂得现代管理知识，能熟练操作和使用常用电子仪器、仪表，具有较强的检测设备的能力。

(4) 营销与采购岗位。营销与采购岗位要求毕业生熟悉电子电路理论，了解常用元器件、材料、仪器设备的主要技术指标及应用领域，懂得现代营销理念与技巧，具有较强的人际交往与协调能力，具有不断更新知识和适应社会经济发展的能力。

(5) 电子产品设计岗位。电子产品设计岗位要求毕业生具有一种以上电子类职业技能证书，掌握单片机、嵌入式系统、FPGA、PLC的工作原理及应用技术，具有使用EDA技术来开发、设计、制造电子新产品的能力，熟悉电子产品生产工艺流程，具有较强的生产管理能力和自学能力，具有熟练运用各种电子仪器和智能化设备的能力。

从调查中还发现，大中小企业对人才规格要求不同。大中型企业实力雄厚，技术人才较充裕，对技术岗位的划分较细，对人才的业务要求较专一；小型企业，由于人才数量不足，对招聘人才的业务要求较高，希望招聘到知识面宽、操作技能强、有组织能力、适应职业变迁和产品开发能力的复合型人才。

根据就业岗位确定人才培养规格为：本专业群培养拥护党的基本路线，适应经济建设和社会发展需要，德、智、体等全面发展，掌握必备的电工电子技术、信号检测与处理、单片机技术应用、EDA 技术、电子产品生产工艺与管理等方面的基础理论和专业技能；具有较强电子产品设计制作能力，EDA 技术应用能力和单片机应用能力，在电子信息工程领域从事电子系统的集成、调试、维护和维修等工作的高技能应用型专门人才。

（二）岗位能力标准

1. 知识结构

知识结构包括文化基础知识、专业基础知识、专业知识及相关性知识。文化基础知识和相关性知识是高职毕业生必备的基本知识。专业基础知识是学习本专业所必须具备的基本知识，是专业学习的基础。专业知识是从事本专业工作所应具备的一般性专业理论知识和技能知识。高职电子信息类专业人才拥有必备的文化基础知识和专业基础理论，不仅是胜任当前一线工作岗位的需要，也是知识再生和迁移，进一步学习与提高以适应将来岗位变革的基础。在知识结构中，专业知识(包括专业基础知识)是主体，文化基础知识和相关性知识为两翼。知识结构要求：①掌握政治理论、人文社科知识；②掌握英语阅读与协作的相关知识；③掌握计算机与程序设计基本知识；④掌握电工电子基础知识；⑤掌握电子组装工艺及设备管理知识；⑥掌握单片机原理与电子设计知识；⑦掌握网络与通信产品的基本知识。

2. 能力结构

能力结构是人才规格的关键，是学校为社会培养有用人才的具体体现。能力要素包括专业能力、社会能力和创新能力。专业能力是衡量一个高职毕业生是否合格的核心要素，是指专业知识和技能的掌握情况。值得指出的是，我们所说的专业能力并不是指学生所学本专业的专业能力，而是根据不同岗位不同需求对专业能力要求做出的一个分析。高职电子信息类专业人才不仅要熟练掌握本专业技术能力，能胜任岗位工作，而且要具备一定的社会能力和创新能力。“创新是一个民族进步的灵魂，是国家兴旺发达的不竭动力”，培养学生的创新能力是实现 21 世纪中华民族全面振兴的关键。在能力结构中，专业能力是核心能力，体现了中高职技能型人才的特色。能力结构要求：①掌握必备的文化基础知识；②掌握电工电子电路的基本理论和实验技术；③掌握信息获取、处理的基本理论和方法；④掌握 EDA 技术的基本理论和应用方法；⑤掌握可编程控制系统、嵌入式系统、单片机系统等专业知识；⑥掌握英语基础知识和必备专业英语知识，达到英语应用能力三级以上标准，能阅读本专业的英文技术资料。

通过学习，毕业生应获得以下几方面的知识和能力。

(1) 掌握基本的电子线路单元，具有读懂电子线路图的能力。电路单元是一张完整电路图的基本组成单元，学习各类型的电子线路单元的工作原理和基本分析计算方法，是获得电子线路方面的基本理论、基本知识和基本技能的前提，可以培养电子类专业学生对本专业的思考问题、分析问题和解决问题的能力。

识读电子线路图是每一个电子类专业毕业生必须具备的基本功，要求学生具有必备的理论知识,能借助相关资料正确识读电子线路图。只有读懂电路原理图,才能去分析、检测、维护实际硬件电路。能不能识读电子线路图直接影响学生应用实际电路的能力,甚至影响到学生走上工作岗位后专业技术的提高。电子类专业毕业生应为以后深入学习相关后续课程,以及为电子线路在专业中的应用打好基础,熟悉电子产品的安装、调试过程,掌握维护、维修的基础知识,具有电子产品的安装,调试、维护、维修的能力。

电子类高职人才主要是在生产第一线从事电子产品的安装、调试、维修与技术改造等工作。为了使学生将来能适应这种岗位的需求,我们应加强学生的基本技能训练,首先,在理论授课过程中,除了讲解一些典型原理外,还应讲解一些实际应用事例,使学生能积累一定量的典型电子产品应用的知识;其次,给定实际电路原理图和具体元器件,让学生自己去搭接电路、选用仪器、测试和调整电路参数,使学生较为全面的掌握该项技能。

(2) 掌握电路设计的一般过程和方法,具有电子线路的改造及设计能力。初步掌握电子线路的改造和设计制作,是衡量电子类专业学生职业能力和今后专业上发展的一个重要方面。虽然各种成熟的电子电路数不胜数,但在实际生产工作中,经常会遇到诸如某种电路在实际使用中存在一定的缺陷、如何改进等现实问题。这就要求学生能根据出现的问题及技术性能要求,查询、收集相关资料,运用所学的理论和实践知识,分析研究类似电路性能并进行改进,通过组装、调试等实践活动,设计制作出性能指标达到相应要求的电路。为了帮助学生形成以上解决实际问题的能力,在理论和实践课程中都设置了相关课程。

(3) 掌握电子测量方法,具有对复杂电子仪器仪表的使用能力和对电子仪器仪表性能评优的能力。作为生产一线的电子工程技术人员必须掌握测量的基本技能。这就要求学生能正确选用测量仪器和测量方法去检测具体电路参数,并能根据要求进行相应的调整。首先,在课程基础实验中,使学生掌握常用电子测量仪器的使用方法,典型电路参数的测试调整方法;其次,加强综合实验、实训等实践性环节,可以给定一个正常或有故障的实际硬件电路让学生去测试调整电路参数或去排除故障,来提高学生测量的实际应用能力。测量能力的培养要贯穿于整个实验、实训过程中。

(4) 掌握微机的硬件基础知识、常用办公软件的使用,以及互联网的使用,具有较强计算机应用能力。随着计算机技术的飞速发展和计算机应用的日益普及,计算机应用能力已成为衡量毕业生质量的重要尺度之一。作为技术前沿的电子技术,与计算机密不可分,既要从微机的基本硬件构成方面着手,熟悉计算机作为一种电子产品的基本结构、电路构成、工作原理、汇编语言程序等知识,也要掌握计算机技术的网络、办公自动化功能,适应今后的各项相关工作。

此外,高职生还要掌握 Protel99se、Altium desinger9.0、Keil C、Proteus、Multisim10、Labview、Vhdl 等软件的使用,具有对电子线路绘图能力和系统仿真的能力。

EDA 技术就是以计算机为工具,设计者在 EDA 软件平台上,用硬件描述语言完成设计文件,然后由计算机自动地完成逻辑编译、化简、分割、综合、优化、布局、布线和仿真,直至完成对特定目标芯片的适配编译、逻辑映射和编程下载等工作。EDA 技术的出现,极大地提高了电路设计的效率和可操作性,减轻了设计者的劳动强度。

在电子技术设计领域,可编程逻辑器件(如 FPGA)的应用,已得到广泛的普及,这些器件为数字系统的设计带来了极大的灵活性。这些器件可以通过软件编程而对硬件结构和工作方式进行重构,从而使得硬件的设计可以如同软件设计那样方便快捷,其他软件的功能与 EDA 类似。

(5) 通过设计并制作产品,培养学生的创新精神和创新能力。培养学生创新精神和创新能力就需要通过创新教育来实现，通过深化教学改革，加强学生创造性思维意识的培养，摆脱思维的定势，提倡逆向思维，打破常规思维，学会抽象思维，有利于创新思想、创新理论的养成。实践和训练不仅能使学生牢固掌握已学过的知识，也可以锻炼学生运用已学知识分析问题、解决问题的能力，培养创新精神和创新能力。

(6) 具有利用文献、计算机网络等手段，获取信息、使用信息的能力。学生走上工作岗位后，要想拓展自己的发展空间，必须要有获取新知识的能力。科学技术的发展日新月异，在实际学习工作过程中，有很多是我们所不熟悉的、陌生的新内容，这就要求学生要具有继续学习和利用信息技术的能力。

3. 素质结构

素质结构处于人才规格的核心位置。素质是把从外在获得的知识和能力内化于人，而形成稳定的品质和素养。作为培养高素质技能人才的高等职业教育，要重点培养高职生四个方面的素质：思想品德素质(包括职业道德)、文化素质、职业(专业)素质、身心素质。在素质结构中，身心素质是前提，思想品德素质是根本，文化素质是基础，职业(专业)素质是关键。这四者既相互区别，不可混同，又相互联系，无法分割，共同构成了一名合格中高职电子信息类专业人才不可缺少的素质。可以看出，在人才培养规格里，知识、能力、素质三者不是并列的、平行的，而是相互渗透，协调发展，形成一个有机的、互动发展的整体结构，全面反映了高职电子信息专业人才培养规格的本质与特征。素质要素可概括为以下几点。

(1) 政治思想素质：热爱祖国，拥护共产党的领导，有正确的世界观、人生观、价值观，遵纪守法，为人正直诚实，具有良好的职业道德和公共道德。

(2) 人文素质：具有良好的文化基础和修养，善于自学，同时关注本行业科学技术的新发展，不断更新知识，具有社会交往、处理公共关系的基本能力。

(3) 职业素质：具有爱岗敬业、遵纪守法、团结协作的品质，有立业创业的意识，有严谨务实的工作作风。

(4) 身心素质：拥有健康的体魄，养成良好的体育锻炼和卫生习惯，具有较强的注意力、记忆力、观察力、思维力、想象力等，具有对客观事物的认识能力，具有良好的个性心理品质和自我调节、控制心理的能力，具有科学的信念、坚韧的毅力、奋发的精神等。

(5) 工程素质：具有扎实的基础理论知识，具有工程与自然环境、社会环境可持续发展的意识，具有良好的职业道德和严谨踏实的作风。

四、经贸类专业群

(一) 人才培养规格

随着我国产业结构的调整，第三产业在GDP中比重越来越大，对经贸人才需求急速增长。在经济结构的战略性调整中，这一行业正创造出越来越多的岗位，推动了现代服务业的发展。经贸行业大部分岗位是从事商品流通、交换、售后服务和其他各类服务。这一行业的学科背景更多表现为自然科学与社会科学的融合，工作对象是人，劳动过程是为人提供有价值的服务，涉及的是人与人之间的关系。因此，工作中注重人的差异，强调因人而异、随机应变，对交往艺术和交流方式有较高的要求。这一领域高职人才的共同特点是运用专门的技术、业务、经验知识，向特定人群提供支持与服务。这就要求毕业生既有专业知识和技能，又对服务对象有深刻的理解，并有熟练的交往能力，以便把专门的服务有效地提供给服务对象。

贸易是多种知识、多种能力复合运用的活动。经贸行业要求专业人员既要有相当广度的理论，又对实践性、经验积累要求较高。经营和服务是一门学问，更是一门艺术，对技能运用强调艺术更甚于科学。经营过程中，语言的艺术性、行为的艺术性、策略的艺术性等决定着活动的效果与效益，这些能力却不是通过课堂教学就能学会的，需要经验的积累和实践的培养。对经贸企业进行的调查表明：企业最看重的不是学生的学历、专业知识和技能，而是毕业生职业意识所显示的综合素质。20 世纪 90 年代以来，随着技术的发展、岗位内涵的提升、社会人员职业转化频繁等特点，国际上对高职人才的要求更强调作为一般素质的关键能力，而这些能力对经贸行业的从业人员来说是至关重要的，也是必不可少的。

经贸类毕业生总体上的就业方向有市场分析预测、物流、市场营销、会计、电子商务、管理等。如果能获得一些资格认证，就业面会更广，就业层次也更高端，待遇也更好。

经贸类毕业生主要就业岗位有以下几类。①市场预测、分析人员。此岗位主要从事市场调查，编写调查报告，为企业决策提供依据。②企业财务会计。此岗位需求人员较多，主要从事企业会计核算、成本核算、出纳、审计等。③物流管理人员。此岗位作为第三方物流或者是企业内部生产物流的基层管理人员。④市场营销人员。在以技术为背景的行业里面，如电信、软件等，销售的需求仍然会持续走高。即使在非技术领域，销售职位也一直是市场需求最旺盛的职位类别之一。⑤电子商务。此岗位从事商务网站建设、网上销售工作。⑥管理职位。学生学习期间尽量多参与一些社会实践，积累一定的工作经验，正式进入社会后，也能谋得一些管理职位，如生产管理、行政管理、人事管理等。

根据就业方向和岗位，确定本专业群人才培养规格为：以培养技术应用能力为主线，涉及知识、能力、素质结构和培养方案，使学生具备系统的经济科学基础理论和经贸管理基本知识。毕业生应具有的基础理论知识适度、技术应用能力强、知识面较宽、素质高等特点，掌握从事经贸管理的基本方法和技能，具有创新意识，创新能力，良好职业道德与敬业精神的高素质应用型专门人才。

（二）岗位能力标准

1. 知识结构

（1）经济学、市场信息采集与处理及经济法规等基础理论知识。学生应做到：掌握现代经济学的基本理论、基本概念和基本方法，能灵活运用现代经济学知识，根据实际情况，提高分析和解决现实经济问题的能力；掌握市场信息的基本知识，市场信息的采集，市场信息的整理，以及市场信息分析的各种方法，让学生了解市场信息的采集与分析工作过程；掌握各种采集与分析技能，并能运用到实践中去；掌握企业法、经济合同法、工业产权法、消费者权益保护法、竞争法等内容，能够解决实际工作中的具体法律问题，使学生会运用法律手段保护企业利益。

（2）会计核算和财务管理理论知识。学生应做到：掌握小企业会计核算的基本内容，方法和程序，以及企业成本核算和成本控制，能够解决小企业的会计核算工作具体操作问题；掌握筹资、投资、收入分配等财务管理的基本理论，能够在工作中解决企业与各方面的筹资、投资等经济关系问题。

（3）物流基础理论知识。学生应做到：掌握信息基础知识和物流管理信息系统操作，初步规划、优化方法所必需的知识；掌握供应链管理、运输、仓储、配送、商品分拣和包装、报关等物流专业知识。

(4) 市场营销理论知识。学生应做到:掌握市场营销战略、消费者需求研究、市场细分化及目标市场策略、市场营销组合策略等市场营销工作的基本规律和运作方法,了解营销工作过程,能够在实践中有效地组织企业的经营活动,使企业以市场为导向,进行产品开发、生产、定价、分销、促销等市场营销活动,提高企业经营管理水平。

(5) 企业管理理论知识。学生应做到:掌握管理的基本概念、基本原理和基本方法,以及计划、组织、领导、控制的应用,有针对性地对学生实施管理技能的训练,使学生初步具备基本的经营管理能力,以及分析问题、解决问题的方法与思路;学会用人力资源管理理论分析和解决企业实际问题的方法,同时培养爱岗敬业的精神,为毕业后成功地走上社会,参加企业经营管理实践打下基础。

2. 能力结构

(1) 语言文字表达能力。语言文字表达能力就是具备普通话演讲、交流的能力,具备商务报告、文件撰写的能力。语言表达能力是经贸类专业从事管理工作的一项重要的能力。作为基层管理者的一项重要的任务就是传达和贯彻上级部门的指示精神,部署本部门的工作,把领导的科学决策准确、完整、有效地传达下去,所以,必须具有较强的口头语言表达能力和书面语言表达的能力。

(2) 市场信息采集与处理能力。市场信息采集与处理能力就是掌握市场调研计划(方案)的制订方法,了解市场调查的步骤并掌握常用的各种市场调查方法的具体应用,知道如何对营销环境、消费者、竞争对手、新产品、广告调查等进行有针对性的调查;熟悉市场预测的步骤及常用的预测方法,如对比类推法、集合意见预测法、专家意见预测法、相关回归预测法及时间序列预测法等;掌握市场调研报告的撰写方法,能组织、策划、实施市场调研项目规范地运行。

(3) 商务管理能力。商务管理能力就是能分析岗位特点并制定岗位目标与职责,能分析部门工作特点并制定部门工作目标与职责,能制订岗位流程与规范作业要求,掌握客户管理的方法与技术。

(4) 计算机应用能力。计算机应用能力就是掌握计算机操作系统,能熟练利用互联网获取市场信息;运用各种专业软件,进行业务操作的能力。

(5) 社交公关能力。社交公关能力就是提高大学生的社交能力与公关意识,是素质教育的重要内容,也是市场经济和知识经济时代对人才发展的要求。这就要求学生掌握各种公关传播方式的特征并能有效地选择传播方式,具备一般的演说、谈判、新闻写作能力,具备良好的沟通、协调、组织能力,能正确处理与顾客、社区、政府部门、新闻媒介的关系。

(6) 谈判推销能力。谈判推销能力就是掌握谈判策略与谈判技巧,具备公关、沟通、协调能力,提高观察判断能力,具备对问题正确的分析和判断的能力,灵活的调控能力,高度的自信和创造力,勇于拼搏的精神、顽强的意志和毅力,接受不确定性、敢于冒险的能力。

(7) 物流运作与管理能力。物流运作与管理能力就是具有熟悉物流业务,能从事运输、仓储、配送、货代、商品分拣和包装、物流信息处理的能力,具有较强的物流组织管理、初步设计物流方案并进行经济分析和组织实施的能力,具有物流产品的推广和销售能力。

(8) 会计核算与财务管理能力。会计核算与财务管理能力就是具有进行小企业会计核算工作、纳税申报和纳税筹划、成本核算和分析的能力,具有熟练运用财务软件、进行财会电算化操作能力,具有对小企业的财务活动进行控制、预测和分析、编制财务报告的能力。

3. 素质结构

(1) 道德素质。诚实守信、敬业爱岗、具有高尚的社会公德和职业道德,遵纪守法、团结互助，具有责任心、事业心和诚心。

思想道德是一个人生存观念的基础，作为企业经济管理人员，在工作中经常与商业活动联系，首先要通过的就是思想道德这一关。社会上到处都充满着诱惑，一个思想道德素质低的人，很容易做出对不起国家与企业的事。因此，作为经贸类专业的学生要做到：①德才兼备，沉稳慎重；②具有强烈的责任心，对本职工作态度严谨，一丝不苟；③有正确的政治方向，能在复杂的社会环境中保持清醒的头脑，能够从党和国家的利益出发看问题、办事情；④有坚定的政治信念、有理想，能用马克思主义世界观和方法论去观察问题、分析问题和解决问题，能用无产阶级的世界观、人生观和价值观去认识、改造客观世界，把自己的事业与祖国的前途、人类的文明、社会的进步融为一体；⑤遵守国家法律和校规校纪，自觉维护国家和集体利益，敢于与不良现象作斗争；⑥爱护环境，讲究卫生，文明礼貌，自觉遵守与维护社会公德，为人正直，诚实守信，言行一致，豁达大度。

(2) 科学文化素质。科学文化素质，即有科学的认知理念与认知方法，有实事求是、勇于实践的工作作风；有正确的审美观，言谈举止及衣着修饰等符合自己的性别、年龄、职业、身份；爱好广泛，情趣高雅，有较高的文化修养；自强、自立、自爱，戒骄戒躁，乐观进取，始终保持良好心态。

(3) 心理素质。心理素质，即自我调控、交流沟通、公平竞争、和谐相处。作为经贸类专业的学生，应具有较强的组织、协调能力，掌握一定的公共关系知识，协调好企业其他职能部门、企业领导及企业外部各方面的人际关系，以谋求企业的最大利益；制订切合实际的生活目标和个人发展目标，能正确地看待现实，主动适应现实环境，正确认识自我，保持良好的心境；有正常的人际关系，善意接纳别人，包括与自己意见不同的人，有良好的团队精神；积极参加体育锻炼和学校组织的各种文化体育活动，自觉锻炼身体的良好习惯，达到大学生体质健康合格标准。

五、人文类专业群

（一）人才培养规格

我校人文类专业群主要涉及两个专业——文秘和社区管理与服务。

职业秘书在我国发展的时间并不长，目前，这个队伍已经相当庞大。据不完全统计，我国持有秘书职业资格证书的人数已经达到十几万之多，而从事秘书岗位的也不下百万人，但依然满足不了市场的需求。究其原因，主要是在众多的秘书从业者中，真正受过系统秘书职业培训的人不足三成，秘书专业化、职业化的路还很漫长。因此，秘书行业有着巨大的发展潜力，为文秘专业毕业生的发展提供了广阔的前景。

随着组织结构的扁平化发展，大多数文秘人员将承担更大范围的职能，越来越多的文秘人员将需要协助更多的管理职能，这就要求文秘类毕业生必须要时刻保持领先的职业技能，而不是办公室的冗员，以免成为扁平化的淘汰对象。

近年来，随着社会发展的不断进步，社区管理从业队伍逐渐壮大。社区管理是随着我国由传统计划经济体制向市场经济转轨，伴随着改革的不断深化，社会结构、人们的生活方式、思想文化，以及行为方式等各方面的变化而提出来的。从发展形势上看，我国社会发展战略的调整，即由经济增长转向社会全面进步的发展观的形成，由国家工业化转向社会现代化的发展战略的确立，以及市场经济体制改革的深化，对重铸新型社区结构，加强社区管理有着迫切的需求。与此同时，社会管理体制的转轨和城市管理重心的下移，赋予了社区管理充分的发展条件。

未来社会,政府对公众各方面的服务最后会通过社区工作得到具体体现,如市政建设、公用事业、居住环境、医疗保健、养老保险、生活服务,尤其是将来社会保障福利体系等,最后都会通过社区管理来实现。随着社会主义市场经济体制的建立和完善,中国城镇化发展步伐的进一步加快,广大农村将成为新型的社区,这些新增的社区需要大量的社区管理与服务人员。同时,时代的发展使得社区管理与服务工作职能发生变化,工作范围扩大,管理与服务内容更加复杂,管理与服务手段更加先进,对这一领域的从业人员提出了更高的要求。城市化进程需要大量高素质的社区管理与服务专业人才。

通过对人文类专业群毕业生社会需求调研分析,本专业群毕业生主要就业岗位(群)可分为以下几种。

① 行政助理方向:行政助理、经理秘书、经理助理、办公室主管等。

② 商务文员方向:商务秘书、跟单文员、业务员、谈判助理等。

③ 普通文员方向:办公室文员、前台文员、行政文员等。

④ 档案管理方向:档案管理员、资料员、信息收集员。

⑤ 在社区担任城管助理、民政助理、计生助理、司法助理、综合治理助理等工作。

⑥ 客服方向:电话客服、客服人员、售后服务人员等。

根据就业岗位,确定本专业群人才培养规格为:本专业群培养具有良好的职业道德、创新精神和服务意识,心理健康,掌握秘书和社区服务职业岗位必备的专门理论知识,熟练掌握秘书辅助管理、事务处理的实际工作技能,具有社区管理与服务的基本技能,有良好的思辨、交流和表达的能力,有较深厚的人文科学知识,诚信、敬业,具有适应文秘、社区服务一线能力的高素质应用型专门人才。

(二) 岗位能力标准

1. 知识结构

秘书和社区服务的专业知识:主要学习本专业岗位群所必备的文化基础知识,掌握所需的专门知识、基本理论、基本技能,能熟练应用专业岗位的成熟技术,并具有一定的知识更新能力和获取信息的能力。

通过学习,毕业生应获得以下几方面的知识和能力:①具有扎实的社会学、管理学等基础理论知识和扎实的、与文秘及社区服务相关的专业理论知识;②具备政治、经济、法律、财会等相关知识及其人际交流能力,熟练掌握各类文书撰写、文字速录,熟悉信息收集整理、处理具体事务,以及良好的服务能力。

2. 能力结构

(1) 辅导管理、组织策划、应变、沟通、协调等,具有使工作有序高效运行的能力。从人文类专业的目标岗位来看,该类专业的学生所从事的工作以辅助管理、服务、文字处理为主。尤其是文秘专业,与其从业岗位相匹配的主要能力之一就是辅助管理能力,同时,组织策划、应变、沟通、协调等技能也是人文类岗位的重要能力要求。对内部的辅助管理需要学生在学习和实践中锻炼自己的管理能力,尤其是提高组织效率的能力,即将企业内部各种资源做优化配置,为领导的决策提供一个高效有序的执行体系;外部沟通则要求学生通过努力获得较强的语言表达、组织协调和公关等能力,以及获取信息并向管理者提供信息的能力,还要具有良好的礼仪风范。

(2) 能够初步运用所掌握的理论知识,独立的分析和解决实际问题的能力。对于人文类专业的学生而言,在整个课程体系中,理论课程居多,实践类课程较少,但今后从事的工作以创造性工作为主,需要具备独立分析和解决实际问题的能力。这些问题大多没有固定的处理模式,需要学生在掌握学科基本理论知识的基础上,在实践中,独立思考,不断积累这类经验,最终形成初步的、灵活运用所学知识解决问题的能力。

(3) 撰写与处理各类文书的能力。人文类专业的学生所需要具备的基本技能之一就是对各类文书的处理,这是该类学生的核心竞争技能,也是该类学生与其他专业学生能力差异的重要体现。对于不同类型的文秘而言,其学习处理文书的侧重点也有所差异。例如,从事法律事务方面的文秘以学习法律文书各类知识为主,从事商业工作方面的文秘则需要将主要精力放在商业文书的学习上,此外还有行政公文、建筑文书等,需要学生既全面了解,又重点突破,形成自己最具竞争力的能力。

(4) 筹划准备、组织服务与善后落实会务工作的能力。人文类专业学生今后从事的很多工作都与会议有关,即会务工作。这涉及会议的准备筹划、组织服务和善后工作,同时也会在工作中体现服务性、被动性、事务性、综合性、保密性、实践性等特点。具体而言,在学校学习和实践中学生要注意培养处理会务工作的心理状态和能力,要端正从事会务工作时的心态,做到细致和耐心,不断磨炼承受能力和处理繁杂事务的能力。同时,因为会务工作经常会涉及各类学科的知识,所以学生要不断拓展知识面,丰富阅历,争取能够承担各种类型会议的会务工作,最终形成自己的工作特色,成为自身最具竞争力的优势能力。

(5) 办公室事务的处理能力。作为文秘,办公室事务的处理是工作的主体,也是日常工作的主要内容。办公室日常事务包括办公室管理,电话接转,邮件转发,传阅,接待来访宾客,受命督察工作,安排值班工作等。做好这些日常事务性工作是每一位秘书职业生涯的基础。因此,学生要学会在纷繁复杂的事务中寻找规律,使工作能够合理有序地开展,在熟练中提高工作效率。

(6) 较强的速记、速录,信息搜集与档案管理能力。速记、速录都是快速记录的技术方式,即用简单的符号或者代码和缩写规则把交际和思维中的口语转换成视觉形式。这些速记中的各类规则和符号是从事文秘工作必须学习的内容,是完成基本的信息搜集、处理必需的技能。只有在实践中不断磨砺,人文类专业的学生才能够在职场中适应更多的岗位,成为技能型的人才。

同时,学生还要具备整理信息的能力,其中最重要的就是对各类档案的管理能力,主要包括,档案收集、档案整理、档案保管、档案编目和档案检索、档案统计、档案编辑和研究、档案提供利用等多个方面,需要培养学生的逻辑思维能力,增强学生做事的条理性,为日后的工作奠定基础。

(7) 现代办公技能。现代办公技能主要包括:熟练运用现代办公设备及办公自动化软件的能力,熟练使用现代办公设备的能力,运用计算机进行文字处理和信息加工的能力。

作为现代企业中重要的信息处理加工环节人员,应用现代化的办公设备和办公软件的能力是提高工作效率、实现整个企业高速运转的重要保证。这些能力主要包括:办公自动化软件(如 office 软件)、打印机、复印机、传真机、装订机等办公设备的使用。这些在基本课程中都有所体现,需要学生的认真对待。

(8) 具有企业、工程财务管理的基本知识和财务报表的制作能力,建筑识图、收集整理工程信息、管理工程文件资料、组织图纸会审、组织文明安全施工、建筑工程招投标、工程财务管理等能力。

对这方面能力的培养，学校着眼于文科学生与理科学生知识结构、思维方式等差异，采用更符合文科生的培养方式，以案例教学为主，尽量减少抽象教学，帮助学生形成与今后所从事行业相适应的信息处理和管理能力。

(9) 具备社区管理和服务的能力。学生能进行社区组织建设与管理，社区发展与规划，社区资源合理配置，组织社区文体活动，社区最低生活保障，再就业，家政服务等。

(10) 具有承担物业管理岗位工作的实际知识和技能，能进行小区物业管理、服务，对物业活动进行计划、组织、协调、控制和监督。

(11) 具有经营和管理老年服务机构的能力，能进行老年生活护理保健、老年心理护理、老龄产业经营管理。由于我国老龄化社会的到来，社区养老也成为学生今后就业或创业的一个重要机遇，因此就要具备经营和管理老年服务机构的能力，能进行老年生活护理保健、老年心理护理、老龄产业经营管理，使自己成为社区管理中的多面手。

(12) 取得职业资格证书。资格证书是对从事某类行业的资质证明，是通过政府认证的合法从事该行业的基本准入门槛，人文类专业的学生需要获得的资格证书包括:秘书职业资格证书(四级)、社会工作者职业资格证书(初级)、助理物业管理师、养老护理员(五级)。学生可以针对自己的专业方向选择适合自己的资格证书，为今后事业的发展增加砝码。

3. 素质结构

(1)思想素质。政治思想好，热爱祖国，拥护中国共产党的领导，坚持党的路线、方针、政策，有牢固的社会主义法制观念，热爱本职工作，具有社会责任感，具有竞争意识、创新意识和市场意识。

思想素质的高低直接决定着事业发展的方向，如果没有较好的思想素质，即使学生拥有最精湛的技艺和杰出的能力，也无法成为对社会有用的人。另外，如果不能热爱本职工作，而只是被动地接受工作，对工作的开展也将不利。因此，热爱本职工作，具有一定的社会责任感，具有竞争意识，同时具备团队精神与改革创新精神，良好的社会公德和职业道德是学生走上社会之后的基本竞争力。

(2) 文化素质。学生必须掌握专业基础知识，具有独立获取知识的能力。文化素养是学生综合素质的重要组成部分，既包括对专业知识的习得，也包括与专业相关或与个人素养提高相关的各类知识，另外，独立获取知识，实现终生学习也是文化素养提高的重要途径。

(3) 身体和心理素质。学生既要坚持锻炼身体，身体素质好，具有健康的体魄，又要心理健康，具备心理自我调适能力。

健康的身体和心理是从事任何工作的基础，人文类专业学生也不例外，学校将通过心理辅导中心、各学院辅导员来帮助学生适应学校生活、适应将来的工作环境，使学生在进入职场时能够保持充分的热情、具有坚强的意志品质。

附录 2　职业能力测验

评定说明：

职业能力的评定用“五级量表”：强、较强、一般、较弱、弱。先将每组题在符合自己情况的等级括号内打“√”。

根据自己的实际情况，对下面的每种活动作出评定。

第一组(一般学习能力倾向 G)	强	较强	一般	较弱	弱
(1) 快而容易地学习新内容	( )	( )	( )	( )	( )
(2) 快而正确地解数学题	( )	( )	( )	( )	( )
(3) 你的学习成绩处于	( )	( )	( )	( )	( )
(4) 冷静果断地处理突发事件	( )	( )	( )	( )	( )
(5) 对学习过的知识的记忆能力	( )	( )	( )	( )	( )
(6) 对文章的理解、分析和综合能力	( )	( )	( )	( )	( )

第二组(言语能力倾向 V)	强	较强	一般	较弱	弱
(1) 善于表达自己的观点	( )	( )	( )	( )	( )
(2) 阅读速度快，并能抓住中心内容	( )	( )	( )	( )	( )
(3) 清楚地向别人解释难懂的概念	( )	( )	( )	( )	( )
(4) 对文章中的字、词、段落和篇章的理解和综合能力	( )	( )	( )	( )	( )
(5) 掌握词汇量的程度	( )	( )	( )	( )	( )
(6) 中学时你的语文成绩	( )	( )	( )	( )	( )

第三组(算术能力倾向 N)	强	较强	一般	较弱	弱
(1) 作出精确的测量	( )	( )	( )	( )	( )
(2) 解算术应用题的能力	( )	( )	( )	( )	( )
(3) 笔算能力	( )	( )	( )	( )	( )
(4) 心算能力	( )	( )	( )	( )	( )
(5) 使用工具(如计算器)和计算能力	( )	( )	( )	( )	( )
(6) 中学时你的数学成绩	( )	( )	( )	( )	( )

第四组(空间判断能力倾向 S)	强	较强	一般	较弱	弱
(1) 美术素描画的水平	( )	( )	( )	( )	( )
(2) 画三维度的立体图形能力	( )	( )	( )	( )	( )
(3) 看几何图形的立体感	( )	( )	( )	( )	( )
(4) 玩拼板游戏	( )	( )	( )	( )	( )
(5) 对盒子展开后平面图的想象力	( )	( )	( )	( )	( )

(6) 中学时你的语文成绩	( )	( )	( )	( )	( )
第五组:(形态知觉能力倾向 P)	强	较强	一般	较弱	弱
(1) 发现相似图形中的细微差异	( )	( )	( )	( )	( )
(2) 识别物体的形状差异	( )	( )	( )	( )	( )
(3) 注意到多数人所忽视的细节部分	( )	( )	( )	( )	( )
(4) 检查物体的细节	( )	( )	( )	( )	( )
(5) 观察图案是否正确	( )	( )	( )	( )	( )
(6) 中学时善于找出数学作业的细小错误	( )	( )	( )	( )	( )
第六组:(书写能力倾向 Q)	强	较强	一般	较弱	弱
(1) 快而准确地抄写资料	( )	( )	( )	( )	( )
(2) 阅读中发现错别字	( )	( )	( )	( )	( )
(3) 发现计算错误	( )	( )	( )	( )	( )
(4) 发现图表中的细小错误	( )	( )	( )	( )	( )
(5) 在图书馆很快查找编码卡片	( )	( )	( )	( )	( )
(6) 自我控制能力	( )	( )	( )	( )	( )
第七组(眼手运动协调能力倾向 K)	强	较强	一般	较弱	弱
(1) 劳动技术课中操作机器一类活动	( )	( )	( )	( )	( )
(2) 玩电子游戏机或瞄准打靶	( )	( )	( )	( )	( )
(3) 在广播操中集体的协调灵活性	( )	( )	( )	( )	( )
(4) 打球姿势的水平度	( )	( )	( )	( )	( )
(5) 打字比赛或算盘比赛的成绩	( )	( )	( )	( )	( )
(6) 闭眼单肢站立的平衡能力	( )	( )	( )	( )	( )
第八组(手指灵巧度 F)	强	较强	一般	较弱	弱
(1) 能够模仿各种难度较大的手指运动	( )	( )	( )	( )	( )
(2) 灵巧地使用很小的工具(如镊子等)	( )	( )	( )	( )	( )
(3) 弹乐器时手指的灵活度	( )	( )	( )	( )	( )
(4) 做小手工品的动手能力	( )	( )	( )	( )	( )
(5) 能够快速自如地将笔等器具在指间翻转	( )	( )	( )	( )	( )
(6) 修理、装配、编织、缝补等一类活动力	( )	( )	( )	( )	( )
第九组(手腕灵巧度 M)	强	较强	一般	较弱	弱
(1) 用手把东西分类	( )	( )	( )	( )	( )
(2) 在推拉东西时手的灵活性	( )	( )	( )	( )	( )
(3) 很快地削水果	( )	( )	( )	( )	( )
(4) 灵巧地使用手工工具(如锤子等)	( )	( )	( )	( )	( )
(5) 能够挥舞刀、剑、羽毛球拍等	( )	( )	( )	( )	( )
(6) 经常练习毛笔书法及类似用腕活动	( )	( )	( )	( )	( )

统计分数的方法

1. 对每一类能力倾向计算总计次数

对每一道题目，我们采取强、较强、一般、较弱和弱五等级，供您自评。每组 5 道题完成后，分别统计各等级选择的次数总和，然后用下面公式计算出该类的总计次数(把“强”定为第一项，依次类推，“弱”定为第五项；第一项之和就是选“强”的次数和)。总计次数：(第一项之和×1)＋(第二项之和×2)＋(第三项之和×3)＋(第四项之和×4)＋(第五项之和×5)。

2. 计算每一类能力倾向的自评等级

自评等级＝总计次数/5(如果向下取整，如 5.5 取 5)

3. 将自评等级填入下表

职业能力倾向	自评等级	职业能力倾向	自评等级
G		Q	
V		K	
N		F	
S		M	
P			

根据结果对照下表，可找到你适合的职业。

职业对人的职业能力倾向的要求

职业类型	G	V	N	S	P	Q	K	F	M
生物学家	1	1	1	2	2	3	3	2	3
建筑师	1	1	1	1	2	3	3	3	3
测量员	2	2	2	2	2	3	3	3	3
测量辅导员	4	4	4	4	4	4	3	4	3
制图员	2	3	2	2	2	3	2	2	3
建筑和工程技术专家	2	2	2	2	2	3	3	3	3
建筑和工程技术员	2	3	3	3	3	3	3	3	3
物理科学技术家	2	2	2	2	3	3	3	3	3
物理科学技术员	2	3	3	3	2	3	3	3	3
农业、生物、动物、植物学的技术专家	2	2	2	4	2	3	3	2	3
农业、生物、动物、植物学的技术员	2	3	3	4	2	3	3	3	3
数学家和统计学家	1	1	1	3	3	2	4	4	4
系统分析和计算机程序编制者	2	2	2	2	3	3	4	4	4
经济学家	1	1	1	4	4	2	4	4	4
社会学家、人类学者	1	1	3	2	2	3	4	4	4
心理学家	1	1	2	2	2	3	4	4	4
历史学家	1	1	3	4	4	3	4	4	4
哲学家	1	1	4	3	3	3	4	4	4
政治学家	1	1	3	4	4	3	4	4	4
政治经济学家	2	2	2	3	3	3	3	3	5
社会工作者	2	2	3	4	4	3	4	4	4
社会服务助理人员	3	3	3	4	4	3	4	4	4

法官	1	1	3	4	3	3	4	4	4
律师	1	1	3	4	4	3	4	4	4
公证人	2	2	3	4	4	3	4	4	4
图书馆管理学专家	2	2	3	3	4	2	3	4	4
图书馆、博物馆和档案管	3	3	3	2	2	4	3	2	3
职业指导者	2	2	3	4	4	3	4	4	4
大学教师	1	1	3	3	2	3	4	4	4
中学教师	2	2	3	4	3	3	4	4	4
小学和幼儿园教师	2	2	3	3	3	3	3	3	3
职业学校教师(职业课)	2	2	2	3	3	3	3	3	3
职业学校教师(普通课)	2	2	3	4	3	3	4	4	4
内、外、牙科医生	2	2	3	4	3	3	4	4	4
兽医学家	1	1	2	1	2	3	2	2	2
护士	2	2	3	3	3	3	3	3	3
护士助手	2	4	4	4	4	2	2	3	2
工业药剂师	2	1	2	3	2	2	3	2	3
医院药剂师	2	2	2	4	9	2	3	2	3
营养学家	2	2	2	3	3	3	4	4	4
配镜师(医)	2	2	2	2	2	3	3	3	3
配眼镜商	3	3	3	3	3	4	3	2	3
放射科技术人员	3	3	3	3	3	3	3	3	3
药物实验室技术专家	2	2	2	3	2	3	3	2	3
药物实验室技术员	2	3	3	3	3	3	3	3	3
画家、雕刻家	2	3	4	2	2	5	2	1	2
产品设计和内部装饰	2	2	3	2	2	4	2	2	3
舞蹈家	2	3	3	2	3	4	2	2	3
演员	2	2	4	3	4	4	4	4	4
电台播音员	2	2	3	4	4	3	4	4	4
作家和编辑	2	1	3	3	3	3	4	4	4
翻译人员	2	1	4	4	4	3	4	4	4
体育教练	2	2	2	4	4	3	4	4	4
运动员	3	3	4	2	3	4	2	2	2
秘书	3	3	3	4	3	2	3	3	3
打字员	3	3	4	4	4	3	3	3	3
记账员	3	3	3	4	4	2	3	3	4
出纳员	3	3	3	4	4	2	3	3	4
统计员	3	3	2	4	3	2	3	3	4
电话接线员	3	3	4	4	4	3	3	3	3
一般办公室职员	3	4	3	4	4	3	3	4	4
商业经营管理	2	2	3	4	4	3	4	4	4
售货员	3	3	3	4	4	3	4	4	4
警察	3	3	3	4	3	3	3	4	3
门卫	4	4	5	4	4	4	4	4	4
厨师	4	4	4	4	3	4	3	3	3

招待员	3	3	4	4	4	4	3	4	3
理发员	3	3	4	4	9	4	2	2	2
导游	3	3	4	3	3	5	3	3	3
驾驶员	3	3	3	3	3	3	3	4	3
农民	3	4	4	4	4	4	4	4	4
动物饲养员	3	4	4	4	4	4	4	4	4
渔民	4	4	4	4	4	5	3	4	3
矿工	3	4	4	3	4	5	3	4	3
纺织工人	4	4	4	4	3	5	3	3	3
机床操作工	3	4	4	3	3	4	3	4	3
锻工	3	4	4	4	3	4	3	4	3
无线电修理工	3	3	3	3	2	4	3	3	3
细木工	3	3	3	3	3	4	3	4	4
家具木工	3	3	3	3	3	4	3	4	3
一般木工	3	4	4	3	4	4	3	4	3
电工	3	3	3	3	3	4	3	3	3